JUTTA VOIGT

STIERBLUT-
JAHRE

JUTTA VOIGT
STIERBLUT-JAHRE

Die Boheme des Ostens

aufbau

ISBN 978-3-351-03611-9

Aufbau ist eine Marke der Aufbau Verlag GmbH & Co. KG

1. Auflage 2016
© Aufbau Verlag GmbH & Co. KG, Berlin 2016
Einbandgestaltung ZERO Werbeagentur, München
Satz Greiner & Reichel, Köln
Druck und Binden CPI books GmbH, Leck, Germany
Printed in Germany

www.aufbau-verlag.de

Für Peter

Inhalt

Vorwort	11
Die Jedermann-Boheme	13
Die Kinder des Lampion	17

**I. AUFBRUCH UND STOPP –
DIE FÜNFZIGER UND SECHZIGER JAHRE** — 41

Die Spur der Boheme	43
Boheme und Beton	58
Wenn die Lichter leuchten in der Friedrichstadt	63
Gaul Geschichte, du hinkst!	66
Tür ins goldene Leben – das Pressecafé	73
Da sind wir Künstler komisch	78
Stierblutjahre – die Möwe	82
Zeitansage 1. Peter im Paradies	89
Zeitansage 2. Theas Trenchcoat	95
Zeitansage 3. Gigi über Leichtsinn und Liebe	100
Liebling, was haben die bloß gegen dein Stück?	108
Das volkseigene Lachen	113
Staub und Spiele	118

**II. AUF DER SUCHE NACH DEM ANDEREN LEBEN –
DIE SIEBZIGER UND ACHTZIGER JAHRE** — 127

SOS Boheme	129
Schaumbad vor dem Espresso	135
Die Liebe zu den Schlössern	141
Ein Schritt vor, zwei zurück	152
Der Kuss von Paris	157

Zeitansage 4. Trolles Turnschuhbande	160
Zeitansage 5. Krüger, Gipfelstürmer, Dadaist	168
Zeitansage 6. Bayer wollte ausschlafen	175
Der Glanz der Gullys	183
Unerhörte Vorfälle	191
Der Prenzlauer Berg war eine Haut	197
Stimmen aus alten Straßen, 1987	203
Flucht in die Operette	207
Die Boheme war eine Braut auf Zeit	212
Der Weg aus der Ordnung	221
Das Wiener Café 1985 – schon vergessen?	227
Zeitansage 7. Katja Lange-Müller trinkt Cola	229
Zeitansage 8. Robert, Seelenkamerad	237
Zeitansage 9. OL guckt, wo keine Gardinen dran sind	242
Zeitansage 10. Papenfuß Rebell	247
Wilfriedes wahnsinnig weite Seele	254
Paradiesvögel	259
Nachspiel	263
Dank	267
Verwendete Literatur	269
Bildnachweis	273

Der Himmel bewahre euch vor den großen Haufen der Durchschnittsmenschen, vor denen (…), die kalten Herzens und kalten Verstandes sind, die weder rauchen noch trinken noch fluchen, die keiner kühnen Tat der Leidenschaft, der Liebe und des Hasses fähig sind, weil ihre schwachen Nerven nie den Stachel, das Feuer des Lebens spürten, dieses Feuer, das sie über alle Grenzen hinaustreibt und teuflisch und kühn macht.

Jack London

Vorwort

Es war einmal ein Land, in dem Lampen ohne Fransen und Kaffeetassen ohne Blümchen die Parteitage beschäftigten. Ein Land, in dem Filme, Opern und Tänze verboten wurden, weil sie ein paar alten Männern nicht gefielen. Ein Land, aus dem man nicht raus konnte, nicht nach Paris, nicht nach Venedig, auch nach Andalusien nicht. Können Sie sich vorstellen, dass es in diesem Land ein Leben gab, das leicht war und bunt, verzweifelt und verspielt zugleich – das Leben der Boheme?

Die Geschichte der Boheme des Ostens ist eine von Aufbruch und Enttäuschung, von Avantgarde und Gleichgültigkeit. Aber auch eine von der Lust des Spiels und der Macht des Übermuts. Spiel ist Freiheit, Übermut bedeutet Selbstbewusstsein. Es gab diese Boheme von Anfang an. Ihre Opposition über Jahrzehnte war das Anderssein, das andere Leben jenseits der Konformität, es war die Behauptung des Individuums, die Suche nach dem verlorenen Ich in einer Gesellschaft des wortbrüchigen Wir. Von dieser Suche wird erzählt, subjektiv, wie sonst. Entschwundene Orte, vergessene Namen, verblasste Leidenschaften – ich habe versucht, sie an unseren Tisch zu holen, bevor es kalt wird in Deutschland. Die Boheme des Ostens rauchte Kette und trank Rotwein, am liebsten Stierblut, das Beste, was es gab, Egri Bikavér aus Ungarn. Der Wein ist heute besser denn je, aber das wissen nur wenige. Kann sein, dass nicht alles so war, wie ich es beschreibe. Die Erinnerung vermischt Wirklichkeit und Traum, sie macht aus Gegenwart, Vergangenheit und Zukunft einen einzigen Strom des Lebens, und zuweilen erbleicht sie vor ihrer eigenen Untreue.

Jutta Voigt, im Juli 2016

Die Jedermann-Boheme

Als der Kalte Krieg vorbei war und Mercedessterne auch am Himmel über Köpenick glitzerten, öffnete sich zwischen dem Müll von Mitte und dem Mythos von Prenzlauer Berg das Paradies – zwischen verlassenen Bunkern, Banken und leeren Wohnungen, deren offene Türen man nur aufzustoßen brauchte, um einzuziehen und sich einzurichten. Im Chaos der Verhältnisse erhob sich die Chance eines anderen Lebens auf einem klassenlosen, mauerfreien Terrain, wo der Technosound tobte und die Lebenslust. Veränderung war der Zustand der Stunde. Um auch die Gunst der Stunde zu nutzen, strömten junge Abenteurer aus Hamburg, Hannover, Wanne-Eickel, Leipzig, Dresden und Zwickau nach Berlin, genauer nach Ostberlin: Du bist so wunderbar, Berlin! Die Utopie eines einzigartigen, unverwechselbaren, freien Lebens raste auf historischem Boden, der niemandem gehörte als dieser hedonistischen Jugend, die sich unter dem weiten Mantel der Geschichte versammelte, sich berauschte an den ungeahnten Möglichkeiten einer fröhlichen Anarchie.

Ohne die jungen Wahnsinnigen aus Ostberlin hätte das alles nicht funktioniert, sagte eine Clubbetreiberin im Rückblick, das war nicht Deutschland, das war etwas anderes. Im Tresor, im Tacheles, im Eschloraque, im Oxymoron, in Hunderten stillgelegter Fabriketagen und Clubwohnungen zertanzte die Partyboheme die Engstirnigkeit der Provinz, die Spießigkeit der Eltern und die alltäglichen Forderungen des gewöhnlichen Kapitalismus: Geld verdienen, Pflicht erfüllen, Karriere machen. Hier und jetzt war jeder ein Künstler, ein Galerist, ein Designer, ein DJ, jeder war ein Bohemien in dieser schmutzigschönen

Welt aus Einschusslöchern, Mauerresten und den Versprechungen eines anderen Lebens. Die Utopie war der Moment, in dem die Kinder der Katakomben glaubten, etwas Neuem entgegenzugehen. Das Gefühl einer unendlichen Freiheit, die morgen zu Ende sein könnte.

Die Jedermann-Boheme wuchs über sich hinaus, um nach ein paar Jahren, zurückgestutzt auf ihr angeborenes Maß, ein gewöhnliches Leben zu bevorzugen. Im Hintergrund des Undergrounds lauerte schon der Verrat, der Goldrausch. Während die einen bis zur nächsten Party weiterschliefen, waren andere, mit denen man nachts noch getanzt hatte, womöglich schon dabei, das Gebäude zu kaufen, in dem die Party stattgefunden hatte, so beschrieb es die Künstlerin Natascha Sadr Haghighian. Die Kinder des Kapitalismus trugen ein Gen in sich, das sich nach kurzer Irritation zurückmeldete – das Eigentumsgen.

Schöner grüner Mond von Mahagonny, leuchte uns / Denn wir haben heute hier / Unterm Hemde Geldpapier / Für ein großes Lachen deines / großen dummen Munds.

Bertolt Brecht

Die alten Ostbohemiens erreichte der lustige Lärm der Durchgangsboheme nicht mehr. Was die Jungen aus Ost und West da draußen trieben, ging sie nichts an, das Neue interessierte sie nur mäßig, sie träumten anders.

DER LAMPION, FOTO: RAINER AHRENDT

Die Kinder des Lampion

Sie lieben die schönsten und jüngsten Weiber, trinken die besten und ältesten Weine, und ihre Fenster sind nicht groß genug, um durch dieselben das Geld wegzuwerfen. Erst dann, wenn das letzte Fünffrankstück ausgegeben ist, kehren sie zur table d'hôte des Zufalls zurück, wo stets ein Plätzchen für sie gedeckt ist.

Henri Murger

Ein dünner kleiner Mann saß allein vor einem Glas Leitungswasser und redete vor sich hin, russisch. Seine Schwester, die in Amerika einen Rabbi geheiratet hatte, schickte ihm öfter ein paar Dollars. Irgendwas hatte den Dichter verwirrt, auf sensible Gemüter wirken gesellschaftliche Umwälzungen destruktiv. Einmal hatte er vom Telefon des Lokals die Polizei angerufen und behauptet, dass man ihm zwei Zeilen seines neuen Gedichts gestohlen habe. Die Polizisten erschienen und zogen ratlos wieder ab. Ein anderes Mal fuhr er mit dem Taxi vor sein Stammlokal und schickte den Fahrer rein, dass der sich vom Wirt das Taxigeld geben lassen sollte. Der zahlte tatsächlich. Als Wirt verhängte er Hausverbot über den Dichter, jeder konnte es auf einem Zettel über dem Tresen lesen; als Mensch bereitete ihm das Lokalverbot schlaflose Nächte, er wusste, wie unberechenbar das Leben sein konnte. Nach einer Woche hob er das Verbot für den einsamen Dichter wieder auf.

Der Ort, an dem sich das zutrug, existierte von 1991 bis 2003 in der Knaackstraße am Kollwitzplatz, die winzige Kneipe hieß Lampion. Der Lampion, die Resterampe der Ostboheme, ist Legende.

Das Künstlerlokal im Prenzlauer Berg war ein Refugium, das Licht am Ende des Tunnels, der Schimmer in der Finsternis des Nichtbescheidwissens. Dort trafen sich die per Revolution versprengten Reste der östlichen Boheme, sie suchten Schutz vor den Zumutungen der neuen Zeit, wo sie doch mit der alten noch nicht fertig waren. Steuererklärungen, Renten, Versicherungen, Bausparverträge, Dänische Bettenlager und Aktien; dazu die Befürchtung, die Miete nicht mehr bezahlen zu können – aus dieser absurden Fremdheit gab es einen Ausweg, der ein Eingang war. »Winzigkleines Wanderpuppentheater Lampion« stand an der Schaufensterscheibe.

Eine enge Treppe führte durch die mit Weinlaub berankte Tür in eine von Seidenlampions illuminierte Höhle. Der Tresen war klein und vollgestellt, ein Glas mit Soleiern stand da und eine Glasglocke für belegte Brote, dazu eine Vase mit Rosen und die gerahmten Porträtfotos verstorbener Stammgäste. Vier Barhocker – oder waren es drei –, irgendwo dazwischen war noch Platz für einen weiteren und ein Brett für drei Gläser. Da waren zwei Treppchen, die eine der Aufstieg zu einer Art Chambre séparée, die andere führte zur Werkstatt des Puppenspielers, wo sich drei lachende Ratten unter einer gelben Federboa versteckten. Begrenztes Territorium, jeder Zentimeter eine Plattform, an manchen Abenden vierzig Gäste auf fünfundzwanzig Quadratmetern, oder dreißig, lange her.

Ausgefallene Zeiten erfordern ausgefallene Entscheidungen. Der Puppenspieler hatte sich entschlossen, seine bescheidenen Räume der Geselligkeit zur Verfügung zu stellen, Trost zu spenden und Geborgenheit, kurz, eine Kneipe zu eröffnen für Freunde und Leidensgenossen, geteiltes Leid ist halbes Leid, Laufkundschaft kam selten auf die Resterampe der Boheme. Allerdings trieben regelmäßige Gewissensbisse regelmäßig Tränen der Reue in die blassblauen Augen des großen, blonden Menschenfreundes. Ich habe meine Puppen an den Kommerz verraten, ich bin doch kein Kapitalist, schluchzte er, goss sich Wodka nach und verstrickte sich in ungenaue Gespräche über Sieger und Verlierer.

Unausgesprochen beherrscht ein Bewusstsein moralischer Überlegenheit die meisten Dispute: Wer hier sitzt und redet, gibt damit zu erkennen, dass ihm all die entfremdeten, korrumpierenden Mechanismen der karrieristischen Angestellten-Existenz nichts anhaben können. Er behauptet sein Selbst in einem durchreflektierten Müßiggang.
Wolfgang Kil über den Lampion

Fünf Sambuca für die Loser! Flambiert!, dröhnte der Bariton des Architekten Pieper, ein melancholischer Sunnyboy mit einem Lachen, dem ein moderater Überbiss ein hohes Maß an Optimismus verlieh. Er trug Sakkos, die seiner Figur Fasson gaben, und benutzte gebügelte Stofftaschentücher, niemals Papiertücher. Ein Architekt, der jahrzehntelang mit Bauleitern trinken musste, um sie von Mann zu Mann zur Einhaltung von Terminen zu bewegen und ihnen zu demonstrieren, dass Bauleiter nicht weniger wert waren als Architekten. Seine Werke waren sämtlich der neuen Zeit zum Opfer gefallen. Das erste Chinarestaurant im Osten der Stadt – weg. Das Kaffeehaus am Alexanderplatz – weg. Das fast fertige Hotel in der Friedrichstraße, »ein Valutahotel mit allen Schikanen« – abgerissen. Und so weiter und so fort. Ein Talent wurde gedemütigt, war nicht persönlich gemeint, sorry. Nun baute er Einfamilienhäuser für Unternehmer, reine Erwerbstätigkeit. Da hat er doch lieber die Lampions für den Lampion entworfen. Fünf Sambuca für die Loser!, dröhnte er. Flambiert! Der vom Schicksal Gebeutelte tanzte im Trenchcoat, allein.

Jetzt wachen nur mehr Mond und Katz / Die Menschen alle schlafen schon / Da trottet übern Rathausplatz / Bert Brecht mit seinem Lampion, deklamierte währenddessen der Gelegenheitsdichter Plath: Ihr denkt, das ist von mir, aber das ist von Brecht; der wusste schon in seiner Augsburger Dachkammer, dass er mal so berühmt werden würde wie Goethe. Der umtriebige Plath in seiner prekären Existenz verkaufte Gedichte, das Stück für zehn Mark. Im Lampion fand er nicht viel Anklang, aber draußen vor den Cafés lief das Geschäft gut. So mancher Tourist wollte was mitnehmen von einem echten Prenzlauer-Berg-Dichter, wo es doch hier so aufregend subversiv zugegangen sein soll. Man sollte sehen, dass der Künstler sich neuerdings was leisten konnte. Er hatte seine Schuhe neu besohlen lassen. Man sah es, wenn seine Füße vom Barhocker baumelten; er wurde seitdem Ledersohle genannt.

Der Lampion erinnerte an die Höhlen von Achtjährigen, die eine Decke zwischen Tisch und Sessel spannen, eine Taschenlampe anknipsen und sich geborgen fühlen, ein Kinderzimmer. Der Wirt stand hinter dem winzigen Tresen wie hinter seinem Puppentheater, nur dass er zuweilen nicht mehr alle Fäden in der Hand hatte; die Kinder des Lampion machten, was sie wollten. Ein bislang unauffälliger Gast erschien eines Tages in einem langen weißen Büßerhemd, mit fanatischem Blick und einem Holzkreuz um den Hals. Das Kreuz hielt er dem Wirt unter die Nase und verlangte »ein großes Bier«. Als der ihm das Bier verweigerte, wurde der Heilige Geist böse: Willst du in der Hölle schmoren!, drohte er dem Wirt. Der gab ihm trotzdem kein Bier: Zahl erst mal deine Schulden, Harald, und zieh dir was Anständiges an, riet er dem ehemaligen Offsetdrucker, denn der Puppenspieler war ein Menschenfreund, seine Barmherzigkeit war irdisch.

Ach, Kinderchen, seufzte er, hatte Mitleid mit allen und jedem. Es fiel ihm schwer, die Verwirrten und Irritierten des Lokals zu verweisen. Ein kahlköpfiger Grafiker mit gelbem Schal und gelber Baskenmütze wurde lange geduldet. Doch dann vollführte der selbst ernannte Prometheus ungewisse, weit ins

Nichts weisende meditative Bewegungen und hörte nicht auf, zu schreien: Wer die Sonne angreift, greift mich an. Er musste gehen, weil er so schrie im kleinen Lampion, und weil irgendwann alles rausgeschrien war und seine Mission erfüllt schien.

Winziger Lampion – Zufluchtsort für aus dem Nest gefallene Vögel, die niemals flügge hatten werden müssen. Die Welt war freier geworden und kälter, in märchenhaftem Leuchten sendete der Lampion seine Botschaft der verlorenen Illusionen. Der bunte Traum währte zwölf Jahre. Selbstironie und Selbstmitleid schaukelten sich gegenseitig hoch auf der Wippe der Verunsicherung. Kopfstehen konnte immer einer, auf dem Asphalt vor dem Lampion oder auf dem abgenutzten Holzboden drinnen. Die hierher kamen, Maler, Bildhauer, Dichter, Schauspieler, Filmregisseure und Journalisten, berühmte und nicht berühmte, waren in einem Alter, wo man sich vor Veränderungen fürchtet, selbst wenn sie einen positiven Verlauf versprechen. Sie hatten nie gelernt, sich selbst als Ware zu begreifen, sich zu verkaufen, nicht nur ihre Werke. Allein eine Keramikerin, oder war sie Malerin, jedenfalls eine Frau mit lockigem Haar, hatte was begriffen von der neuen Zeit. Sie arbeitete seit kurzem in einem nahegelegenen Bordell und plauderte ab und an mit dem Dramatiker Jochen Berg über ihre abwechslungsreiche Tätigkeit als Hure. Das hat was von Freiheit, meinte sie.

Sonnige Gemüter waren selten im Lampion. Der blonde Engel mit dem Holzbein, der die meiste Zeit des Jahres auf Hiddensee malte, oder Mozart, der Graffiti in U-Bahnen abwusch und die Welt außerhalb des Bahnwesens als absurdes Theater sah, waren Ausnahmen. Die meisten im Lampion sahen schwarz, wenn sie nicht blau waren, der Absturz war immer eine Option. Ich bin eine verkrachte Existenz, ich esse nur noch Tütensuppen von Knorr, nuschelte Mühle, der keine Zähne hatte und erhebliche Gleichgewichtsstörungen, dafür ein heiteres Naturell und einen einfallsreichen Geist. Seine Gehschwankungen kämen nicht vom Alkohol, sondern von einer Kriegsverletzung, erzählte er gelegentlich und gab die Silberplatte an seinem Kopf zum Betasten frei; natürlich war er Flieger, die Alten waren alle Flieger gewesen im Krieg. Der Zeichner und Messestandbauer Kurt Mühle war klein und schmal, sein dünnes, dunkles Haar hatte er zu einer Art Brechtschnitt nach vorn gekämmt, die wachen schwarzen Augen blickten aus einem verwelkten Kindergesicht, zerknittert wie sein silbergraues Sakko, unter dem stets ein frisches, blütenweißes Hemd strahlte. Er hatte keine Feinde, es fand sich immer jemand, der ihn nach Hause brachte, damit er nicht fiel auf dem Weg, und es fanden sich immer Frauen, die sich wünschten, dass Mühle sie nackt zeichnete, oder jedenfalls nichts dagegen hatten. Zum siebzigsten Geburtstag schenkten ihm seine Gläubiger ein Fest im Palais der Kulturbrauerei, der Jubilar präsidierte auf einem eigens für ihn gebauten goldenen Thron.

Als Mühle starb, hinterließ er nichts, kein Geld, kein Werk, keine Angehörigen. Der Lebenskünstler und Stierblut-Trinker wäre still ins Armengrab gesunken, hätte er nicht doch etwas hinterlassen – eine Menge Freunde. Die konnten es sich nicht antun, dass da einer ihrer Art sang- und klanglos von dieser Welt verschwindet. Ganz im Gegenteil – mit Glanz und Gloria begruben sie den kleinen schiefen Mühle auf dem berühmtesten Friedhof der Stadt, dem Dorotheenstädtischen in der Chausseestraße, gleich neben Brechts Wohnhaus. In drei Kneipen zwischen Schönhauser Allee und Wasserturm war Geld gesammelt worden, fünftausend Mark für Mühles Grab. Seine Lebensgefährtin, die er »die Chinesin« nannte, weil sie Sinologie studiert hatte, führte zusammen mit dem Puppenspieler das Beerdigungskomitee an. Die Frauen, die er aktgezeichnet hatte mit Sepia, Rotwein oder Tee, legten Sonnenblumen auf den Weg zum Grab. Die Klezmer-Kuzinen machten diese Musik, die einem fröhlich das Herz zerreißt, um es in Trauer wieder zusammenzufiedeln. Wie ein schwarzer Schmetterling war der Senior der Ostberliner Boheme durch sein zweckfreies Leben geflogen, er hatte sich immer da niedergelassen, wo es gesellig zu werden versprach. Welchen Nerv hat er getroffen, der kleine Sachse, der nichts vom Leben wollte als leben.

Das wäre zeitlebens ein guter Witz gewesen: Mühle auf dem Dorotheenstädtischen, dem Olymp der Berliner Elite. So ist es gekommen, genau so. Schinkel und Schadow ruhen da, Brecht und Heiner Müller auch. Nun liegt Mühle neben Ruth Berlau, jener Frau aus Skandinavien, die Brecht verzweifelt hörig war und irgendwann in einem Klinikbett der Charité verbrannte. Und seit Mühle neben Ruth Berlau gebettet ist, berichtet er ihr, dass die DDR untergegangen ist, berichtet es ihr immer wieder, wie die Toten tun, und wird von ihr wütend als Lügner beschimpft, jedes Mal, denn für die Dänin war die DDR die Wahlheimat gewesen. Lügner! Nazi! Und Mühle nuschelt in deutlich sächsischem Idiom zu ihr rüber: Nimms nich so schwer, Kleene!

Da sitzen sie – die Bohemiens und die sich dafür halten. Was sie tun? Sie trinken schwarzen Kaffee oder auch Absinth, rauchen Zigaretten, reden über Ästhetik und Weiber, stellen neue Lehren auf und paradoxe Behauptungen, schimpfen über den Staat und die Banausen, pumpen sich gegenseitig an und bleiben die Zeche schuldig.
Erich Mühsam

Sie saßen da wie Kinder, die nach einem Laternenfest nicht nach Hause gefunden haben. Saßen im milden Licht der Lampions, trugen olivgrüne Jacken mit vielen Taschen, längere Haare, manchmal eine Baskenmütze. Frauen in dekolletierten T-Shirts und Lederjacken machten, obwohl nicht mehr jung, einen mädchenhaften Eindruck; wie Weichzeichner legte sich der milde Schein der karmesinroten Lampions auf ihre Gesichter. Eine Zigarette in Mundwinkel oder Hand hatten die Männer alle, natürlich, sie lebten ja noch in der Zigarettenzeit, der blauen Epoche, als das Rauchen noch als Symbol verwegener Männlichkeit galt, Requisit einer Heldeninszenierung – ein Mann ohne Zigarette war kein Mann.

Gefallen Ihnen rauchende Männer?, fragte Madleen zwanzig Jahre später, in den Zeiten der Askese, die durchtrainierte junge Serviererin in einem Nichtrauchercafé am Kollwitzplatz. Ab und an gefällt mir so ein Cowboy schon, sagte die Rothaarige sinnend, als habe sie den blauen Dunst der tödlichen Romantik und den dazugehörigen Mann direkt vor Augen.

Die Geduld der Lampion-Frauen war grenzenlos. Erotische Unverschämtheiten, von enthemmten Männern feucht ins Ohr geflüstert, nahmen sie hin und lächelten resigniert, sie fühlten sich überlegen. Conny Brinkmann übertraf die Männer an Drastik und spielte ihnen eine Marilyn Monroe volkseigener Provenienz vor, eine Marilyn aus Eisenhüttenstadt, ihr tanzender blonder Körper war ein Sonnenaufgang in der Nacht.

Madleen, in mittlerem Alter und von mittlerer Schönheit, bei einer Zeitung angestellt, genauer gesagt bei einer nach der anderen, so waren die Zeiten, Madleen tauchte in den Lampion ein wie in einen Mutterleib, in dem es keine Pflichten gab, keine Verantwortung und keine Deadline. Sie war froh, dass sie ihr ramponiertes Make-up nicht aufzufrischen brauchte, bevor sie aus der Redaktion in den Lampion aufbrach, denn das Licht im Lokal war nachsichtig wie ein Mond, der sich gesonnt hatte. Die neue Zeit machte Madleen keine sonderlichen Probleme, sie arbeitete wie bisher, gesamtdeutsch nun. Die Streitereien mit den Kollegen aus dem Westen machten Spaß, wenn zu Spaß auch Wut gehört. Die Kneipen ihrer Gegend hatten sich verzehnfacht, der Wein war besser denn je, der gute alte Stierblut Vergangenheit. Der Prenzlauer Berg bot jetzt fast so viel Weltläufigkeit wie Saint-Germain-des-Prés, jedenfalls solange das Chaos nicht aufgebraucht war.

Madleen hatte ihre erste Buchpremiere im Lampion gefeiert, mit Ostfreunden und Westverleger, ihre Tochter hatte Summertime gesungen. Manfred Krug riet der blutjungen Sängerin, sie solle erst mal eins zu eins singen, bevor sie improvisiere. Ich singe nicht eins zu eins, hatte die blutjunge Sängerin empört geantwortet, ich singe, wie ich singe. Madleen hatte sich nicht getraut, selber aus ihrem Buch vorzulesen, und den Architekten Pieper gebeten, es für sie zu tun, schließlich hatte er mal Schauspieler werden wollen. Er verfügte über eine tragende Stimme und boxte im Verein mit dem Drehbuchautor Wolfgang Kohlhaase, dem Schauspieler Eberhard Esche und zwei ausgebufften Profis, er hatte Madleen in die Welt des Boxens eingeführt. Nun stand er auf der Treppe zur Puppenspielerwerkstatt und las ihren Text vor: »Einfache Männer mit einfachen Gesichtern und einfachen Worten hatten sich im Plaza-Hotel getroffen. Mit ihren runden Köpfen, ihren bulligen Körpern und den breiten Nasen ähnelten sie einander ...« Irgendwie passte Boxen zur Zeit. Lucky Punch!

Gegen halb eins erschien Hassan aus dem Morgenland in der Tür, mit roten Rosen, Eintagsschöne, die keine Stunde länger lebten als bis zum nächsten Morgen. Alle für zwanzig!, bot der dunkle Mann in der Tür und hielt seine Ware hoch. Er hatte Glück, ein Fotograf aus Hannover kaufte alle und schenkte sie einem rothaarigen Mädchen: Für dich, Maria! Große Gesten kamen häufig vor im Lampion. Ein paar Wochen zuvor war Hassan von Skinheads zusammengeschlagen worden; sie hatten ihm sechzig Rosen und alles Geld weggenommen, das er verdient hatte.

Die meisten hier waren zwischen vierzig und fünfzig, eine Generation, die in den sechziger Jahren einen Aufbruch erlebt hatte, da waren sie zwanzig gewesen und hatten an das Neue geglaubt, an die Gleichheit aller Menschen. Vorbei, ihr Verstand hatte verstanden, ihre Seelen hatten Risse. Thomas Leinkauf von der Berliner Zeitung sang zur Gitarre »Bella ciao« und »Avanti popolo«, manche summten mit, bandiera rossa trionfera. Ach, Kinderchen, seufzte der Wirt, was soll bloß aus uns werden!

Nach langen Lampionnächten packte er am nächsten Morgen seine Puppen in den Kleinbus, fuhr nach Frankfurt an der Oder und nach Ilsenburg und spielte das Märchen von den Wölfen und den unschuldigen Kindern. Er klatschte in die Hände, hielt den Kopf schräg und richtete den Blick nach oben. Ach, Kinderchen, das klang wie die Jesusworte Lasset die Kindlein zu mir kommen, alle, die ihr mühselig und beladen seid. Der traurige Wirt, dessen Augen aussahen wie überlaufende Brandenburgische Seen, goss Pinot Grigio in große Gläser und jonglierte die beladenen Tabletts durch das Lokal mit den voll besetzten Treppchen. Dreh lauter, Klaus!, kreischte die Kaufhallenkassiererin, die Sängerin werden wollte, was umso unwahrscheinlicher schien, je länger sie mitsang: An jenem Tag, mein Freund, da haben wir gemeint, die Welt bleibt stehn allein nur für uns zwei. Wenn es zu schwermütig werden sollte, wir haben russischen Wodka im Angebot, rief der Puppenspieler, und wir haben die guten Soleier; seine Kinderchen sollten essen, damit sie den Wein, das Bier und den Schnaps vertrugen. Auch Thüringer Kümmelkartoffeln auf dem Blech trug er zu den Tischen: Ihr müsst sie heiß essen!

Hans-Otto Schmidt hatte gerade seine Prenzlauer-Berg-Bilder unter dem Titel »Traum vom Fliegen« in einer Galerie am Savignyplatz ausgestellt. Die grauen Häuserzeilen mit den roten Dächern, die stillen Straßen und stummen Fenster, diese seltsame Sinfonie aus Schiefergrau, Morgenrot und Neapelgelb. Schmidt hatte in der feinen Galerie gestanden wie ein Bauer auf fremdem Feld, das er dennoch zu beackern verstand. Er hatte gut verkauft, der Prenzlauer Berg war damals noch ein Mythos, ein Ort des Begehrens, sein Stern leuchtete noch. Der Nimbus aus Rebellion und Verstrickung, Patina und Aufbruch, verlebten Fassaden und verrückten Gedichten war noch nicht ausgereizt. Nichts aber, schwärmte der Maler spätabends auf der Treppe zum Chambre séparée, nichts sei so schön wie auf einer Jawa durch die von Lindenbäumen bestäubten Straßen der Uckermark zu rasen und auf die Musik des Motors zu hören. Dann tanzte Schmidt, Männer tanzten öfter allein im Lampion. Zimmertheater für Charakterdarsteller, Rückzugsort der Heimatlosen. Wenn man in den Lampion ging, wusste man, was einen erwartete, nichts Fremdes, nichts Unbekanntes, nichts Überraschendes. Vertrautes war gefragt, Gewohntes, Laufkundschaft war selten. Die Lampionisten sahen jede Veränderung mit Skepsis.

Jenni hat 'ne Braut im »Lampi«/Die hat's hintern Ohren dick/Trabt 'n Kerl vorbei mit Hengstblick/Hat sie schon mal Zeit für'n Ritt. So heißt es in »Als ob nichts gewesen wär« von Renft. Frühling, Sommer, Herbst und Winter/Mancher lacht schon lang nicht mehr/Lachend aber sind wir Kinder/Als ob nichts gewesen wär. Lampi war der Kosename für den Lampion, Jenni der für Klaus Renft, den alten Rocker.

Ach, die Mädchen!, rief Renft, als Madleen mit ihrer Kollegin Fritzi den Lampion betrat. Er saß mit seinen wetterfesten Gesellen am runden Tisch auf der Empore. Als sie angefangen hatten, ihre Musik zu machen, das war in den Sechzigern, waren sie die sächsischen Rolling Stones gewesen. Bei den Konzerten kreisten die Stierblutflaschen und nach den Gigs die Groupies, erzählte Renft, es sei das wildeste Leben gewesen, das man sich vorstellen kann, die Mädchen sollen sich die Kleider vom Leib gerissen haben vor Entzücken. Einmal spielte die Renft-Combo im Lampion. Unter anderen ein Lied aus alten Zeiten, das »Gänselieschen«, arglos und zärtlich: Unsre LPG hat hundert Gänse/und ein Gänselieschen, das ist meins./Jeden Morgen ziehn sie auf die Wiese/hundert Gänse und die Hunderteins.

Ach, die Mädchen, hat Renft gerufen? Nicht doch, ach, die Medien! hatte der Nuschelsachse gerufen, man musste nur genau hinhören. Fritzi erinnert sich noch heute daran, dass Klaus Renft sie am nächsten Vormittag in der Redaktion anrief: Du hast mir mein Herz gestohlen. Er soll es ganz ernst gesagt haben, die Kollegin war sprachlos und hörte tagelang Renft-Songs.

Ein Bohemien ist ein Mensch, der aus der großen Verzweiflung heraus, mit der Masse der Mitmenschen innerlich nie Fühlung gewinnen zu können, ... drauf losgeht ins Leben, mit dem Zufall experimentiert, mit dem Augenblick Fangball spielt und der allzeit gegenwärtigen Ewigkeit sich verschwistert.

Erich Mühsam

Gegen elf kam der Bohemien an und für sich und bestellte einen Kaffee schwarz. So sehen Genies aus, sie stottern, tragen ausgeblichene Jacketts und leben so vor sich hin. Er sah aus wie ein zerzauster Wissenschaftler, Insektenforscher hatte er mal werden wollen. Monatelang trug er das selbe Cordsakko, den selben Pullover vermutlich auch, seine Schuhe zeigten langjährige Gebrauchsspuren. Abends fuhr er mit dem Fahrrad die Cafés des Viertels ab, der Lampion war eine Station unter anderen. Er trank nie Alkohol, das hatte er hinter sich, ein für alle Mal, den letzten Nordhäuser Doppelkorn trank er am Theater in Anklam, bei Castorf damals. Der Bohemien an und für sich kam immer erst am späten Abend. Sein Tisch sah nach zwanzig Minuten aus, als wäre er schon Stunden hier, nasse Teebeutel, leere Kaffeetassen, Zigarettenschachteln, Kippen, Aspirin, manchmal das Schachbrett.

Er schrieb seit vielen Jahren an seinen Geschichten über die fünfziger Jahre, »Briefe an Onkel Karl«, einfach so, ohne Verlag, ohne Vertrag, denn von Terminen bekam er Kopfschmerzen. Als Harmoniumspieler auf Begräbnissen verdiente er eine Zeitlang richtig gut. Einmal einen Termin nicht eingehalten, schon war der Job weg. Er war um sechs Uhr früh aus dem Café gekommen, hatte den Wecker auf viertel neun gestellt und geträumt, dass er im Schauspielhaus neben einer schönen Frau mit übereinandergeschlagenen Beinen sitzt und eine Zigarette raucht. Mittags halb eins ist er aufgewacht, da waren alle Totenmessen gelesen.

Ich bin wie eine Luftblase im Wasser, die den Gegenständen ausweicht, die auf sie zukommen, bemerkte der Bohemien an und für sich, während er seinen vierten Kaffee trank. Wenn die Sonne scheint oder das Bassin bunt ist, dann schillert sie, die Luftblase. Er fühle sich von Terminen nicht nur gestört, sondern der Freiheit beraubt, er hasse Termine. Und Reisen. Trotzdem hatte er sich an diesem Abend für eine Fahrt nach Holland verabredet. Als er seinen Bekannten wartend am Tresen stehen sah, dachte er plötzlich: Mensch, die ganze Nacht durchfahren und dann in Holland müde sein. Wenn du hierbleibst, kannst du morgen bis zwölf ausschlafen, schön gemütlich wach werden, Zigarre rauchen und ein bisschen lesen. Er könne leider doch nicht mitfahren, teilte er seinem Reisegefährten kurz entschlossen mit, er müsse nach Hause, weil er seine Socken eingeweicht habe. Ich verreise niemals, sagte er, höchstens auf dem Notenblatt, da fühle ich mich wie ein Fernfahrer, der durch eine fremde Kleinstadt fährt, jede Note sehe ich als Fußgänger, die Akkorde als Fußgängergruppen; wenn Schwierigkeiten auftauchen, spiele ich langsamer.

Auf der Fensterbank saßen drei Polen. Conny wollte, dass sie die Warszawianka singen, sie bot drei Flaschen Wodka, für jeden eine. Niemals, sagte der erste Pole, Sozialismus Scheiße, sagte der zweite, scheene Frisur, sagte der dritte und lächelte Conny an. Madleen unterhielt sich weiter mit dem Bohemien an und für sich, sie bewunderte ihn für etwas sehr Spezielles: Er redete, obwohl er stotterte, ganz ohne Redundanz. Sie schätzte diese Eigenschaft ungemein, denn als Redakteurin schlug sie sich ihr Leben lang mit Autoren herum, deren Texte aus nichts als Redundanz bestanden. Du musst unbedingt einen Roman schreiben, ich weiß auch schon den Titel: »Der Stotterer«, sagte Madleen zum Bohemien an und für sich. Der winkte ab: Da müsste ich ja Termine einhalten. Er gehe jetzt nach Hause und lese weiter in der Schiller-Biographie, Schiller sei reinigend wie

Wofasept, wie eine Seuchenmatte vor dem Schmutz der Zeit. Madleen erzählte einer Lektorin von Schönfelds Talent und fügte hinzu: Er ist leider ein bisschen unzuverlässig. Und ich habe dafür leider keine Zeit, sagte die Lektorin, es reicht schon, dass er stottert, das allein schon dauert zu lange.

Ich fühle mich gedemütigt durch meine eigene Gegenwart, schrie Graf Kiedorf ins Lokal, er erwartete ein Echo und bekam es. Wenn nüscht mehr übrigbleibt, kannste nur noch angeben, lallte sein Tresenkumpan Max Stock, dessen Bilder in den Landhäusern seiner Gläubiger hingen. Mann, bin ich eine monumentale Persönlichkeit! – Kiedorfs Stimme klang herrisch auf Gutsbesitzerart. Er schnallte seinen rotbraunen, schmalschultrigen Lackledermantel auf – ich knarre wie ein Damensattel – und stampfte mit seinem silbernen Gehstock, von dem er behauptete, dass er aus dem Besitz des Großfürsten Esterházy sei, des Gönners von Ludwig van Beethoven. Bring Wodka, Dewuschka!, befahl er dem Puppenspieler. Dann erklärte er seine Tischgenossen, zwei stille Herren aus Lübeck, zu seinen Leibeigenen. Einen nannte er Wanja, den anderen Akaki Akakijewitsch. Küss mir die Hand, Bursche!, verlangte er donnernd.

Sie haben alle gespielt, die einen mehr, die anderen weniger. Manche waren still. Wie der Bildhauer, dessen Blicke eine zentrale Botschaft sendeten: Lasst mich in Ruhe! Seine ganze Ausdruckskraft hat er an die Formung seiner Figuren verschwendet, ohne Scheu vor Harmonie. Seine Plastiken sind unverschämt schön, entrückt, vollendet im Sinne von Kolbe und Lehmbruck, da darf man verstummen. Der Bildhauer war andererseits so vorausschauend, zusammen mit seinen Mitbewohnern zur rechten Zeit in der neuen Zeit das Mietshaus zu kaufen, in dem sie alle wohnten. »Dieses Haus kaufen wir« stand auf einem weißen Tuch über der Haustür. Dreiundzwanzig eindeutig dem Musischen zugeneigte Gestalten hatten sich zu diesem Zweck mit einem silbernen Fotokoffer, in dem zweihunderttausend D-Mark Anzahlung gestapelt waren, vom Prenzlauer Berg aus zu einer Bankfiliale am Kurfürstendamm begeben. Der Sinn für das Schöne und der für das Praktische müssen einander nicht ausschließen.

Übrigens: Wenn die Schauspielerin mit der Tänzerinnenfrisur auftauchte, guckte der Bildhauer freundlicher. Das gab sich schnell wieder, denn die Schauspielerin verließ öfter den Lampion, als wäre ein Feuer ausgebrochen, jemand war gegangen, dem sie dringend nachgehen musste, ihre Handtasche ließ sie zurück. Als sie nach zwei Stunden wiederkam, lag die Handtasche samt Portemonnaie und Gage noch am selben Platz, die Schauspielerin hatte es nicht anders erwartet. Und wenn – sie hätte dem, der gegangen war, um jeden Preis folgen müssen –, was ist ein Blick gegen eine Handtasche, was eine Eingebung gegen fünfhundert Westmark.

Ich komme gerade aus Griechenland – die leise Stimme von Peter Fritz, dem Landschaftsmaler. Madleen hatte ihm vor etlichen Jahren Modell gesessen, zusammen mit ihrer besten Freundin, vor einer Landschaft mit Sonnenuntergang. Es war ein Abschiedsbild in Öl, ein Auftragswerk, die Freundin ging in den Westen, Madleen, die Zurückgebliebene, hängte sich das Ölgemälde ins Wohnzimmer, als Erinnerung. Der Landschaftsmaler trug stets einen gefüllten Einkaufsbeutel bei sich, wenn er den Lampion betrat. Er hatte eine Frau, die aus Gründen der friedlichen Revolution zeitweilig in der Politik aktiv gewesen war und aus diesem Grund keine Zeit zum Einkaufen hatte. Er war der neuen Zeit zunächst sehr zugetan gewesen, später relativierte sich das, er hatte dann auch eine andere Frau. In Griechenland ist alles ganz anders, sagte er träumerisch.

G., der einsame Wassertrinker, saß nicht mehr allein. Anja war bei ihm, die dunkelhaarige Chorsängerin, hübsch und traurig, sie erzählte ihm von ihren Enttäuschungen in der Liebe. Sie wusste nicht, dass G. bald sterben und dass der Puppenspieler sein gerahmtes Porträt zu den anderen Toten an die Wand neben dem Tresen hängen würde, dass dieser verwirrte kranke Mensch, den die meisten für ein armes Schwein gehalten hatten, ein subtiler Stasivernehmer gewesen war. »Einer von uns«; er wusste, wie die Seinen dachten und wie man mit ihnen reden musste, damit sie einen Freund verrieten, denn er war ja mal einer von ihnen gewesen. Lange nach seinem Tod hatte Madleen die Vernehmungsprotokolle von Jürgen Fuchs gelesen, in denen der inhaftierte Schriftsteller mit literarischer Kraft über einen seiner Stasivernehmer schrieb, Vernehmer Nummer V. Der fahrige kleine Intellektuelle, das künstlerisch angehauchte Funktionärskind kommunistischen Glaubens, wird dort mit seinem Namen genannt. Letztendlich war er tatsächlich ein armes Schwein, das, als alles vorbei war, inmitten seiner arglosen Freunde apathisch vor einem Glas Leitungswasser saß.

Heute Abend hatte er eine Aufgabe, er tröstete die Choristin: Du musst nicht traurig sein, Lilja, Ossip liebt dich, auch wenn er dich nicht begehrt. Du hast doch noch Wolodja, der liebt dich mehr als sein Leben, der große Majakowski. »Von der Schnute bis zur Rute, dein Kläff«. Hat er dir doch geschrieben, Lilja! Er verlor sich ins Russische, und die Choristin blieb allein mit ihrem Kummer. Ich heiße nicht Lilja, und Majakowski ist tot, murmelte sie und setzte sich woanders hin.

Scholle und Dorsch trinken forsch. Und der Aal säuft anormal. Und zwei fetten alten Quallen kann das alles nicht gefallen – Wawerzinek machte das oberste Treppchen zur Bühne und dichtete Stegreif: Scholle und Dorsch trinken forsch. Und der Aal säuft anormal. Und zwei fetten alten Quallen kann das alles nicht gefallen. Er bellte das Ganze fünf Mal in den Schankraum, man könne es bis zu dreizehn Mal wiederholen, drohte das nach Anerkennung süchtige Naturtalent. Die Sängerin sah ihm begeistert zu. An jenem Abend, irgendwann in den Neunzigern, wusste der in der Prenzlauer-Berg-Szene als

Schappy bekannte Performance-Dichter noch nicht, dass in Erfüllung gehen würde, was er sich so sehnlich wünschte. Er wusste nicht, dass er in zwanzig Jahren berühmt sein würde, ein richtiger Schriftsteller, Boheme heißt auch Sehnsucht. Im November 2014 steht in der Zeitung, dass der preisgekrönte Autor Peter Wawerzinek ab sofort in einem Glaspavillon neben der Volksbühne sitzt und schreibt, denn der Künstler wolle sich nicht weiter in seiner Schreibbude verkriechen, sondern »bei der Arbeit genauso sichtbar sein wie ein Busfahrer«. Das klingt verdammt nach Bitterfelder Weg: Greif zur Feder, Kumpel!

Mancher Lampiongast war in seinem früheren Leben regelmäßig ins Wiener Café in der Schönhauser Allee gegangen, auch Graf Kiedorf. Damals liebte er Victoria, konnte aber den Alkohol nicht lassen und die Frauen auch nicht. Victoria war eine Schulfreundin von Madleen gewesen, sie hatten sich nach vielen Jahren in der S-Bahn getroffen, und Victoria erzählte ihr mit strahlenden Augen, dass sie jetzt mit Kiedorf zusammen sei, worüber sich Madleen gewundert hatte. Einmal saß Manfred Kiedorf im Wiener Café und weinte, weil Victoria ihm, als er wie so oft zu spät und zu betrunken nach Hause kam, kalt ihren nackten Rücken zugedreht hatte. Madleen reichte ihm, großzügige Geste in Zeiten der Mangelwirtschaft, ein Tempotaschentuch, und er revanchierte sich mit einer Zeichnung.

Damals hätte keiner gedacht, dass dieser Kiedorf eines Tages ein bedeutendes Lebenswerk vorlegen würde, denn die meisten hielten ihn für einen Nichtsnutz. Dass er schon damals, gemeinsam mit seinem Jugendfreund Gerhard Bätz, ganze Königreiche en miniature entwarf und mit Pinzette und Lupe aus Pappe, Papier und Draht die Kleinststaaten Dyonien und Pelarien schuf, die Schlösser Pyrenz und Perenz sowie einen Hofstaat mit klitzekleinen Prinzessinnen, Hofdichtern, Königen, Soldaten und Barbieren, Rokoko im Maßstab eins zu fünfzig – das hätte keiner bei Kiedorf vermutet.

Am Anfang war das Spiel. »Prunk« nannten die zwei Dekorateur-Lehrlinge aus der Spielzeugstadt Sonneberg ihr Werk, das sie unter der Schulbank begonnen hatten, mit Halmasteinen, die irgendwann ganze Armeen bildeten. Dass sich zwei Provinzjünglinge von sehr unterschiedlicher Körperlänge so eine großartige Kleinigkeit ausdenken und ein halbes Jahrhundert lang mit Leidenschaft daran arbeiten, ohne einen Pfennig damit zu verdienen, damit rechnete niemand. Mitten im Arbeiter- und-Bauern-Staat eine Monarchie zu erschaffen, zwei Fürstentümer zu gründen, ist schon unerhört, eine freche, verspielte Unterwanderung der herrschenden Verhältnisse. Bekannt wurden die beiden Monarchisten natürlich erst nach dem Abgang des Arbeiter-und-Bauern-Staates: Die hätten uns für verrückt erklärt, wenn rausgekommen wäre, was wir da machen. Nach der Jahrtausendwende kaufte die Heidecksburg in Rudolstadt die winzigen Königreiche an, Hunderttausende haben sie gesehen; eine Kneipe in Rudolstadt heißt jetzt »Kiedorf«. Zudem wurde Graf Kiedorf zum Ritter geschlagen: Ich war ein Nichtsnutz, jetzt bin ich Chevalier. Der Vorteil des Ritterkreuzes – man kann mich angemessen aufbahren, man möchte schließlich auch als Leiche was darstellen, sagte er.

Hallo Max, was machst du denn hier? Gestern führte ich die ganze Nacht Selbstgespräche, da konnte ich wieder nicht einschlafen, antwortete Max, der Maler. Deine Selbstgespräche sind gebührenpflichtig, beschied Kiedorf. Als Schöpfer ist man ja Gott, fuhr er fort, mein Reich ist der Planet Centus, der zehnte Planet, es ist ein wunderbares Gefühl, Gott zu spielen. Horst Sagert war gestern hier, da warst du nicht da, teilte ihm sein Tresenfreund Max unvermittelt mit, der Sagert saß oben auf der Treppe, ich habe mich ihm zu Füßen gesetzt und zu ihm aufgeschaut. Der Sagert ist ein Genie, das sage ich dir, hast du damals seinen Urfaust gesehen, da hat er nicht nur Bühnenbild und Kostüme gemacht, da hat er auch Regie geführt. Weißte, was er geantwortet hat, als ihn einer nach seinem Beruf fragte? Ich bin von Beruf Sagert, Horst Sagert, hat er gesagt. Dazu fiel

Kiedorf nichts ein als: Ich will in meiner Schrankwand beerdigt werden, das wäre mein größtes Glück.

Beerdigt wurde Kiedorf in einem Sarg auf dem Sophien-Friedhof II in der Bergstraße. Einer von den Lampionisten hielt die Totenrede und nannte ihn einen Liebling der Götter: Kiedorf hat jeden Wein zum Grand Cru erklärt, sagte jemand beim Totenschmaus. Wo er war, war oben, und wenn er unten war, dann war unten oben. Seine Frau, die er Tschudsch rief und die mal Empfangschefin im Hotel Unter den Linden war, kam nicht, als er zu Grabe getragen wurde, zu krank war sie. Victoria war in Vertretung der Witwe dort, sie hat sich am Ende um beide gekümmert – die Toleranz der Boheme. Seine Freunde hatten Kiedorfs Tod in der Berliner Zeitung angezeigt: Graf, Du fehlst uns! Wie haben uns Deine Bonmots und Wortgefechte vergnügt. Dein Esprit war das große Glück der ganzen Runde. Wir erheben das Glas auf Dich in Dankbarkeit! Dein Gesinde aus »Lampion«, »Pieper« und »Lokal«.

Der Hund Helga hielt sich häufig im Lampion auf und bellte selten. Sein Frauchen, eine üppige Melancholikerin mit sinnlichen Lippen, tat vielleicht das Beste, was sich in revolutionären Zeiten tun lässt, sie verliebte sich in den Restaurator, der in der Regel Thekendienst hatte, und zeugte mit ihm ein Kind. Es passierte im Frühlicht nach einer langen Nacht, im leeren Lokal. Der Hund Helga, eingekuschelt in die Kissen auf der Fensterbank, könnte geschlafen haben. Der kleine Oskar jedenfalls war eine Schöpfung des Lampion und der Liebe, sein Vater allerdings, so hörte man, scheute die Kosten, die so ein Produkt seinem Schöpfer macht.

Raphael, der sein Leben lang, jedenfalls schon mit zweiundzwanzig, graue Haare hatte, Raphael war immer da, immer nach elf, immer für sich. Immer im Mantel, der, unabhängig vom Wetter, immer offen war. Immer auf dem Sprung stand er an dem kleinen Tresen, rauchte, trank Rotwein und las in den Reclambüchern, die aus seiner Manteltasche guckten wie allwissende Zwerge, von Shakespeares Hamlet über Schillers Dionys bis Mozarts Figaro, bei Raphael wurde das Wort Wirklichkeit: Taschenbuch! Einmal unterbrach er seine Lektüre. Ich bin dein Schutzengel, sagte er zu einer Italienerin aus Neapel, der es im Lampion gefiel, ich heiße Raphael. Mi angelo, sagte sie, mi Raffaello! Raphael bot ihr ein After Eight an.

Irgendwann, es war nach Mitternacht, tauchte Peter Hacks auf, und die Frauen freuten sich. Hacks schien froh, hier zu sein. Er stand rum, setzte sich nicht, lachte, ein bisschen blau, ein bisschen überrascht. Die Frauen begrüßten ihn überschwänglich, denn er war eine Autorität; nicht nur wegen »Gespräch im Hause Stein über den abwesenden Herrn von Goethe« oder »Die Sorgen und die Macht«, sondern auch wegen »Jules Ratte«, von der sie ihren Kindern vorgelesen hatten, immer und immer wieder: »Und Jules Ratte mit den andern / Bestieg den Zug um 9 Uhr 4 / Um nach Granada auszuwandern ...« Das hat Peter Hacks geschrieben, erzählten die Mütter ihren Kindern, das ist ein großer Dichter, sagten die Mütter und lächelten nach innen. Der Hacks im Haus erspart den Ehemann, sagten die Väter. Der Dichter stand am Tresen, müde und wach, alt und jung, wollte erleben, wollte fühlen und war doch zu schwach dafür in dieser Nacht oder zu betrunken; trank er Whisky oder war es Pinot Grigio? Sein in Hexameter gefaltetes Gesicht drückte bewusstlose Begeisterung aus. Die Frauen waren von Sinnen angesichts des Überraschungsgastes, sie lachten und leuchteten, einmal war jede in den schönen Dichter verliebt gewesen. Wenn ihr einen Monarchisten sucht, nehmt mich, hatte Kiedorf geschrieben, meine Schlösser sind größer als Hacks seine.

Ein paar Monate nach dem Abend im Lampion entdeckte jemand in den gesammelten Hacks-Werken den Text »Verräterball«, in dem heißt es: »Am Tresen traf ich lauter Jugendlieben / Teils stark beschädigt, teils noch hübsch geblieben / Verräterinnen alle. Reich und ältlich / Küssten sie mich und wirkten leicht erhältlich / Ich machte, dass ich fort kam. Die Verräter / Jauchzten mir nach: Bleib unser, lieber Peter.«

Alter Junge, seufzte eine alte Freundin, wer ist hier der Verräter, du doch! Der kommt nur noch selten raus, der brauchte einfach Stoff, meinte Madleen. Aus dem Gedicht geht hervor, dass der Verfasser danach nicht so fröhlich war, wie es vor Ort den Anschein hatte. Sogar getanzt hat er, vielleicht schien es auch nur so. Weil man den Walzer Nr. 2 von Schostakowitsch nicht hören konnte, ohne sich in den Armen zu liegen und die Welt für beinahe so himmlisch zu halten wie die Freude schöner Götterfunken. Es war eine Musik über die Lust und den Schmerz des Lebens. Und weil alle tanzten, als sei der Lampion das letzte Rettungsboot auf dieser Welt. Der Untergang macht ein Schiff erst groß!, hatte Kiedorf verkündet, er hängte die glamouröse These wie eine Diskokugel über die Tanzenden.

Ich will hier bemerken, dass ich unter Künstlern nur solche verstanden wissen will, die ihre Kunst nicht zum Gewerbe erniedrigen, die es also unter allen Umständen ablehnen, ohne künstlerischen Antrieb zu produzieren. Dagegen gehören zu den Künstlern, die ich als Outsider der Gesellschaft behandle, auch solche, die, ohne künstlerisch überhaupt produktiv zu sein, in allen ihren Lebensäußerungen von künstlerischen Impulsen geleitet werden.
Erich Mühsam

Hast du keinen Wintermantel, Schöni?, fragte Madleen den Bohemien an und für sich, ist ziemlich windig heute. Ich hab doch ein Fahrrad, und abends ist es nicht mehr windig, erklärte Schönfeld und beeilte sich, weiter aus seinem Leben zu berichten. Manchmal schlafe er bis nachmittags um fünf, mache sich nur schnell ein Knäckebrot. Er kenne keine ausgedehnten Frühstücke, weil dann der Tag weg sei, er müsse schlafen und lesen. Am liebsten Nietzsche, da bleibe eine Melodie im Kopf.

Und mit dieser Melodie im Kopf fährst du am Abend die Cafés ab? Ich fühle mich verpflichtet, ins Café zu gehen, eine Zwangshandlung, wie ein Pferd, das im Kreis läuft, obwohl es frei ist. Was machst du eigentlich beruflich zur Zeit?, erkundigte sich Madleen im Ton einer Grundschullehrerin. Nächsten Dienstag spiele er wieder Harmonium auf dem Friedhof, antwortet Schönfeld brav, da müsse er früh um neun da sein, pünktlich und rasiert. Wenn es abends um zehn losginge, ja, dann, dann könne er seinetwegen acht Stunden hintereinander spielen. Warum arbeitest du nicht als Barpianist?, fragte Madleen. Ich genüge meinen Ansprüchen nicht, ich würde spielen wollen wie Oscar Peterson.

Eine halbe Stunde nach Mitternacht, die Stimmung im Lampion hat ihren Höhepunkt erreicht, ein Gesumme wie im Bienenkorb. Ich steh auf eurer Seite, Jungs, ich fülle eure Hohlräume, rief Kiedorf. Madleen fiel auf, dass er niemals Frauen attackierte, weder verbal noch körperlich, er spielte nur mit Männern, Frauen bewunderte er.

Ich hatte nie Macht und konnte immer ausschlafen, bilanzierte der Bohemien an und für sich und bestellte einen schwarzen Tee. Ich möchte mit dir tauschen, Schöni, schlug Madleen nach drei Gläsern Chianti Classico vor. Stierblut trinkt sie nicht mehr, seit es all die italienischen Weine gibt, Stierblut aus Ungarn war gestern. Ich möchte mit dir tauschen, wiederholte sie entschlossen. Inwiefern?, fragte der Bohemien an und für sich. Ab Montag gehst du in meine Redaktion und rackerst, sagte Madleen. Du, nicht ich! Morgens um neun bist du da, um zehn Uhr abends bist du raus, wenn es gut läuft. Ich hingegen lege mich in dein Bett, lese Proust, fresse Marzipan wie Walter Benjamin im Moskauer Hotel, und abends um zehn treffen wir uns im Lampion. Ich habe nichts, antwortete der Bohemien an und für sich, du dagegen hast alles: Arbeit, Familie, Geld und Würde. Du kannst mein Ein und Alles haben, sagte Madleen, ich habe sowieso nur das eine: Arbeit. Geld gibt meine Familie aus, Familie sehe ich nicht, Würde brauche ich nicht; hier hast du die Adresse der Redaktion.

O, Himmel, strahlender Azur!, dröhnt der Bass des Architekten, er ist in Stimmung. Enormer Wind, die Segel bläh! Lasst Wind und Himmel fahren! Nur lasst uns um Sankt Marie, die See!

I.
AUFBRUCH UND STOPP –
DIE FÜNFZIGER UND SECHZIGER JAHRE

BERLIN ECKE SCHÖNHAUSER, FOTO: BRIGITTE VOIGT

Die Spur der Boheme

Als Madleen fünfzehn war, begegnete ihr das Genie. Sie lief mit einem Petticoatreifen im Saum ihres schwarzweiß karierten Rocks die leere, sonnige Straße entlang, die von der Grünen Stadt ins Bötzowviertel führte. Sie lief mit schnellen fröhlichen Schritten, als brächte jeder von ihnen sie dem Glück ein Stück näher. Von der Grünen Stadt ins Bötzowviertel – das waren fünf Minuten. Dazwischen lagen Welten. Madleen wohnte in der Betonsiedlung, die in fünfzig Jahren grün sein würde, einstweilen war sie ihrem Namen zum Trotz grau und kahl, die schmalen Hausflure rochen nach Ölfarbe und Bohnerwachs. Madleen floh zu den Altbauten jenseits der großen Straße. Dort hatten die Häuser Engel an den Fassaden und die Wohnungen Flügeltüren. Die Engel waren zerschossen, aber sie lächelten, die Treppenhäuser rochen nach Luftschutzkeller, aber die Messingklinken der Flügeltüren glänzten. Ganz Paris träumt von der Liebe – berühmt wie Caterina Valente müsste man sein. Madleen konnte singen, einen Zeichenzirkel besuchte sie auch.

Eine Gestalt kam auf sie zu, eine Gestalt, die nicht ins Betonviertel gehörte. Ein Fremdkörper. Schwarzer Rollkragenpullover, schwarze Hose, schwarzer Hut. Tänzelnd und dennoch weit ausholend schlenderte der Fremdkörper über die leere, sonnige Straße. Als er näher kam, sah Madleen, dass es der Junge aus der Zwölften war, der mit den vorstehenden Augen und der eingedrückten Nase, auf dem Schulhof nannten sie ihn das Genie. Heinz Majewski hieß er, hinter dem Existenzialistenlook verschwand seine Hässlichkeit, sein viel zu großer Mund hatte plötzlich was Übermütiges. Was machst du denn hier? Ich gehe zu deinen Eltern und bitte sie in aller Form, dass du am

Sonnabend zu meiner Fete kommen darfst. Was soll das, willst du mir einen Heiratsantrag machen? Das Genie lächelte, seine breiten Lippen spitzten sich zu einem Kussmund: Da sind wir Künstler komisch, sagte Majewski, der nachts im Westen Klavier spielte. Woher hatte der ihre Adresse, hatte er im Sekretariat der Schule nachgefragt oder eine Freundin ins Vertrauen gezogen? Der Aufwand sprach für ihn.

Die Fete fand in Majewskis improvisiertem Büro statt, wo der Oberschüler einen Elektrohandel betrieb. In dem rot beleuchteten Raum konnte man auf einer Matratze sitzen und Eierlikör, Gin und Dessertwein mit Strohhalm trinken. Die Mädchen hatten blassrosa geschminkte Lippen, trugen enge schwarze Hosen und Pullover, unter denen sich Brüste abzeichneten, die von tütenförmigen Büstenhaltern zu spitzen Geschossen geformt wurden. Carmen war auch da, sie war Mannequin beim Deutschen Modeinstitut und behandelte Männer prinzipiell herablassend. Peter Betge hatte Augen wie Madleens Negerpuppe, die sie immer noch nicht aus ihrem Zimmer geräumt hatte. Und dann war da noch Pit, der später Schauspieler wurde.

Majewski spielte Boogie-Woogie auf einem alten Klavier, das von vergoldeten Kerzenhaltern beleuchtet wurde, eigentlich sah er ganz gut aus, wie er so krumm und lässig in die Tasten griff, Zigarette im Mundwinkel, Blick ins Ungewisse. Er erzählte, dass er in der Eierschale in Dahlem den Bassisten einer Jazzband kennengelernt hatte, der habe ihn gefragt, ob er in seiner Band mitspielen wolle. Ich komme groß raus, hatte Majewski gesagt, niemals werde ich mich in die Niederungen der Tanzmusik begeben, ich werde ein zweiter Thelonious Monk. Er ist schon jetzt genial wie Dave Brubeck, bemerkte der stille Pit und rückte näher zu Carmen. Kennt ihr die Combo Braun?, fragte Madleen, die spielen nächste Woche im Kabelwerk Oberspree, der Trompeter wohnt Dimitroff, Ecke Greifswalder und übt jeden Tag am offenen Fenster »Flamingo«, Meinhard heißt der. Sie tanzte eng umschlungen mit der Negerpuppe und war derart betrunken, dass sie schon um neun nach Hause gebracht werden musste. Am nächsten Morgen beschloss sie, nie wieder Eierlikör und Gin und ungarischen Dessertwein durcheinander zu trinken, ihre Devise für immer und ewig: Alkoholika niemals mischen!

Majewski wurde, nachdem er von der Schule abgegangen war, nicht mehr gesehen, es hieß, er sei im Westen. Ein berühmter Jazzpianist ist er nicht geworden. Jemand will ihn in einem Café in Schöneberg erkannt haben, da spielte er Klavier zum Tanztee. Genie oder nicht, anerkannt oder verkannt, Kunst oder Elektrohandel – der hässliche Junge im schwarzen Rollkragenpullover auf der leeren sonnigen Straße des Betonviertels war die erste Erscheinung der Boheme in Madleens Leben gewesen, und sie hatte geahnt, dass sich ihr da eine Möglichkeit gezeigt hatte, die ihr Leben verändern könnte. Sie besorgte sich schwarze Strümpfe, mit denen sie auf dem Schulhof die Aufmerksamkeit der Mitschüler erregte und den Zorn des Direktors, denn schwarze Strümpfe waren existenzialistisch.

Erst viel später war ihr aufgefallen, dass Majewski ausgesehen hatte wie Jean-Paul Belmondo. Und dass »Außer Atem« ein existenzialistischer Film ist. Ich weiß nicht, ob ich unglücklich bin, weil ich nicht frei bin, oder ob ich nicht frei bin, weil ich unglücklich bin, sagt Patricia zu Michel, dem kleinen Pariser Gangster und Autodieb. Sie wird ihn verraten und fragt ihn, wofür er sich entscheiden würde zwischen dem Leiden und dem Nichts. Für das Nichts, antwortet er. Als er auf dem Pariser Straßenpflaster stirbt, spricht er seine letzten Worte. Du bist wirklich zum Kotzen, sagt Belmondo zu Jean Seberg, die seine Geliebte spielt, und es bedeutet: Ich liebe dich bis in den Tod. Jean-Paul Sartre sagte nach der Premiere zu Jean-Luc Godard: Wirklich wunderbar der Film! Jean Seberg ist jung gestorben, man sagt, sie sei ermordet worden, von Geheimdiensten, sie stand in Kontakt mit den Black Panther.

Eines Abends öffnete sich, es war nach einem Schülerball, die Tür nach Paris, Klaus-Dieter hatte sie mitgenommen, sein älterer Bruder verfügte über einen Künstlerausweis. Eine schmale Tür mit dem Schild »Klub junger Künstler« in der Berliner Klosterstraße, Gewimmel hinter dem engen Durchgang, Halbdunkel. Ein Brünetter mit Existenzialistenhaarschnitt entschied: das Mädchen ja, der Junge nicht! Madleen traf ihn fünfzig Jahre später wieder. Als eine Art Gregor Samsa krabbelte er am Schluss des Konzerts, ächzend seine Instrumente schleppend, von der Bühne, überstandene Hüftoperation, elegante Schuhe, er lachte nur und wusste gar nichts mehr.

Madleen hatte es geschafft, sie war drin und konnte nicht fassen, was sie sah und hörte. Dunkle Wände, rotes Licht, Jazz. Frauen in schwarzen, dreiviertellangen Hosen und schwarzen Rollkragenpullovern tanzten barfuß auf den Füßen von Männern, manche saßen auf dem Boden, redeten, lachten, küssten sich, Traum und Wirklichkeit. Die meisten waren jung, manche alt wie Grzimek, der Bildhauer. Einer sang vom Mond in Alabama, ein Mädchen rauchte Pfeife. Nimm doch die Pfeife aus dem Maul, du Hund. Der Überlieferung nach fragte irgendwann in jener Nacht ein junger Spund, ob der Pianist nicht einen Blues in F-Dur spielen könne, und der junge Spund sang dazu. Es handelte sich um einen unbekannten Schauspieler namens Manfred Krug. Wie war das möglich – die FDJ und dieser Klub?

Madleen war berauscht. In den Existenzialistenkellern von Paris konnte es nicht existenzialistischer zugehen. Eine zerfallene alte Ausgabe des »Magazin«, unter dem Ladentisch gehandeltes Lieblingsblatt lebenslustiger sozialistischer Bürger, gibt Aufschluss in einem Text, niedergeschrieben von einem lyrisch gestimmten Journalisten namens Willi Karsch: »Ein Klub junger Künstler. Doch kein Kloster. Ein wirtliches Haus. Doch kein Wirtshaus. Ein Heim der Jugend. Aber kein Jugendheim. Eine nette Bar. Dennoch bar jeden Nepps. Ein Hort des Unsinns. Und des Besinnens.« Weiter in wohlwollender Prosa:

»Überhaupt stolpert man zunächst erstmal über den babylonischen Aufmachungsmischmasch der Gäste. Man könnte es mit der Bemerkung Boheme abtun, wenn man nicht durch ein paar aufgefangene Gesprächsfetzen stutzig würde und dächte: Aha, der Backenbart hat doch etwas recht Beachtliches zu sagen. Und wenn die strähnenhaarige Yvonne über Surrealismus spricht, dann blickt man ihr auf den Mund und nicht auf die engschwarzen Buchsen«, berichtete der Onkel vom »Magazin« ganz im Ton der Zeit, er hatte zwei Kognaks intus, die Barfrau Gitte ihm eingeschenkt hatte. »Lasst den Dingen ihren Lauf«, notierte er aufgeräumt, »eine Samba ist kein Sittensumpf und eine großkarierte Weste kein Sturmsignal gegen die sozialistische Gesellschaftsordnung. Freuen wir uns über den Schattensprung der FDJ, über den Mut zum Experiment.«

Er meinte es gut, nur: Es gab zu wenige gute und zu viele dumme Onkel dereinst, der Klub junger Künstler wurde geschlossen. Wegen Dekadenz. Von Motorradfahrern in FDJ-Hemden. Alle mussten raus, das Licht ging aus.

Zuweilen kehrt die Vergangenheit zurück, als ob sie was vergessen hätte. Einer der Motorradfahrer hieß Sergio, er ist tot, schon lange. Im Februar 2016 wurde Sergio wieder lebendig. Im Fernsehen teilte der Nachrichtensprecher Claus Kleber mit, dass der populäre Sambasänger und Schriftsteller Chico Buarque, ein Brasilianer mit hellblauen Augen, ein Buch geschrieben hat, das ein Familiengeheimnis erzählt: »Mein deutscher Bruder«.

Chico Buarque hat die Spuren seines Halbbruders in Deutschland gesucht. Er hieß Sergio, lebte in der DDR und war wie sein brasilianischer Bruder Sänger, auch Moderator und Nachrichtensprecher. Madleen kannte Sergio. Er hatte dunkle Augen, eine dunkle Stimme und Macho-Allüren. Ihre Freundin Katrin hörte nächtelang Nachrichten, um seine Stimme zu erleben, so verliebt war die Schauspielerin in Sergio. Raphael hatte mal erwähnt, dass Sergio unter den Motorradfahrern war, die den Klub junger Künstler dichtgemacht haben. Es könnte sein, dass Sergio dort auch Gast gewesen war. É assim a vida.

Man könnte es mit der Bemerkung Boheme abtun, schrieb der angeheiterte Reporter über das Publikum im Klub junger Künstler. Boheme? Bloß nicht! Boheme ist dekadent, da kommt gleich Jean-Paul Sartre um die Ecke, und schon ist der Sozialismus in Gefahr. Der Mensch ist nicht ins Leben geworfen, um einen Entwurf von sich zu realisieren, wie es der Herr aus Paris behauptet, die sozialistische Umwelt formt die sozialistische Persönlichkeit, für Individualismus ist kein Platz im sozialistischen Kollektiv.

In diesem Klub ist alles anders, die Boheme feiert das Individuum. Mädchen tanzen barfuß auf den Füßen der Männer, das kann kein FDJ-Klub sein, denkt Madleen, so etwas gibt es doch nur am linken Ufer der Seine, wo ganz Paris von der Liebe träumt; wo ist Gérard Philipe, wo Juliette Gréco? Der alte Bildhauer hinten in der Ecke hat das Heinrich-Heine-Denkmal gemacht, falsch gemacht, wie sieht denn der Heine aus, »zu wenig heroisch, zu introvertiert, zu wenig repräsentativ, ohne jede Feierlichkeit, ohne Pathos und Monumentalität«. Der passt doch nicht ins Zentrum unserer Hauptstadt, gut, hinten am Weinbergsweg darf er sitzen, da fällt er nicht auf.

Das Mädchen mit dem Pferdeschwanz auf dem Barhocker ist Brechts Tochter, sie und ein junger Schauspieler werfen sich über den Bartresen spitze Bemerkungen zu, nur sie beide wissen, warum. Dann spielt der junge Schauspieler für Brechts Tochter Banjo. Man erzählte sich später, dass die prägnante Narbe auf seiner Stirn nicht, wie der ehemalige Stahlarbeiter verbreitete, von einem heißen Spritzer Stahl verursacht war, sondern von einer handgreiflichen Auseinandersetzung im Klub junger Künstler.

Johnny Heartfield, der alte Dadaist, lächelt Madleen zu, sein Hund heult. Der Klub junger Künstler in Berlin Ost 1958 – Madleen hatte am Rand gestanden. Noch war sie Zuschauerin, aber sie hatte das andere Leben gesehen. Vom Rand aus sieht man besser.

> *Eine Tugend, die gibt es, die liebe ich sehr, eine einzige. Sie heißt Eigensinn. Wer eigensinnig ist, gehorcht einem andern Gesetz, einem einzigen, unbedingt heiligen, dem Gesetz in sich selbst, dem »Sinn« des »Eigenen«.*
> Hermann Hesse

Boheme – was ist das eigentlich? Henri Murger schrieb vor hundertfünfundsechzig Jahren den Urtext der europäischen Bohemeliteratur, auf dessen Grundlage Puccinis Oper »La Boheme« entstand, auch die »Szenen aus dem Leben der Boheme«, der Film des schweigsamen Finnen Kaurismäki, basiert auf Murgers Beschreibung der Pariser Boheme. »Wir haben die Boheme als individuelle Befreiung verstanden und Henri Murger regelrecht verschlungen«, erinnerte sich der Regisseur Leander Haußmann. Murger erzählte Geschichten über Maler, Musiker und Dichter, die wenig Geld hatten, aber einen starken Drang zur Kunst, der mit unverhofften Honoraren und fröhlichen Festen lebendig gehalten wurde, schließlich musste man leben. Murgers Buch sei »die Geburt der Heiterkeit aus dem Geist der Melancholie«, fand ein Rezensent und traf damit einen Wesenszug der Boheme.

»Marcel wohnte damals in der Rue de Bréda. Rudolf fand ihn tief betrübt in Betrachtung vor seinem großen Bilde, das den Zug durchs Rote Meer darstellen sollte. Was hast du, fragte Rudolf, als er eintrat, du scheinst ganz verbittert. Ach, sagte der Maler, seit vierzehn Tagen bin ich in der Karwoche. Für Rudolf war diese Antwort durchsichtig wie Gebirgswasser. Salzheringe und schwarze Rettiche! Sehr gut, ich kenne das, sagte er. In der Tat war Rudolfs Gedächtnis noch salzig von der Erinnerung an eine Zeit, da er ausschließlich auf den Genuss dieses Fisches angewiesen war. Teufel, Teufel, sagte er, das ist ernst.

Ich wollte hundert Franken bei dir borgen. Hundert Franken!, sagte Marcel. (...) Du bist also immer noch ein Phantast. Diese mythologische Summe von mir zu verlangen zu einer Zeit, da man immer unter dem Äquator der Not sitzt! Du hast wohl Haschisch zu dir genommen. (...) Ach!, sagte Rudolf, ich habe leider gar nichts zu mir genommen. Und er ließ seinen Freund allein am Ufer des Roten Meeres.«

Das erste Atelier, das Madleen in ihrem Leben sah, war das von Ronald Paris. Sie saß ihm Modell, das erste Mal an einem Donnerstag gegen fünfzehn Uhr, eine Ladenwohnung in Weißensee, es könnte in der Charlottenburger Straße gewesen sein. Der Geruch nach Ölfarbe und Terpentin, betäubend und selig machend, ein Duft wie Montmartre. Ronald war kein Theaterregisseur oder Filmschauspieler, kein Schriftsteller, nein, er war, jedenfalls dachte das Madleen, die Inkarnation der Boheme – ein richtiger Künstler, ein Maler, rotblond wie Van Gogh. Die altmeisterlichen Farben der Frauenporträts, die an den Wänden lehnten, Gesichter in dem edlen Olivgrün alter Meister – so würde sie auch aussehen, wenn das Bild fertig war. Farbtuben lagen nebeneinander und durcheinander, sie trugen Namen wie Carmin, Magenta, Purpur, Zinnoberrot, Sienabraun – Wörter aus dem Reich der Kunst.

Der Maler räumte eine Dreiviertelstunde sein Atelier auf, fegte aus, sortierte die Pinsel nach der Größe und die Farben nach der Farbe, dann kochte er fünfzehn Minuten lang Tee und goss ihn in chinesische Teeschalen. Und dann? Dann malte er. Eine halbe Stunde. Nie länger. So war das jedes Mal. Madleen war verwirrt: Das sollte ein Bohemien sein? Je öfter sie dem Maler Modell saß, je unruhiger sie auf das entstehende Bild blickte, desto größer wurde die Gewissheit, dass sie niemals aussehen würde wie die olivfarbenen Schönen auf den Bildern ringsum, niemals. Mit ihrem Porträt trat der Künstler in eine neue Periode seines Schaffens ein, was Neues sollte es werden, nichts Altmeisterliches, nichts Edles, was ganz dem Leben Zugewandtes. Alles war grell an dem Bild auf der Staffelei, die Haare grell gelb, die Augen grell blau, das Gesicht grell rosa, eine Losverkäuferin ohne Rummelbude. Madleen schämte sich für sich. Irgendwann war auch der Künstler irritiert, er übermalte das Bild und trat in seine nächste Periode ein. Da sind wir Künstler komisch. Der Maler schenkte Madleen eine Bleistiftzeichnung, die er vorher von ihr gemacht hatte, sie ist wunderbar grau und hängt immer und ewig in Madleens Wohnung. Und Ronald wurde ein berühmter Maler, weil er erkannte, wann er ein Werk übermalen musste.

Warum konntest du mich eigentlich nicht malen damals?, fragte ihn Madleen, als sie sich Jahrzehnte später in einem Haus am See trafen. Du warst das Opfer meiner damaligen Probleme zwischen Abbild und Wesenheit, sagte hinreichend kryptisch der Maler, der zwei riesige Siegelringe und eine schwarze Künstlerkappe trug, entschuldige bitte. Madleen hatte ihm lange schon verziehen, sofort, sie hatte ihm sofort verziehen.

Boheme, was ist das eigentlich? Man habe sich in deutschen Literaturkreisen seit einigen Jahren viel mit dem Wesen der Boheme beschäftigt, beobachtete Erich Mühsam, und dabei seien so verrückte Vorstellungen von diesem Wort entstanden, wesensfremde Elemente hätten sich, um sich interessant zu machen, in die Pose des Bohemiens geworfen, »dass es mich oft beinahe schamrot macht, meinen Namen (…) immer wieder im Zusammenhang mit diesem Ausdruck zu lesen. Wohlriechende Jünglinge, die, verdeckt von gewaltigen Cravatten und öltriefenden Napoleonlocken, mit ihren Kastratenstimmen die literarischen Nachtcafés durchzirpen, bilden sich größenwahnsinnig ein, ihre durch geistige Impotenz gebotene, absolute Untätigkeit stemple sie zu Vertretern der Boheme. Beschäftigungslose Künstler, die mit ihrem Mädel ein dürftiges Atelier bevölkern, die einmal Murger gelesen haben, und sich daher, wenn sie mal einen Taler flüssig haben, eine Flasche Mosel leisten, wo doch all ihr Sehnen und Trachten dahin geht, einmal, von Aufträgen überhäuft, im Kreise einer liebenden Familie eine elegante Villa mit Park zu bewohnen, schmeicheln sich in demselben Wahn.«

Henri Murger meinte, dass die Boheme die Probezeit des Künstlerdaseins sei, die Vorrede zur Akademie, zum Hospital oder zum Leichenschauhaus. Später würde sie sich in Wohlgefallen auflösen, in Ruhm und Geld oder in ein bürgerliches Leben mit Standuhr und Börsennotierung. Erich Mühsam widerspricht dem. Boheme sei eine Eigenschaft, die weder erworben noch anerzogen werde. Als bewusste Abkehr vom bürgerlichen Milieu würde der Weg in die Boheme erlebt, stellt Helmut Kreuzer fest, als Abkehr von den bourgeoisen Werten der Gesellschaft. Ein programmatischer Individualismus liege der Boheme zugrunde, er richte sich gegen Konventionen der Lebensführung, der Kunst und der Politik, wobei radikal-revolutionäre Bewegungen bevorzugt würden. Es gebe einen wesentlichen Unterschied zwischen Boheme und Avantgarde. Die Boheme provoziere durch Normverstöße in der Lebensführung, die Avantgarde hingegen erschrecke durch Normverstöße in der Kunst. Man spreche von unbürgerlichem Selbstverständnis, gerichtet gegen den langweiligen Spießer. Ein dem Zufall überlassener Wechsel von Verzicht und Verschwendung sei bezeichnend. Leichtsinn und Bedenkenlosigkeit in Gelddingen. Verachtung von Lebensplanung und die ständige Bereitschaft zu Festen und Gelagen. Eine nicht zu übersehende Neigung zum Alkoholismus, in der jene »Enthemmung und Steigerung des Ich« ermöglicht würde, die der Bohemien so nötig brauche, um seine Selbstzweifel zu betäuben und seine Großartigkeit zu feiern.

Charakteristisch sei auch der rasche Wechsel von Depression und euphorischer Selbstüberschätzung. Auffallend die Verbindung von Geltungsverlangen und Publikumsverachtung und die verbreitete Neigung, »die Produktivität über das Produkt, den Schöpfungsrausch über sein Resultat, das künstlerisch-romanhafte Leben über das künstlerische Werk zu erheben«. Oft sei nicht die Erkenntnis einer Begabung, sondern der Bruch mit den Vätern (...) das Motiv der Entscheidung für eine Boheme-Existenz.

Vergangenheit, Gegenwart, Zukunft – Paravents, die den Lauf des Lebens länger erscheinen lassen, als er ist. Präteritum, Präsens, Futur, nur in der deutschen Grammatik von Bedeutung, das wahre Leben ist ein Traum ohne Grenzen, in dem man »die Planeten der Jugend« (Patrick Modiano) wieder und wieder betreten kann. Die Zeit sei eine Uhr ohne Ziffern, schrieb Ernst Bloch.

Wo bin ich, an welchem Ort, wenn nicht an allen. Entschwundene Orte, Traum-Orte, Möwe, Trichter, Pressecafé, Koralle. Perlenvorhänge, Spiegelwände, Aktfotos – so was gibt es sonst nicht in Ostberlin, so was gibt es nur in der Koralle. Der Chef heißt Jurek, ein polnischer Jude, die elegante Ehefrau im Brokatkleid lehnt immer an seiner Seite. Ein schwarzhaariger Schieber aus Jugoslawien – unter Tito war er Partisanengeneral – isst Cocktailgläser und weint dabei Tränen aus Glas; die verschluckten Gläser bezahlt er reumütig. Wie schön sind Sodom und Gomorrha, und alle fahren schwere schwarze Autos, die Einrichtung ihrer riesigen Zimmer in ihren riesigen Villen am Kurfürstendamm besteht aus sieben Telefonen, einem Sofa und leeren Flaschen. Man munkelt von Ost-West-Geschäften im DDR-Staatsauftrag, von einem Import-Export-Konsortium, das Wort Embargoschmuggel macht die Runde.

Weil Madleen erst siebzehn ist, darf sie ohne erwachsene Begleitung nicht die Koralle betreten; Dr. Gross nimmt sie mit rein, der Rausschmeißer heißt Rindfleisch, ach, nein, der war ja in der Hajo-Bar, die kannte Madleen doch gar nicht. Wenn du denkst, der Mond geht unter, der geht nicht unter, der tut nur so, hatte dort Mäuschen gesungen, die schlechteste Sängerin der Friedrichstadt, wie Raphael berichtet hatte. Wenn du denkst, der Mond geht unter ... Deutschland ist auch nicht untergegangen. Ein Tenor vom Metropoltheater summt einem Mädchen im Babydollkleid einen Blues ins Ohr. Vielleicht war es jener Operettenbeau, über den fünfzig Jahre später in der Zeitung steht, dass er Peter Merten heißt und dass er seine glücklichste Zeit in der Torstraße 94 in Berlin verbracht hatte, von wo aus er die für einen Schwulen wichtigen Orte bequem erreichen konnte, die Orte, »wo immer was ging; der Künstlerclub Möwe in der Luisenstraße, der Presseclub am Bahnhof Friedrichstraße, das Café Esterhazy am Oranienburger Tor«.

Zum Esterhazy-Keller – steil die Treppe! / Dort sang ich Eislers Brecht am Schrottklavier / Für Ekke Schall, für seine neuste Schnepfe / Soff Wodka mit dem Büffelgras zum Bier / BE! – Wo sind sie alle hin, die Penner / Jetzt starr ich wie verrückt Visagen an / Und denk: so grinste Stasi-Schiefmaul, wenn er / Vor meinem Haus rumhing, als Jedermann.

Wolf Biermann: »Heimkehr nach Berlin Mitte«

Der Esterhazy-Keller ist noch auf, wenn alle anderen schon zu sind, und das bleibt so bis sechs Uhr früh. Künstler, Kellner, Spitzensportler. Gerahmte Fotos von Boxern und Varietékünstlern an den Wänden, der Inhaber ist selbst mal Ringer gewesen. Helene Weigel, noch im Kostüm der Mutter Courage, wünscht sich, dass der Akkordeonspieler das Lied vom armen, kleinen Gigolo spielt: »Man zahlt, und du musst tanzen«. »Solltest du Lust haben und gegen Abend vorbeikommen am Esterhazy-Keller (…,) würdest du mir sehr zu Herzen sein«, schrieb einst Peter Hille an Else Lasker-Schüler. Irgendwann konnte man sie sehen in ihrer karierten Tafthose und ihren Glöckchensandalen: »Mir geht morgens die Welt kaputt, abends leim ich sie wieder zusammen.«

Vor dem Ersten Weltkrieg hatte sich die Berliner Boheme im Café des Westens getroffen, auch Café Größenwahn genannt, Erich Mühsam, Alfred Döblin, Paul Cassirer und all die anderen. »Ich bin nun zwei Abende lang nicht im Café gewesen«, schrieb 1911 Else Lasker-Schüler, die zu Hause krank im Bett lag, »ich fühle mich etwas unwohl am Herzen. Dr. Döblin kam mit seiner lieblichen Braut, um eine Diagnose zu stellen. Er meint, ich leide an der Schilddrüse, aber in Wirklichkeit hatte ich Sehnsucht nach dem Café.«

Gemeint war das Café des Westens, dessen Besitzer der Dichterin eines Tages das Lokal verbot, weil sie nicht genug verzehre. »Ist denn eine Dichterin, die viel verzehrt, überhaupt noch eine Dichterin?«, wandte die beleidigte Dichterin ein. Später, im Romanischen Café gegenüber der Gedächtniskirche, durfte man in der Regel in aller Ruhe wenig oder gar nichts verzehren. Nur in außerordentlichen Fällen, falls man länger als zwölf Stunden bei einer Tasse Kaffee saß, legte der Geschäftsführer ein gedrucktes Kärtchen neben die Tasse: »Sie werden gebeten, unser Etablissement nach Bezahlung Ihrer Zeche zu verlassen und nicht wieder zu betreten.« Demütigungen, die in der Deutschen Demokratischen Republik nicht vorkamen, dort waren die Kellner froh, wenn sie keinen bedienen mussten.

Der Dichter, Zeichner und Bohemien John Höxter liebte das Romanische Café, täglich und selbstverständlich bettelte er sich das Geld für eine, zwei oder drei Tassen Kaffee bei seinen Freunden zusammen. Nach 1933 war es Juden verboten, öffentliche Lokale zu betreten, John Höxter war Jude. Eine Zeitlang noch strich er, sehnsüchtig und allein gelassen, um die Fenster und Türen seines Cafés, wo er gezeichnet, geredet und geschnorrt, wo er gelebt hatte. Seine Welt war nun für ihn geschlossen. Er fuhr raus in den Grunewald, nahm Gift und erhängte sich.

Die Erinnerung ist großzügig beim Platzanweisen ihrer Personnage, das Leben zeitlos, das einzelne und das massenhafte, die Spuren vermischen sich. Sich selber auf die Spur kommen ist Ermittlerarbeit, Spionage in eigener Sache, irgendwann fliegt man auf. Jazz ist barbarisch, schreibt ein Mann namens

Ulrich auf einen Rechnungszettel, er würde gern »Negermusik ist barbarisch« draufschreiben, macht er aber nicht, er hat andere Sorgen, es gibt nicht genug Butter, und Damenschlüpfer gibt es auch nicht, nicht mal auf Lebensmittelmarken; der Kabarettist Werner Lierck haut Ulrich eine runter und torkelt zur Tanzfläche.

Um Mitternacht erscheint Geschonneck in der engen Tür des Esterhazy-Kellers Erwin Geschonneck, »das Beil von Wandsbek«, der Film wurde verboten, weil ein Henker im Mittelpunkt steht und nicht die Arbeiterklasse. Geschonneck hält eine Flasche Immergut in der Hand, Kaffeesahne, die Mangelware hatte ihm der Oberkellner in der Möwe zugesteckt. An Geschonnecks Seite eine Frau mit Bubikopf im Brokatkleid, Carola Neher, die Polly aus dem Dreigroschenoper-Film. Aber die lebt doch gar nicht mehr, die ist doch im Gulag umgekommen, in Sibirien; Geschonneck wiederum hat den Untergang des KZ-Schiffes Cap Arcona überlebt; man sollte nicht so viel albanischen Brandy trinken, das verwirrt die Erinnerung, da mischen sich Menschen ein, die gar nicht in die Zeit gehören. »Ich bin meine einzige unsterbliche Liebe«, flüstert Else Lasker-Schüler. Peter Hille schweigt dazu.

Was will denn Biermann hier? Na gut, der wohnt gleich gegenüber, Chausseestraße 131, der kann doch gar nicht tanzen, tanzt aber mit einer großen Blonden: Holt seine Gitarre aus der Hosentasche, klappt sie auseinander und singt: Kutte hatte eine blaue/Uniform der Deutschen Post/er trug Briefe durch die Häuser/lief bei Hitze und bei Frost./Wenn das Kofferradio immerzu die heißen Sachen spielte/schaffte Kutte seine Tour/bis halb zehn Uhr.

Hat ein Herz für die kleinen Leute, der Biermann: Das ist der ganze Verner Paul/ein Spatzenhirn mit Löwenmaul. Biermann, wach, wütend, wagehalsig. Vor allem aber eitel. Weißt du, ich bin ein kleiner Mensch, ich muss groß rauskommen, erklärte er. Hinter dem Gastraum buddeln der Wirt und ein paar Stammgäste einen Durchbruch zum Nord-Süd-Tunnel der West-U-Bahn. Wenn sie mal Pause machen beim Graben und Hacken, trinken sie Kaffeelikör am Tisch neben dem Klavier. Der Esterhazy-Keller wurde geschlossen: Verdacht auf Fluchtgeschäfte. Die kleine Tür in der Oranienburger Straße gibt es noch. Nichts dahinter.

Boheme und Beton

Gartenzwerge, erläuterte Alfred Kurella, Kulturfunktionär und Kaukasuskletterer, Gartenzwerge seien die Fortsetzung einer volkstümlichen Tradition, für jedermann nett anzusehen, sie würden den Aufbau des Sozialismus nicht stören. Bildwerke in dunklen Farben hingegen, Messer und Gabeln ohne Verzierung und Lampen ohne Fransen seien volksfremd. Die Formalismusdebatte war seit 1949 auf die Künstler, speziell auf die dem Sozialismus verbundenen, niedergegangen als ein Bombardement aus Besserwisserei, Missverständnissen und Verboten. Folgen der Devotheit gegenüber der sowjetischen Kunst der Stalinzeit und des schlechten Geschmacks der Funktionäre. Die Formalismusdebatte war das scharfe Schwert, das über Jahrzehnte das utopische Band zwischen Partei und Künstlern kurz und klein hackte. »bekämpfer des formalismus wettern oft gegen neue und reizvolle formen wie gewisse reizlose hausfrauen, die schönheit und bemühung um schönheit ohne weiteres als hurenhaftigkeit (und kennzeichen der syphilis) denunzieren«, notierte Brecht 1949 in seinem Arbeitsjournal.

Die Fronten verhärteten sich, Verzweiflung auf allen Seiten. »Es geht um die Überwindung jener furchtbaren Diskrepanz zwischen fortschrittlicher Tendenz und niveauloser Ausdrucksform.« So die einen. Die anderen so: »Wir wollen in unseren Kunstschulen keine abstrakten Bilder mehr sehen, wir brauchen weder die Bilder von Mondlandschaften noch von faulen Fischen. Die Grau-in-Grau-Malerei, die ein Ausdruck des kapitalistischen Niedergangs ist, steht im schroffsten Widerspruch zum heutigen Leben in der DDR.«

Horst Strempels Gemälde »Weg mit den Trümmern - Baut auf« in der Schalterhalle des Bahnhofs Friedrichstraße wurde des Nachts übermalt oder verschwand unter einer grauen Decke, der Vollstrecker blieb unbekannt, das Bild jedenfalls war nicht mehr zu sehen. Es sei in der Nachfolge von Oskar Schlemmer gemalt, das sei doch kein sozialistischer Realismus. Den Namen Strempel kannte jeder, denn er hatte jenen überlebensgroßen Werktätigen mit der Spitzhacke erschaffen, der in der Schalterhalle nahe den Toiletten in eine bessere Welt stürmte. So sehen unsere Arbeiter nicht aus, hatte die Partei befunden, Strempels Arbeiterfiguren seien von »sklavenhafter Dumpfheit«. Eine Beleidigung für jeden klassenbewussten Arbeiter seien sie, die Füße würden aussehen wie von Picasso gemalt, das sei schlimmer als Expressionismus, der Vergleich mit dem kulturellen Verfall im alten Rom dränge sich geradezu auf. Manche haben gesagt, dass Strempel sein Bild selber übermalen musste. Der Maler, ein kleiner Mann mit Baskenmütze über abstehenden Ohren, erleuchtet von der Idee des Sozialismus und der Aufgabe, ihm mit seiner Kunst zu dienen, Strempel, der enttäuschte Kommunist, ging in den Westen. Die Flüchtlingskommission in Westberlin erkannte ihn als Flüchtling nicht an, weil er »drüben in der Zone« ein Monatsgehalt von eintausendneunhundert Ostmark bezogen habe und SED-Genosse gewesen sei.

In der Deutschen Staatsoper wurde »Das Verhör des Lukullus« von Bertolt Brecht und Paul Dessau uraufgeführt, obwohl die Oper vom Zentralkomitee der Sozialistischen Einheitspartei als formalistisch und dekadent abgeurteilt worden war. Brecht hatte die Aufführung durchgesetzt. Eingeladen waren »gute und bewusste Genossen und Freunde, von denen man eine gesunde Einstellung zu dieser formalistischen Musik erwarten konnte«. Etliche der bestellten Gäste waren am Schicksal des römischen Feldherrn Lukullus nicht sonderlich interessiert, sie verkauften ihre Freikarten an Opernfans, die nicht zu den Auserwählten gehörten und vor der Staatsoper auf Karten warteten. Statt des von der Partei erhofften Reinfalls erlebten die Zuschauer einen Triumph. Zwanzig Minuten Beifall, Standing Ovations. Paul Dessau sprang auf der Bühne vor Freude in die Luft, jetzt, dachte er, ist alles wieder gut. Zu früh gefreut. Bei der nächsten Parteikonferenz zum Thema Formalismus wurde der Komponist angeprangert als einer, »der die fortschrittlichen Kräfte der Gesellschaft verwirrt, desorientiert, lähmt und schwächt«. Man kann sich vorstellen, wie Dessau reagiert hat, wenn man die Erinnerungen des ehemaligen Studenten Christian Bleyhöffer liest: »Dessau war Choleriker. Wenn man nur ganz leise zu 'nem Mitstudenten 'ne Bemerkung machte, dann donnerte er los und hat spontan angeboten, dass er einem den Flügel in die Schnauze schiebt. Oder einem was abreißt, er fing sich dann wieder und fügte hinzu: aber nicht das, was Sie denken.«

Das »Verhör des Lukullus« sei kein Theater, sondern eine Kreuzung aus Meyerhold und Proletkult, bekam Brecht zu hören, »Das Verhör des Lukullus« wurde abgesetzt. Die Dissonanzen in dieser Oper seien »gegen die Bemühungen vorbildlicher Arbeiter gerichtet, mehr über die Schönheit der Klassik zu lernen«. Nur einer, Wilhelm Pieck, intervenierte: »Genossen, was ist, wenn wir uns hier irren?« Auf einem Foto aus alten Zeiten steht Pieck neben Erich Mühsam, dem Anarchisten und Bohemien. Wer das Bild sieht, fragt sich, ob vielleicht doch etwas abgefärbt sein könnte von der geistigen Großzügigkeit der Boheme auf Pieck, den Funktionär. Dank eines mutigen Technikers, der den Mitschnitt nicht wie angeordnet gelöscht hatte, sind der Originalton der »Lukullus«-Aufführung und der Jubel danach erhalten geblieben. Die zerklüftete Kulturarena der fünfziger Jahre war eine miserabel verwaltete Manege des Verrats mit epochalen Hervorbringungen, ungenutzt.

Die Formalismusdebatte zog sich durch Madleens Jugend

wie eine Demarkationslinie. Abstrakte Malerei, moderne Literatur, Jazz, Rock and Roll und Beatmusik, schwarze Tassen, weiße Wände, schwarze Strümpfe, Röhrenvasen – alles, was modern und jung war, wurde des Verrats am Sozialismus verdächtigt. Kühle Formen seien gefährlich für das optimistische Lebensgefühl. Der Tradition von Bauhaus dürfe man ebenfalls nicht folgen, sie sei nichtssagend. Auch die jungen Gestalter von der Kunsthochschule Weißensee gehörten zu den Opfern der Antiformalismus-Kampagne. Geprägt vom Enthusiasmus für die sozialistische Form, hatten sie sich Gebrauchsfähigkeit und Langlebigkeit auf ihre Fahnen geschrieben, wollten »echte Dinge für ein echtes Leben« schaffen, konnten nicht aufhören, zu entwerfen und zu verwerfen. Eine Generation war angetreten, das Kleinbürgerliche zu entrümpeln, die Fransenlampen, die Blümchenteller, die Radios, deren hohlen Klang die obligatorischen Spitzendeckchen auf braunem Gehäuse vergessen machen sollten. Die neue Formgebergarde war überzeugt vom Zusammenhang zwischen Inhalt und Form, je klarer die Form, desto wahrer der Inhalt; das bezog sich auch auf den Sozialismus als Ganzes: Weg mit dem Gerümpel, her die neue Zeit! Vierzig lange Jahre versuchten sie, ihre Entwürfe in der Produktion durchzusetzen. »Niemals gab es so viele Ideen und so wenig Verwirklichung.« (Stefan Wolle).

Kaum etwas kam durch, ein paar Vasen, ein paar Lampen, der Wartburg 353, unter den Entwürfen standen keine Namen. Eine ganze Generation wurde entmutigt. Vier Fünftel unserer Autoentwürfe durften nicht gebaut werden, berichten die einst begeisterten Gestalter einer besseren Welt, alte Männer mit asketischen Gesichtern und kurz geschorenen grauen Haaren, die ihre Träume und Pläne wegen der Borniertheit, der Unbildung und dem kleinbürgerlichen Geschmack der Funktionäre nicht realisieren konnten. Sie stehen im Depot der riesigen »Sammlung Industrielle Gestaltung« und gucken mit ratlosem Bedauern auf Alltagsgegenstände, die vom ergebnislosen

Können ihrer vergessenen Schöpfer zeugen. »Bei der Jagd auf den Formalismus haben sie die Kunst zu Tode gehetzt«, sagte Wsewolod Meyerhold in einer Rede für die Freiheit der Kunst, dafür wurde er während der Stalin'schen Säuberungen erschossen.

Madleen war neunzehn, als das Ministerium für Kultur wieder einmal den Kampf gegen westliche Dekadenz in der Tanzmusik ansagte. Sechzig Prozent aller öffentlich gespielten Musik mussten aus sozialistischen Ländern kommen. Madleen war zwanzig, als die Zehn Gebote der sozialistischen Moral verkündet wurden. Sie kannte die Zehn Gebote aus dem Konfirmandenunterricht: Ich bin der Herr dein Gott, du sollst nicht andere Götter haben neben mir. Von den Zehn Geboten der sozialistischen Moral kannte sie vor allen eins: Du sollst gute Taten für den Sozialismus vollbringen. Drei andere waren ihr oft genug begegnet: Du sollst nicht offen tanzen. Du sollst keine Jazzmusik hören. Du sollst keine schwarzen Strümpfe tragen. Die fehlenden vier stellten sich alsbald ein: Du sollst der Philosophie von Jean-Paul Sartre entschieden entgegentreten. Du sollst weiße Vasen als entartet brandmarken. Du sollst die sowjetische Kunst ehren, egal, was kommt. Du sollst die Wände deiner Wohnung nicht weiß streichen und Blumen nicht in Röhrenvasen stellen. Du sollst Lipsi lernen und an die Partei glauben.

Das alles machte Madleen wenig aus, Gebote und Verbote ließen sich weiträumig umgehen. An die Partei hatte sie nie geglaubt, und um Jazz zu hören, folgte sie den Blue Music Brothers, die sich später Jazzoptimisten nannten, in abgelegene Betriebskantinen, die der »amerikanischen Unkultur« einen volkseigenen Rahmen verpassten.

Wenn die Lichter leuchten in der Friedrichstadt

Wo ist eigentlich die Arbeiterklasse am Abend, wenn die Lichter leuchten in der Friedrichstadt und die Boheme ihre Götter anbetet: Bertolt Brecht und die Tänzerinnen vom Friedrichstadtpalast. Die Theater liegen dicht an dicht, spätabends warten die Protagonisten des Brecht-Theaters vor den Garderoben der Revuegirls. Brecht war das Herz der Boheme dieser Zeit, sie umschwärmte ihn wie die Motten das Licht. Brecht, der unbeliebt war bei der Partei, aber spektakuläre Erfolge im Ausland feierte, Brechts Genie adelte alles Banale, Alltägliche, Gewöhnliche. Das große Karthago führte drei Kriege, hatte er geschrieben, es war noch mächtig nach dem ersten, noch bewohnbar nach dem zweiten. Es war nicht mehr auffindbar nach dem dritten. Mutter Courage, Galilei, Kreidekreis, Arturo Ui – Brechts Theater war nagelneu, rebellisch und verändernd, eine revolutionäre Aussicht auf die Welt.

Als Madleen kam, war Brecht schon gegangen, doch das Areal zwischen Weidendammer Brücke, Schiffbauerdamm, Luisen- und Chausseestraße war erfüllt von seinem Geist und bot der Boheme einen historisch einmaligen Hintergrund, künstlerische Sicherheit und ein Gefühl von Aufbruch. Die Malerei- und Bildhauerstudenten rannten in die Vorstellungen, saßen für fünfzig Pfennige auf dem Rang und applaudierten frenetisch, das Berliner Ensemble war ihre Kathedrale. Ja, wollen Sie nun Schauspieler am Brecht-Theater werden oder Bildhauer, fragte Gustav Seitz seinen Meisterschüler Werner Stötzer, Ihnen wird ja der Stein trocken, wenn Sie immer nur bei Brecht sitzen. Es würde sich lohnen, wenn Sie auf ihren Stein achten, sagte Seitz, und letztendlich hörte Stötzer auf ihn.

Während der Studienzeit hockten wir ja mehr im BE als im gesellschaftswissenschaftlichen Unterricht der Hochschule, so der Maler Ronald Paris. Was darin gipfelte, dass er in einer Versammlung kundtat, dass er am Berliner Ensemble mehr gelernt habe als in jeder Vorlesung. Daraufhin wurde dem Studenten der Malerei als Strafe für diese Bemerkung während der Zeit des Faschings in der Kunsthochschule Weißensee Hausverbot erteilt, man fand, dass er ein Nestbeschmutzer sei.

Nicht allein seine Werke machten Brecht zum Helden einer Hoffnung, er beeinflusste mit seinem Charisma auch Lebensstil, Mode und Innenarchitektur, die Künstler strichen ihre Wände weiß oder bezogen sie mit Rupfen, der Brechtschnitt war über Jahrzehnte Frisur und Erkennungszeichen der Intellektuellen. Auch, dass die Partei ihn herablassend behandelte, ließ den Dichter zu einer einzigartigen Identifikationsfigur werden. Er hatte den Berliner Bürgermeister Friedrich Ebert um ein Haus für sein Theater gebeten, der redete von »zweifelhaften Projekten, welche die bestehenden gefährden« würden, und lehnte ab. »Zum ersten Mal fühle ich den stinkenden Atem der Provinz«, vertraut Brecht seinem Tagebuch an. Der Kulturfunktionär Hans Rodenberg äußert in geschlossener Runde: »Dieses Berliner Ensemble muss ausgebrannt werden!«

Als junger Mann war »der arme Bidi aus den schwarzen Wäldern« auch ein Bohemien gewesen, allerdings einer, der sehr früh wusste, was er wollte und wer er war. Schon als Jüngling sah er sich als Proletarier, Anarchist und Genie zugleich, er ließ seinen Freund Caspar Neher den Baal an die Dachkammerdecke malen, ließ sich Arbeiteranzüge aus Seide schneidern, litt unter seiner Hässlichkeit und triumphierte über sie: »Ich laufe wieder auf dem Randstein, schneide Grimassen, pfeife auf die Wirkung, grinse, dass man die faulen Zähne sieht. So bin ich, freut euch!« Schon der achtzehnjährige Brecht wusste, er könne Theaterstücke schreiben, bessere als Hebbel, wildere als

Wedekind. »Erfolg überraschte ihn nicht, er forderte ihn ein« (Reinhold Jaretzky).

»Der einzige, der mir unter allen auffiel, und zwar durch seine proletarische Verkleidung, war Brecht«, berichtet Elias Canetti. »Er war sehr hager, er hatte ein hungriges Gesicht, das durch die Mütze etwas schief wirkte, seine Worte kamen hölzern und abgehackt, unter seinem Blick fühlte man sich wie ein Wertgegenstand, der keiner war (…) Unglaublich schien es, dass er erst dreißig war, er sah nicht aus, als wäre er früh gealtert, sondern als wäre er immer alt gewesen.« Canettis Verhältnis zu Brecht war gespalten, zuweilen sogar feindselig, aber er notierte: »Zur selben Zeit, in der es beinahe täglich zu kurzen Zusammenstößen mit ihm kam, las ich die ›Hauspostille‹. Von diesen Gedichten war ich hingerissen (…) In Staub und Asche versank, was ich selber geschrieben hatte.«

An jenem Tag im blauen Mond September / Still unter einem jungen Pflaumenbaum. / Da hielt ich sie, die stille, bleiche Liebe / In meinem Arm wie einen holden Traum / Und über uns im schönen Sommerhimmel / War eine Wolke, die ich lange sah / sie war sehr weiß und ungeheuer oben / Und als ich aufsah, war sie nimmer da.
Bertolt Brecht

Die Zeit vergeht, die Orte ändern sich, die Erinnerung erbleicht vor der eigenen Untreue. Brechts Horizont war weit gespannt zwischen einer sehr weißen Wolke und dem großen Karthago. Der Himmel war immer dabei, Brechts Himmel: »violett oder aprikosenfahl, abends dunkel wie Rauch, jung und nackt und ungeheuer wunderbar«. »Groß und still und fahl« war Brechts Himmel, und »verschlissen«. Auch Baal träumt »gelegentlich von einer kleinen Wiese / Mit blauem Himmel drüber / und sonst nichts«.

Gaul Geschichte, du hinkst!

Die Stimmung unter den jungen Künstlern der sechziger Jahre war von Aufbruch bestimmt. Eine von der Utopie einer besseren Gesellschaft beflügelte Schar von Musikern, Malern, Dichtern, Schauspielern und Bildhauern glaubte daran, dass Kunst die Welt verändern kann. Sie waren überzeugt von der eigenen Kraft und inspiriert von Brechts Radikalität, von Picassos Moderne und dem Mythos der Oktoberrevolution. Die Sehnsucht nach dem zurückliegenden Aufbruch wird ihr Leben bestimmen.

»Wir haben keine Zuversicht, wir haben nur Hoffnung«, hatte der von seinen Studenten so sehr verehrte Leipziger Professor Ernst Bloch in seinem Werk »Das Prinzip Hoffnung« postuliert. »Das Leben aller Menschen ist von Tagträumen durchzogen, darin ist ein Teil lediglich schale, auch entnervende Flucht, auch Beute für Betrüger, aber ein anderer Teil reizt auf, lässt mit dem schlecht Vorhandenen sich nicht abfinden (...) Dieser andere Teil hat das Hoffen im Kern.« Bloch blieb dreizehn Jahre, Gegenstand seiner letzten Vorlesung waren die »Probleme der Fortentwicklung des Marxismus nach Marx«. Weil die Partei aber keine Fortentwicklung duldete, wurde Bloch wegen revisionistischer Tendenzen emeritiert und kehrte von einer Reise zu den Bayreuther Festspielen nicht nach Leipzig zurück.

Madleens Wohnung hatte weiße Wände, graue Vorhänge und kobaltblau gestrichene Dielen, in einer weißen Röhrenvase standen rote Nelken; die aufsehenerregend schlichte Lampe neben dem Tisch verbreitete weiches, warmes, helles Licht, Madleen hatte sie vom Gestalter selbst, Robinson nannte er sich. Ein Badezimmer gab es nicht, auch kein warmes Wasser, es handelte sich um eine jener »schwer vermietbaren« Wohnungen, die gern an Künstler und Kriminelle gegeben wurden. Die Gäste kamen mit einer Flasche Stierblut unterm Arm. Sie rauchten Kenty oder Gauloises, die sie zwischen Daumen und Zeigefinger hielten, und redeten über die Schönheit der Schweizer Grotesk, einer serifenlosen Schrift von kühler, eckiger Eleganz. Sie tranken Wein aus Zinnbechern und Kaffee aus Meißner Porzellantassen, die aus Qualitätsgründen unbemalt geblieben waren, durchgestrichene Schwerter, wunderbar weiße Ausschussware. An den Wänden hingen Drucke von Picasso und El Lissitzky und jene russischen Plakate, die den heißen Atem der Oktoberrevolution ins Wohnzimmer pusteten. Die Fotografen, Maler und Gestalter in Madleens Freundeskreis fühlten sich als Avantgarde im Auftrag einer ästhetischen Revolution, die sich auf Malewitsch und Majakowski, Kandinsky und Eisenstein berief.

Jede Revolution schleudert ihr Dogma in die Arena der Geschichte, verkündete Raphael, der schon blaue Lippen vom Stierblut hatte. Das ist Geschichte nach strategischem Plan mit der Beweiskraft des ästhetischen Arguments!, fuhr er mit autoritärem Pathos fort: Wie der Bug des Panzerkreuzers Potemkin am Ende die Kinoleinwand durchschneidet, das ist ein Erlösungsversprechen, das ist die Weltrevolution! Sie sind ein merkwürdiger Mensch, Sergej Sergejewitsch, warf Madleen ein, aber Raphael hatte gerade keinen Sinn für alberne Sprüche. In der Poesie ist die Oktoberrevolution ewig und unumstößlich, tat er, vom Stierblut in Stimmung gebracht, feierlich kund. Alles gut und schön, unterbrach ihn, heiser hustend und einen tiefen Lungenzug nehmend, Fritsche, der Grafiker, aber guck dir mal das Politbüro auf der Ehrentribüne an, das ist doch so was von öde, und da kommst du mit deiner Poesie! Nur Poesie lohnt sich, sonst nichts, beharrte Raphael, die Filme der russischen Revolution verlängern das Leben der Idee. Die Verkümmerung des Kommunismus zur preußischen Vorschrift von der führenden Rolle der Arbeiterklasse ist das Ende für die Kunst, da kommt nichts mehr, kein Lied, kein Heldenbuch – Raphael war sehr strikt an diesem Abend. Leg doch mal den Basin Street Blues auf, sagte Madleen, die was gegen zu ernste Gespräche hatte, und ein paar Kohlen kannst du auch nachschieben, Kohlenanzünder sind in der Küche. Madleen stellte sich demonstrativ fröstelnd mit Rücken und Handflächen an den Kachelofen, lauwarm, sagte sie, der Ofen ist lauwarm.

Annette hatte als Gastgeschenk die »Liebesbriefe an Lilja« mitgebracht, eben in München erschienen. »Von der Schnute bis zur Rute Dein Kläff«, schrieb Majakowski unter die Briefe an seine große Liebe Lilja Brik. Sie lebten zu dritt, mit Ossip Brik, Liljas Mann. Eine Ménage à trois, schwärmte Annette. Das war keine Ménage à trois, widersprach Madleen, Brik kannte Lilja schon als Schulmädchen, er hat sie als Frau nicht begehrt, Majakowski umso leidenschaftlicher. Die Briks züchteten bei sich zu Hause Majakowskis Ruhm: »Wenn er Gedichte sprach, hob sich die Erde, um besser zu hören«, hatte Ossip Brik notiert. Marc Chagall, warf Raphael ein, Marc Chagall war Kulturkommissar in Witebsk, er ordnete an, am 1. Mai alle Grünflächen rot anzusprühen. Nach der Revolution wurde die Sowjetunion leider wieder bieder, sagte Madleen, auch die russische Avantgarde.

Alles war zur Gewohnheit geworden – die Liebe, die Kunst, die Revolution, hatte Lilja Brik bereits 1922 festgestellt. Sie berichtete von einem Berlin-Aufenthalt Majakowskis, über den er in Moskau Vorträge gehalten hatte. Was er erzählte, schrieb sie, wäre alles aus zweiter Hand gewesen, Majakowski habe außer seinem Berliner Hotelzimmer, wo er mit anderen Russen den ganzen Tag Karten spielte, und dem Nobelrestaurant Horcher nichts kennen gelernt. Er gab das Geld mit vollen Händen aus, prahlte und benahm sich »wie ein Kaufmann«. Er trompetete seine Bestellung durch das ganze Lokal: Iech fjunf Porzion Mjelon und fjunf Porzion Kampot. Iech bien ajn russischer Dichter, bekaaant iem russischen Land. So was merkst du dir natürlich, Madleen, bemerkte Raphael, Hauptsache, du kannst die Götter vom Olymp stoßen.

Majakowski wurde nur siebenunddreißig Jahre alt, seufzte Annette, er hat sich erschossen, sein letzter Brief, hier, Seite 98: »Mutter, Schwestern und Genossen, verzeiht – es ist keine Art (…), doch ich seh keinen Ausweg. Lilja – liebe mich«. Madleen holte die Flasche Nordhäuser Doppelkorn aus der Speisekammer und goss den Schnaps in große Gläser: Sa sdorowije, Kläff! Raphael legte den Linken Marsch auf, Text Majakowski, Musik Eisler, Gesang Ernst Busch: He, wer schreitet dort rechts aus, Links, Links, Links! – alle sangen mit. Nicht so laut!, mahnte Madleen, die Andert oben hat schon mit dem Besen geklopft. Raphael, der keine Angst vor Frau Andert und keine Scheu vor Wiederholungen hatte, spielte den Linken Marsch dreimal hintereinander ab, und zwar laut: Brecht das Gesetz aus Adams Zeiten / Gaul Geschichte, du hinkst! / Wolln den Schinder zuschanden reiten. / Links! Links! Links! Links! Beschwörung einer Gesinnung und eines Glaubens, die schon verloren waren. Immer seltener hörte man die Stimme von Ernst Busch auf den Mai-Demonstrationen, die Partei mochte ihn nicht, seinen Part hatten operettenhafte Männerchöre übernommen, deren Pathos klang zickig.

Still da, Eunuchen! Du hast das Wort, rede, Genosse Mauser!, warf der Grafiker Fritsche ein und hielt sich beim Lachen die Hand vor den Mund, weil ihm im Frontbereich ein Zahn fehlte. Musst du nicht, Majakowski hatte auch schlechte Zähne und sah trotzdem wahnsinnig gut aus, sagte Madleen. Wolodja trug am liebsten eine gelbe Jacke, immer eine gelbe Jacke, sagte Annette, sie sagte es, als sei sie Majakowskis Verlobte gewesen. Raphael kramte im Bücherregal – es gibt hier eine Bemerkung zu der gelben Jacke, sagte er und begann erst zu zitieren, als auch wirklich alle zuhörten: »Ich bin ein Flegel, dessen höchstes Vergnügen es ist, in einer enganliegenden gelben Jacke ins Gewühl der Menschen zu stürzen, die ihre Bescheidenheit und ihren Anstand vornehm unter artigen Gehröcken, Fracks und Jacketts behüten. Ich bin ein Zyniker, der alleine schon durch seinen Blick, auf welchen Anzug er auch immer trifft, Fettflecken von der Größe annähernd eines Desserttellers hinterlässt.« Majakowski hat mit seiner gelben Jacke nicht gegen die Röcke der Spießer gekämpft, sondern »gegen den schwarzen Samt seines eigenen Talents, dessen allzu süße, schwarzbraugige Formen ihn früher als weniger begabte Menschen beunruhigt hatten«. Pasternak. Mann, das ist mir zu hoch, stöhnte Fritsche, ich bin kein Intellektueller, ich bin mehr für Handarbeit. Auch Sie werden irgendwann die Höhen der Kultur erstürmen, Fritsche, sagte Fischer, der Fotograf. Welche Höhen?, fragte Annette, die aus Hamburg-Altona stammte.

Die Haie erjagt ich, die Tiger erlegt ich, aufgefressen wurde ich von den Mittelmäßigkeiten. Ist das Majakowski oder Brecht? Madleen zog ihren riesigen Männerpullover aus, denn der braune Kachelofen zeigte jetzt, was er konnte, er bullerte Wüstenwärme in das Zimmer zum Hof. Arno Fischer verdünnte seinen Korn mit Bitterlemon und zeigte Fotos rum, die er von Marlene Dietrich gemacht hatte. Er war für eine Modeserie in Moskau gewesen, da traf er überraschend die Dietrich, die zu einem Gastspiel dort weilte. Sie hat mir geschrieben, sagte Fischer, sie will von mir das Negativ ihres Lieblingsfotos haben, das, wo sie die Hände dem Publikum entgegenstreckt – ist das nicht kaputt, dass Marlene mir schreibt? Später stellte sich raus, warum die Dietrich das Negativ so dringend brauchte, sie wollte auf ihrem »Lieblingsfoto« den Bauchansatz unter ihrem Paillettenkleid retuschieren lassen. »Dietrich's Favorite Photo, Moscow on stage« stand auf der Rückseite des Originals, bemerkte Fischer noch, hoch zufrieden mit der Wertschätzung seiner Fotos durch die Diva: Ist das kaputt! Ist das kaputt!, sagte Fischer mindestens dreizehn Mal am Tag. Kaputt hieß phantastisch, einzigartig, unerhört, prima, irre, unfassbar, der Fotograf fühlte sich für einen Moment mondän wie Marlene. Als hätte seine Rangerjacke Pailletten gekriegt.

    Wir müssen noch den Namen für unsere Fotogruppe festlegen, mahnte die stille Sibylle, die in den kommenden Jahren, abseits vom Offiziellen, beinahe heimlich, zu einer bedeutenden Fotografin werden sollte. Nennt euch Fotogruppe Direkt, schlug Madleen vor, bei euch sehen doch immer alle in die Kamera. Warum nicht, meinte Fischer. Dabei blieb es. Madleen legte »The sunny side of the street« auf, Jazz war die Hintergrundmelodie der Boheme des Ostens, für Aufbruchkinder ein Leben lang.

DAS PRESSECAFÉ AN DER FRIEDRICHSTRASSE

Tür ins goldene Leben – das Pressecafé

Die Drehtür dreht sich und dreht sich, sie dreht sich vom Bösen zum Guten und umgekehrt, Drehtüren spielen gern Schicksal. Zeigen Sie erst mal, ob Sie über das nötige Geld verfügen, fordert der livrierte Portier von dem dünnen Mann, der einen adligen Namen trägt – wie hieß der doch gleich? –, zeigen Sie mal her! Ein Tee sechzig Pfennige! Der Dünne zeigt sein Geld, das er abgezählt in der hohlen Hand hält. Die Drehtür dreht sich und dreht sich. Wer ist da, wer nicht? Wer guckt zur Tür, wer nicht? Wer hebt den Kopf? Wessen Augen treffen deinen Blick? Ist die Säulentante da, von der erzählt man ja, dass sie die Witwe von Gustav Noske ist? Manon, die süße Tänzerin vom Metropoltheater, sitzt sie in der Fensterreihe? Wo ist der gut aussehende Architekt? Welchen meinst du, die sehen doch alle gut aus.

Madleen rannte in jeder Vorlesungspause ins Pressecafé am Bahnhof Friedrichstraße, drei Minuten entfernt von ihrem Institut in der Universitätsstraße. Während sie sich in die Drehtür warf, überkam sie jedes Mal ein Hochgefühl: Entkommen! Raus aus dem fremden Leben, rein in das eigene! Im Jahr des Mauerbaus ein Philosophiestudium zu beginnen – was Absurderes konnte jemandem, der den Sozialismus für eine Möglichkeit hielt, nicht passieren. Statt streitbarer Theorien des Marxismus-Leninismus und leuchtender Definitionen des »einzigartigen, unverwechselbaren, unwiederholbaren Individuums« war der Seminarraum voll mit Phrasen und mit Kommilitonen, die sich zackig meldeten und dem Dozenten Meldung machten wie ihrem Unteroffizier beim eben absolvierten NVA-Dienst: »Die Genossin Bahl interessiert sich nicht für den dialektischen Materialismus, sie liest unter dem Tisch den Eulenspiegel.«

Madleen war in ein Leben geraten, in das sie nicht gehörte: Ich will nichts Besonderes, ich will nur das Leben. Doch, ich will was Besonderes, ich will *mein* Leben. SOS Boheme! Hinein in den Golddunst aus Messing, goldgelber Wandbespannung und den vom Nikotin goldbraun geräucherten Gittertüll-Vorhängen, hinein ins goldene Leben!

Das Pressecafé im Admiralspalast am Bahnhof Friedrichstraße, eine S-Bahn-Station entfernt vom Lehrter Bahnhof im Westen. Ein Saal, unterteilt von Säulen. Weiße Tischdecken, volle Aschenbecher, Wandlampen. Stuhlsessel mit Holzstreben, ein Podest für Musiker. Hier wurden Honorare ausgehandelt, Witze ausgetauscht, Agenten angeworben, Fluchten geplant. Hier wurden Zettel an schöne Mädchen geschrieben und von den Kellnern auf silbernen Tabletts an die entsprechenden Tische gebracht. Hier wurden Linzer Schnitten gegessen und Ragout fin, wurde albanischer Brandy getrunken und Rotkäppchen-Sekt. Das Publikum bestand aus Künstlern, Studenten, Touristen und Geheimdienstleuten aus Ost und West. Westzigaretten, wenn sie Stuyvesant hießen, wurden das Stück für sechzig Ostpfennige gehandelt, das ist nicht teuer für den Duft der großen, weiten Welt, Nylonmäntel konnte man für achtzig Ostmark bekommen. Westgäste tranken billig Sekt in der Runde, fünf Flaschen manchmal. Erinnerung eines Zechers von drüben: »Als ich bezahlte, dreißig Pfennig zuviel gab und ›in Ordnung‹ sagte, kramte die Servieren nach Kleingeld. Schließlich gab sie mir fünfzig Pfennig zurück. ›Ist gut so‹, sagte sie.«

Das Pressecafé war ein Rettungsanker, seine Drehtür das Tor in eine andere Welt. Im weichen blauen Rauch saßen Menschen, die anders aussahen, anders sprachen, anders lachten als die draußen auf der Straße. Die Fenster waren breit und hoch, die Tüllstores zur Seite gezogen. Draußen Leute, grau wie durchgeregnet, drinnen heitere Gemüter in lässigem Geplauder. Kellnerinnen mit weißen Schürzchen und Kellner in schwarzen Anzügen trugen übervolle Tabletts durch die schmalen Gänge zwischen den Tischen, Touristen fragten sich durch: »Staatsoper? Links raus, dann links die Linden runter. Berliner Ensemble? Schräg da drüben, zwei Minuten von hier. Ja, einmalig, das Brechttheater. Die Weigel als Mutter Courage, der Kaiser als Mäckie Messer, großartig. Im Kabarett ›Die Distel‹ hier oben im Haus waren Sie noch nicht? Da müssen Sie unbedingt hin«, schrieb Sigrun Casper in »Chagall ist schuld«. Sie fasste die Wirkung dieser anderen Welt in einem persönlichen Geständnis zusammen: »Ich war auf einmal die, die ich gerne wäre.«

Zwei junge Männer, vermutlich Studenten, streiten über Sartre. Der eine trägt einen Existenzialistenschnitt, der andere Scheitel. Ich bin der Entwurf von mir, sagt der mit dem Existenzialistenschnitt und schlägt sich mit der Faust auf die Brust, ich bin zur Freiheit verdammt!

Das ist die Auflösung der kollektiven Verantwortung, widerspricht der mit dem Scheitel, dein Sartre ist dekadent und subjektivistisch – die Umwelt formt den Menschen. Der Mensch ist das, wozu er sich macht – der Existenzialist piekt sein Gegenüber mit dem Zeigefinger: Meine Triebkraft ist die Angst, deine auch! Hör auf mit dem Gequatsche vom Geworfensein, Achim, antwortet der Gepiekte und winkt der Serviererin: Zwei Korn bitte, Fräulein, sto Gramm! Du bist ein Nichts, sagt Achim zu dem Gescheitelten, der nickt versöhnlich, noch mal das selbe, Fräulein! Das Leben ist der Anfang des Totseins, beharrt Achim, die Existenz geht der Essenz voraus, prost! Später hört man sie lallen, Achim hat ein Buch aus seiner Aktentasche gezogen und liest vor: »In Begriffen wie Geworfenheit, Selbstentwurf, Freiheit und Selbstbestimmung zeigt sich die Zentrierung des Existenzialismus auf das Problem der Befreiung des Menschen zu seinen eigenen Möglichkeiten hin. Die Notwendigkeit dieser Möglichkeit, zu sein, zeigt sich in den Erfahrungen von Absurdität, Ekel, Angst, Sorge, Tod und Langeweile.« Der Gescheitelte langweilt sich: Ich kann dir nicht folgen, Achim, noch mal sto Gramm! Wie heißen Sie eigentlich, Fräulein?

Vor dem Fenster leuchtet in hellblauer Schrift »Neues Deutschland«, die Neonnachrichten glitzern: Erstürmt die Höhen der Kultur! Kalter Krieg, Klassenkampf! Das Rauschen der fahrenden Züge gen Westen begleitet das Geraune der Kaffeehausgäste, eine zweite Stimme aus ferner Welt. In der Eingangshalle vom Bahnhof Friedrichstraße brennt diffuses Licht. Weg mit den Trümmern! Baut auf! – ein Pressecafé-Gast erinnert sich kichernd an das in Ungnade gefallene Gemälde von Horst Strempel: »Eener haut ab, die anderen zögern noch.« Nichts ernst nehmen, bloß nicht, schlimm genug alles! Die Drehtür dreht sich und dreht sich, sie schaufelt Neugier und Erwartung in das in Rauchschwaden gehüllte Café, in dem ein Schauspieler namens Wilhelm Koch-Hooge jungen Frauen ein Lächeln und ein Autogramm spendiert. Ist hier ein Herr Dr. Einstein?, ruft der livrierte Portier, genannt Paulchen, durch das Café: Ein Herr Dr. Einstein wird am Telefon verlangt! Der Anrufer ist Manfred Krug.

Warste schon mal in Stalinstadt, fragt der Architekt Mühle den Architekten Zeuchner, »Stahl, Brot, Frieden« stand auf einem Transparent in Stalinstadt, warste da mal? Nee, war ich nich, will ich auch nich hin, ich will mich nicht bewähren. »Pumpt Mühle kein Geld, schenkt es ihm!« steht an der ledernen Wand der kleinen Telefonzelle des Cafés. Dabei war er es, der kleine Mühle mit der Silberplatte auf dem Kopf, eine Kriegsverletzung, Folge eines Fallschirmabsturzes, er war es, der eines Nachmittags sein Honorar verschenkte, das er mit dem Bau von Messeständen in Leipzig verdient hatte. Mühle stellte sich vorne hin, rief »Anstellen!« und verteilte Fünfzig-Mark-Scheine. Besitz macht unfrei, nuschelte er. Am nächsten Tag borgte er sich fünfzig Mark bei der Toilettenfrau. Am übernächsten veranstaltete er mit dem Schauspieler Rolf Ludwig eine Tortenschlacht.

Die Drehtür dreht sich und dreht sich. Ich habe heute Nacht Adenauer gesehen, oben auf deinem Schrank, wie er auf einer

Schreibmaschine strickt – der Bildhauer Werner Stötzer lässt sich mit Schwung in die Drehtür fallen, hält Ausschau nach seinem Freund Andriessen, aber der ist zu dünn, den sieht man nicht gleich, seine große Nase ist der einzige Anhaltspunkt. Carlchen sitzt da, isst Maggiwürfel, trinkt viel Bier und spricht Sätze, die so lang sind, dass am Ende keiner weiß, wie sie angefangen haben, nur Andriessen selber kann sie zu Ende bringen: Es war einmal ein Satz. Werner Stötzer ist an die Schlangensätze des Journalisten Carl Andriessen gewöhnt, er trinkt ebenfalls viel Bier, und so strickt jeder seine eigenen Sätze, am Ende wird's ein Parallelo. Oder eine Skulptur. Oder ein Text für die Weltbühne. Gehen wir noch rüber ins Werk II?

Vielleicht war das der Abend, als auch Jurek Becker und Manfred Krug noch von Werk I, dem Pressecafé, rüber ins Werk II wechselten – die Möwe. Überliefert ist ein Beobachtungsbericht vom 4. April 1961. Die beiden romantischen Freunde, der große Beschützer und der kleine Jude, die sich als leibliche Brüder ausgaben, werden hier »Autor und Liebhaber« genannt, der einzige Anflug von Phantasie, die sich der Stasimann gestattet. »Gegen sechzehn Uhr gingen Autor und Liebhaber in ein Kino in der Köthener Straße und fuhren danach zur Friedrichstraße. Um achtzehn Uhr zehn betraten sie das Pressecafé. Hier hielten sie sich bis 23.55 Uhr auf. Von hier aus fuhren sie zur Möwe in der Luisenstraße, die sie um null Uhr betraten. Um Einuhrfünfzig betrat ›Autor‹ seine Wohnung in angetrunkenem Zustand.« Eine karge Beschreibung; wo war der Observateur die ganze Zeit, hatte er draußen vor der Tür gestanden? Hat sein Geld nicht gereicht für einen Tee im Pressecafé? Kam er nicht rein in die Möwe, weil er kein Film- und Bühnenschaffender war? Nicht mal mit im Kino scheint er gewesen zu sein, nur rumgestanden. Oder was?

Da sind wir Künstler komisch

Das Leben hat nur einen wirklichen Charme: das Spiel.

Charles Baudelaire

Würfel, Witze und ein Sofa, kahle Wände, trübes Deckenlicht. Künstlerlokal mit Knödeln – der Trichter am Schiffbauerdamm, gleich neben dem Berliner Ensemble, heute ist dort ein feines Restaurant mit dem Namen »Brechts«. Der Wirt des Trichter hieß Eduard. Edu grüßte nur, wen er wollte, und bediente nur, wenn er wollte. Zwei Medizinstudenten soll er in seinem Lokal zwei Semester lang durchgefüttert haben, gratis. Anderen Gästen wiederum teilte er mit: Sie bekommen bei mir nichts. An die Schauspieler vom Theater nebenan hatte er sich gewöhnt. Besonders an Wolf Kaiser, der war so was wie der Hans Albers des Berliner Ensemble. Ein Kerl voller Kraft und Herrlichkeit. Komm auf die Schaukel, Luise, denn der Haifisch, der hat Zähne. Ein Mäckie Messer, den das Publikum bejubelte. Einer seiner Würfelbrüder steckte dem Charakterkopf, der Schlag bei jungen Frauen hatte, heimlich ein Parteiabzeichen hinten an die Jeans, damit gondelte er nach dem Mittagessen, den Bauch voller böhmischer Knödel, mit wiegendem Schritt zum Lehrter Bahnhof rüber, Gauloises kaufen, eins zu sechs der Kurs. Großes Gelächter der Jungs auf dem Sofa, Ekkehard Schall, Stefan Lisewski, Armin Mueller-Stahl und Hartmut Reck hielten sich die Bäuche: Mäckie Messer mit Parteiabzeichen am Hintern in Westberlin, das saß! Dreißig Jahre später wird sich Wolf Kaiser aus dem Fenster seiner Wohnung in der Friedrichstraße 128 stürzen, enttäuscht von sich und der Welt.

Wir waren Träumer, wir haben an was geglaubt, murmelte

zwischen den Trauergästen auf dem Dorotheenstädtischen Friedhof der Maler Rudi Ebeling, dem man einst untersagt hatte, mit dunklen Farben zu malen, kein Schwarz, kein Ocker, kein Englischrot. Er war klein und gebeugt, lächelte hilflos und trug noch immer lange gelockte Haare. Vor fünfunddreißig Jahren hatte er im Klub junger Künstler gesessen, mit einem Mädchen, das sein Modell war. Und er hatte in den Sechzigern die Möwe-Bar ausgestattet, mit roten und blauen Rupfenwänden und schrottreifen Jazzinstrumenten, die verwegen von der Decke schaukelten.

Ich werde nicht aufgeführt, schreit Hanns Eisler im mit wollüstigem Stuck verzierten Nobelrestaurant Ganymed, ich werde kulturpolitisch geschnitten, man spielt meine Werke nicht – der kahle Kopf des Komponisten ist feuerrot, seine Berner Butterbouillon mag er gar nicht essen. Du wirst gleich aufgeführt, tröstet ihn sein Freund Paul Dessau, immer bereit zu jedem Jux. Flugs schreitet er vor zum Trio, nimmt dem Geiger die Geige aus der Hand und geigt mit rebellischer Verve die Nationalhymne der DDR, Musik Hanns Eisler. Die Gäste im samtigen Salon wissen nicht, ob sie sich vom Chateaubriand erheben müssen in diesem – man weiß ja nie – feierlichen Moment: Dass die Sonne schön wie nie über Deutschland scheint. Eisler löffelt Butterbouillon. Man geht noch zum aufstrebenden Regisseur Manfred Wekwerth nach Hause, weiterfeiern. Dort hat Paul Dessau die Idee, seiner Frau Ruth die Haare zu waschen. Mit Bier. Bier tut dünnem Haar gut, sagt er und gießt es über den Kopf seiner Frau mitten ins Wohnzimmer der Gastgeber. Ruth Berghaus lacht, die anderen Gäste lachen auch. Die Gastgeberin lacht nicht. Sie verschwindet im Flur. Dort nimmt sie die Pelzmäntel ihrer dekadenten Gäste von den Haken, legt sie in die Badewanne und stellt die Dusche an, die Stoffmäntel von Raphael und Madleen lässt sie hängen, denn die beiden sind jung und haben kein Geld. Obwohl auch sie gelacht haben.

Ihr müsst unbedingt kommen, ihr seid der Wald, in dem

man den Baum nicht sieht, hatte Barbara Schall ihre spontane Silvestereinladung begründet und mit dem Baum die aktuelle Freundin ihres Mannes gemeint. Es waren solide Silvesterfeiern in großbürgerlicher Altbauwohnung gewesen, weitläufig und gemütlich, mit einer glitzernden Neujahrs-Neuheit aus Amerika, mit hausgemachtem Kuchen, Sinatra-Platten und Tischfeuerwerk. Barbara Schall war an solchen Abenden die Großmütige, die kleine Geschenke an die Damen verteilte, die Geliebten ihres Mannes eingeschlossen. Ekkehard Schall, Ekke genannt, geboren in Magdeburg, fünfhundertvierundachtzig Mal als Arturo Ui auf der Bühne des Berliner Ensembles – Schall war eckig, höflich und schüchtern, maßlos und aggressiv, liebenswürdig auch. Nach der Vorstellung kam Katharina Thalbach, fünfzehn Jahre alt, sie hatte gerade die Rolle der Polly in der Dreigroschenoper übernommen.

Sie war zwölf gewesen, als ihre Mutter, die Schauspielerin Sabine Thalbach, plötzlich starb, mit zweiunddreißig. Das Theater am Schiffbauerdamm war nun das Zuhause für die frühreife Darstellerin, Helene Weigel hatte sie unter ihren Schutz gestellt. Das Erscheinen der zarten Elevin beeindruckte, so stellte man sich das vor: das Mutterdrama, aus dem ein Wunderkind hervorgeht. Dahinter verblasste die Tänzerin, deretwegen die Silvestergäste den Wald darstellten. Ob man um Mitternacht mit Wunderkerzen auf den Balkon zur Friedrichstraße trat oder das Prost-Neujahr-Gewusel um Mitternacht nutzte, um bei den Gastgebern was zu klauen, war eine Frage der Klasse. Es gab unter den geladenen Gästen tatsächlich welche, die im neuen Jahr West-Bierbüchsen aus Kartons nahmen und in ihre Manteltaschen steckten, ein Kavaliersdelikt unter dem Motto: Wenn die Millionäre sind, dann sind wir eben Proleten; man konnte das auch trostlos finden.

Am Ende der Silvesternacht trugen Raphael und Meinhard, der Radiologe, die Prinzipalin über die Friedrichstraße. Sie formten den Vierhandsitz und transportierten Helene Weigel zu ihrer Wohnung in der Chausseestraße, denn sie konnte schlecht laufen, und es gab kein Taxi, auch nicht für die Intendantin des Berliner Ensembles. Passanten mit und ohne Hütchen begegneten der handgemachten Kutsche mit der kranken Frau. Wieder mal besoffen, die Hautevolee!, grölte einer.

Stierblutjahre – die Möwe

Wie oft waren sie die Marienstraße runtergelaufen, die lang und schmal war, schmucklos und ohne Balkons, sparsam und asketisch wie eine alte Jungfer. Am Ende aber leuchtete ein Palast, leuchtete das andere Leben, leuchtete der Künstlerklub in der Luisenstraße: die Möwe, das Sündenbabel der Film- und Bühnenschaffenden. Das Palais mit den eichenholzgetäfelten Restaurants, dem Kamin und einer Bar mit Marmortresen bot Exklusivität – in der gleichheitsversessenen DDR die Ausnahme, die die Regel bestätigte. So sehr umwarb der Staat seine Künstler, dass er ihnen ein großbürgerliches Ambiente zugestand und sie obendrein alimentierte. Die Preise waren subventioniert, die Kellner höflicher als anderswo, und es geschahen noch Wunder. Dafür erwartete Freund Staat Dankbarkeit und Gefolgschaft.

Ich möchte dir tausend Mark schenken, ich brauche sie nicht mehr, denn morgen bin ich im Westen, sagte der breitschultrige Mann auf dem Barhocker neben Madleen. Sie wollte kein Geld, einen Ginfizz gern. Der Schauspieler sagte, dass er demnächst viel Geld verdienen werde, Westgeld, denn er hätte auch Pornofilm-Angebote. Auf das neue Leben! Madleens Freundin Hanna, weiß geschminkt und wie gewohnt tief melancholisch, badete ihre großen grauen Augen in Seelenwasser. Der Barkeeper Hansi trug wie stets sein weißes Dinnerjackett nebst schwarzer Fliege und sprach Michaela, der heute als Mann kam und morgen als Frau, mit dem der aktuellen Aufmachung entsprechenden Namen an: Wodka auf Eis, Michaela? The American Forces Network, Midnight in Berlin. AFN-Musik aus dem Radio hinter dem Bartresen, Jazz und Swing und Presleys »Only you«. Neben dem Kamin tanzte Angelica Domröse Rock 'n' Roll im Leopardenkleid, eine Bardot in Brünett, mit Sechsen aus gedrehten Haaren auf den Jochbeinen; sie hatte gerade eine Hauptrolle bei der DEFA bekommen: »Verwirrung der Liebe«. Du musst Philosophie studieren, sagte Biermann, ich studiere doch auch Philosophie: Im Kuhstall wird die Milch gemacht, die Butter und der Frieden.

Künstler sollen nicht hungern, auch deutsche nicht, hatte der fünfundzwanzigjährige Hauptmann Arsenij Gulyga gemeint und 1946 die Tschaika, die Möwe, das Haus der Künstler nahe dem Bahnhof Friedrichstraße, gegründet, benannt nach dem Stück von Tschechow. Romantische Russen beglückten den Künstlerklub mit täglich fünfundsiebzig Soldatenportionen, über die sich Berühmtheiten wie Eduard von Winterstein, Aribert Wäscher, Gustav von Wangenheim, Hans Albers, Rudolf Platte und Ernst Busch hungrig hermachten. Max Frisch notierte im November 1947: »Kleines Abendessen in der sogenannten Möwe, wo die Künstler ohne Marken speisen können: zwei Kartoffeln, Fleisch, etwas Grünes sogar, Bier«. Carl Zuckmayer vermerkte: »Borschtschsuppe, Würstchen, Wodka«.

So viel reichliche Kost machte unternehmungslustig: Am späten Abend des 15. November 1946 trafen in der Möwe, so die Überlieferung, eine berühmte Schauspielerin und ein begabter junger Kritiker aufeinander. Wolfgang Harich hatte das neue Stück mit Käthe Dorsch als »geschmacklosen Schmarren« verrissen. Dafür verpasste die Dorsch dem Kritiker eine Backpfeife. Harich, Philosoph und Essayist, eitel und genialisch, verbuchte die Schelle als Schlager der Saison. Handfeste Auseinandersetzungen kamen öfter mal vor in der Möwe, da prügelten sich Menschen, denen man das nie zugetraut hätte.

Madleen suchte nicht nach dem Sinn des Lebens, sie suchte nach dem Leichtsinn des Lebens. Den fand sie in der Möwe, in deren besten Zeiten die Leichtigkeit des Seins wie eine Luftschaukel im Überschlag durch die großbürgerlich dekorierten

Salons flog, wo bis früh um vier getrunken, getanzt und geredet wurde, selten über Politik. Theateraufführungen, Filmabende und eine Theaterbibliothek, in der sich Bücher und Texte fanden, die allgemein nicht zugänglich, ja sogar verboten waren, machten den Klub begehrenswert. Zuallererst aber ging es um Flirts, Eitelkeiten, Pläne und Witze. »Sie sind ein merkwürdiger Mensch, Sergej Sergejewitsch«, diese unter Künstlern übliche Redewendung, ironisierte die kritiklose Verherrlichung der Sowjetkunst: Sie sind ein merkwürdiger Mensch, Sergej Sergejewitsch – da spielten die Diskussionen um Alexander Dymschiz, Andrej Schdanow und Konstantin Stanislawski eine Rolle; von der Sowjetunion lernen hieß siegen lernen.

In der Möwe herrschte gelegentlich Maßlosigkeit, wie man sie vor allem Ekkehard Schall nachsagte, der in aller Öffentlichkeit einer Frau den Reißverschluss ihres Kleides vom Hals bis zur Kniekehle aufgerissen haben soll: Da sind wir Künstler komisch, der Übermut einer Generation, die sich an der Spitze der Gesellschaft wähnte: Da sind wir Künstler komisch – geflügeltes Wort, das mit der Besonderheit der Boheme spielte. Barbara Schall kippte über Renate Küster, die später Dieter Hildebrandt heiratete, ein volles Glas Ginfizz aus, weil Ekke, ihr Mann, mit der schönen Schauspielerin geflirtet hatte. Die antwortete mit einer empörten Ohrfeige, was wiederum die Ehefrau empörte. Als Schall alt und nüchtern war, befand er über diese Zeit: »Boheme ist ein Lebenszustand. Wilde Leidenschaft, gewaltige Gefühle«, man darf sicher sein, dass er damit nicht den Reißverschluss jener Frau gemeint hat.

Irgendwann in den vierzig Stierblutjahren wurde plötzlich und unerwartet ein paar Wochen lang »Châteauneuf-du-pape Reserve des commandeurs« serviert, ein starker, samtiger Rotwein aus Frankreich, den schon Hemingway in »Paris – Ein Fest fürs Leben« gern bestellte. Das Möwevolk verkostete ihn erstaunt und quittierte den Neuen schnell als Selbstverständlichkeit. Irgendwann war er gekommen, irgendwann war er weg, und man trank wieder Stierblut aus den bauchigen Gläsern, die so manches Mal mit hellem Klang auf den Tischen zerschepperten und das schöne neue Kleid bekleckerten; Salz her, geht alles raus! Vergangenheit, Zukunft, Gegenwart – wann fängt das eine an und hört das andere auf – den ungarischen Wein Stierblut gibt es immer noch, Madleen bestellt ihn über das Internet. Kein Stier mehr auf der Flasche und der Name Stierblut nur in Ungarisch: Egri Bikavér. Stierblut aus Ungarn ist inzwischen so gut wie Châteauneuf-du-pape Reserve des commandeurs aus Frankreich, heißblütig und herzblutrot, eine alltagstaugliche Bestätigung von Blochs Prinzip Hoffnung.

Irgendwann war eine Musicbox aufgestellt worden, eine Musicbox aus dem Westen, auf der man Caterina Valente – oder war es Vivi Bach – nicht nur hören, sondern auch sehen konnte: Sag mir quando, sag mir wann, sag mir quando, quando, quando. Die Film- und Bühnenschaffenden saßen wie Glasperlenneger vor dem Zauberkasten, den Wolf Kaiser in seiner Eigenschaft als Clubpräsident angeschafft hatte, sie sahen auf das bunte Bild und stimmten ein: Sag mir quando, sag mir wann. Der Reiz des bunten Kastens war bald verflogen, die Künstler kehrten zum Cluballtag mit AFN-Musik aus dem Radio und dem Foxtrott der wechselnden Trios zurück. Und sie tanzten verliebt nach dem Tennessee-Waltz.

Mit den internationalen Gästen war es wie mit dem edlen Wein, sie tauchten irgendwann auf und verschwanden irgendwann. Alle waren mal da. Sartre schon 1948. Nach der Aufführung seines Stücks »Die Fliegen« hielt er in der Möwe einen Vortrag zum Thema Existenzialismus. »Langes Abendessen mit schlechter Kost, aber viel Wodka«, notierte Simone de Beauvoir, und weiter: »Es war sehr interessant, mit russischen und deutschen Kommunisten zu reden, sie waren wirklich freundlich, während uns die französischen Kommunisten, wie Sie wissen, in Stücke reißen.« Yves Montand, Marcel Marceau,

Gérard Philipe, Simone Signoret waren da, Sophia Loren und Vittorio de Sica. Eines Abends stand ein zartes einsames Huhn in der Bar – Françoise Sagan. Bonjour Tristesse, sagte Raphael mit Blick auf die Beine der Erfolgsautorin. Georgio Strehler war da gewesen und Luigi Nono, der nach orgiastischer Runde in der Küche des Berliner Ensembles oder irgendwo in Berlin alle seine Pässe verloren hatte. Albert Finney, der Star aus dem englischen Film »Sonnabendnacht bis Sonntagmorgen«, tanzte mit einer niedlichen Maskenbildnerin, deren Gesicht einem glücklichen Mops ähnelte.

Die Möwe glitzerte wie ein Stern in der Finsternis. Wer hier sein durfte, fühlte sich erhoben, aufgestiegen in den Himmel der Weltoffenheit und Libertinage, des Individualismus und des Mondänen, der Laster und Lüste, sogar Pommes frites gab es eines Nachts an der Bar, da war man doch gleich ein bisschen in Paris. Meist füllte sich das Haus erst kurz vor Mitternacht, dann, nach Theater- und Kantinenschluss, kamen die Bühnengrößen. Das Berliner Ensemble mit Brecht, dem lebenden wie mit dem toten, strahlte in alle Richtungen. Die Idee einer anderen, freieren Lebensweise realisierte sich zwar nicht in der Wirklichkeit, dafür aber um so eindrucksvoller im Dunstkreis dieses Theaters, über dem sich der berühmte Kreis drehte. Die vom Ensemble sind irgendwie freier gewesen, die waren nicht so verklemmt, berichtete Brechts Dienstmädchen Lisa fünfzig Jahre später. Ich weiß noch, als die Sabine Thalbach schwanger war, wurde gerätselt, wer der Vater sein könnte, ganz offen, ohne Bosheit. Wann man bedenkt, dass es zu gleicher Zeit Parteiverfahren gab, wenn einer fremd ging …

Wer am Berliner Ensemble engagiert war, fühlte sich al0s Avantgarde. Als Sieger, unwiderstehlich, unverwüstlich, überlegen. Der Anfänger Manfred Krug, der den jungen Panzerleutnant in der »Winterschlacht« spielte, stand nach einer Vorstellung vom Schminktisch auf, band sich die Krawatte um und sagte: So, jetzt hole ich mir den 1. Preis vom Laien-Schlagerwettbewerb im Café Clou. Sagte es und holte sich den 1. Preis vom Laien-Schlagerwettbewerb im Café Clou. Eine Flasche Sekt im Präsentkorb. Mit solcher Art Selbstbewusstsein fielen die Kinder des Olymp in die Möwe ein und ließen sich bewundern. Da waren die schüchternen Mädchen, die als Fotomodelle für die Sibylle arbeiteten und, euphorisiert vom Licht der auf sie gerichteten Scheinwerfer und einem Kaffee mit Kognak im Pressecafé, ein paar Stunden später in der Möwe ihre Wirkung auf die Großen dieser Welt testeten.

Da waren aber auch die entschlossenen Schönheiten, die sich selber als die Großen dieser Welt fühlten und mit ihrem frechen Selbstbewusstsein die Stimmung steigen ließen. Merkwürdigerweise waren sie alle dunkelhaarig – Georgetta, jene Tänzerin, die Ekkehard Schall in der Frühe nach dem Feiern auf den Billardtisch gedrängt haben soll. Gigi, die Kunststudentin, von der man sich erzählte, dass sie eine Liste der Männer aufgestellt hatte, die ihr gefielen, und diese Liste akribisch abhakte. Emöke, eine Schönheit aus Ungarn, Solistin im Fernsehballett; als sie das erste Mal in der Möwe aufkreuzte, war es, als ob die Puszta brennt. Angelica, die sich mit der »Legende von Paul und Paula« als Ikone der Liebe in die Herzen des Publikums tätowierte. Monika mit ihren langen, glatten, schwarzen Haaren, in engem schwarzem Kleid, verströmte allein deshalb einen geheimnisvollen Charme, weil sie ein Sarggeschäft betrieb; Jugend, Schönheit, Tod – mehr Lebensfreude geht nicht.

Sanije hatte rabenschwarzes Haar und ein tatarisches Gesicht. Sanije, die Sängerin, die so gern Schauspielerin geworden wäre, trainierte vor den Spiegeln der Damentoilette im zweiten Stock Monroe-Posen. Schultern vorschieben, Monroe-Mund machen, eine Blonde sein, unbedingt eine Blonde. Ach, mehr noch: Unbedingt eine andere wollte sie sein, nicht das rücksichtslose, einsame Kind unbekannter Eltern. Nicht die schöne, brutale Person, die mit ihrer schonungslosen Offenheit verletzte wie ein eben geschliffenes Messer. Nicht ich sein, sondern die da oder die oder die. Das Einverständnis mit sich selber – so was gehörte immer anderen, wäre es möglich, sich eine andere Persönlichkeit zu stehlen, Sanije hätte es getan. Eine andere Möglichkeit wäre, berühmt zu werden wie Eartha Kitt, die schwarzhaarig war wie sie. Nur der Applaus, sagte Sanije, verschaffte ihr einen kurzen Moment des Bei-sich-Seins. Die Damentoilette der Möwe war ein romantischer Ort, beim Schminken konnte man den Westen hören und die Züge sehen, die in diese Richtung fuhren, was von illegalem Reiz gewesen ist. Alles, was in den gefliesten Räumen geschah, bekam Bedeutung, man sah sein Spiegelbild in einem historischen Rahmen.

Es war halb vier, als Brechts unglückselige Geliebte Ruth Berlau, umschwärmt von Schauspielschülern und Studenten der Theaterwissenschaft, als die Berlau mit ihrer von kräftigem dänischem Akzent bestimmten Stimme Madleen, Raphael und vier der Studenten einlud, bei ihr zu Hause gleich um die Ecke noch was zu trinken. In ihrem kleinen Wohnzimmer mit tiefen Polstersesseln las sie im Morgengrauen Briefe von Brecht vor, Liebesbriefe aus vergangener Zeit, sie waren so intim, dass die Zuhörer verlegen kicherten. Wie verzweifelt muss man sein, seine große Liebe der gleichgültigen Neugier Fremder zum Fraß vorzuwerfen. Madleen und Raphael gingen am Morgen weg von der unglücklichen Frau, angefüllt mit Traurigkeit, die Berlau winkte ihnen vom Balkon nach, mit einer roten Fahne, die eine Art Blutspur über die graue Straße zog.

Zeitansagen

Die Zeitansagen sind aus Begegnungen mit Menschen aus Madleens engerem oder weiterem Bekanntenkreis entstanden. Was sie berichten, ist intim oder sachlich oder beides, je nachdem. In allen zehn Begegnungen spielt Madleen eine Rolle. Die folgende Zeitansage ist die ihres Mannes, der mit erstem Namen Peter hieß. Sein zweiter Name war Raphael. Madleen bin ich.

Zeitansage 1
Peter im Paradies

Kein Hund nimmt mehr ein Stück Brot von dir, wenn du an dieses kommunistische Propagandatheater gehst, sagte der Vater, und genau dahin ging der Sohn. Er hatte schon mit siebzehn alles von Brecht gelesen, jedenfalls alles, was erreichbar war. Mit einem Mitschüler war er in die Deutsche Bücherei gegangen und hatte Brecht-Stücke abgeschrieben, die es nicht zu kaufen gab, »Die Maßnahme« zum Beispiel. Später wurde der Abiturient Regieassistent an den Leipziger Bühnen und sehnte sich nach dem Berliner Ensemble, das man in anderen Theatern der Republik mit herablassendem Unverständnis und feindseliger Bewunderung bedachte.

Drei Tage vor seinem Wechsel nach Berlin war er spätabends mit einem befreundeten Schauspieler in der Leipziger Innenstadt unterwegs gewesen: Mal sehn, ob wir auf dem Hauptbahnhof noch was zu trinken kriegen. Da stand ein alter Herr in der leeren Bahnhofshalle und beobachtete kichernd zwei Nutten und einen Volkspolizisten. Den kenne ich, sagte der Schauspieler, das ist Hans Mayer, der Literaturpapst. Der Professor lud die beiden zu einer Flasche Bochsbeutel ins

Mitropa-Restaurant ein und gratulierte, als er hörte, dass der eine der beiden jungen Männer zum Berliner Ensemble ginge. Er erzählte, dass Brecht das »Kommunistische Manifest« in Hexametern gedichtet habe und wie vergnüglich die Proben am Berliner Ensemble seien. Peter sah die nächtliche Begegnung mit dem hoch verehrten Hans Mayer als Vorzeichen künftigen Gelingens.

In einer Mittagsstunde am Ende des Jahres 1953 stand ein magerer Zwanzigjähriger im Trainingsanzug vor Brecht, der einen proletarisch anmutenden Arbeitsanzug trug, allerdings maßgeschneidert. Von oben war eine hohe, kreischende Stimme zu hören gewesen, Brechts Stimme, »das erste Mal, dass ich sie gehört hatte«. Sie können jetzt rauf, sagte der Pförtner. Der Neue ging die Stiege hoch und klopfte an eine Tür. Eine graue Gestalt mit Mütze kam auf ihn zu und streckte ihm die Hand entgegen: Guten Tag, sagte er. Brecht, sagte er und nahm auf einer schmalen, mit Rupfen bezogenen Liege Platz. Das war, als wenn einer auf dich zukommt in einer weißen Toga, dir die Hand gibt und sagt: Jesus. Der Ankömmling setzte sich auf den Rand einer weiteren schmalen grauen Liege. Beide schwiegen. Das kann man sich heute nicht mehr vorstellen, was der Name Brecht, was das Werk Brechts damals bedeutete, sagt Peter, es war das vollkommen Andere. Gegen das Spießertum, gegen das Restaurative. Es war die Helligkeit und Heiterkeit seines Intellekts.

Das Einzige, was Brecht fragte, war: Können Sie sofort kommen? Worauf der Junge im Trainingsanzug antwortete, dass er noch im Vertrag mit den Leipziger Bühnen sei. Das mit Leipzig klären wir, hatte Brecht kurz und schneidend entschieden, gehen Sie zu Heli, also zu Frau Weigel, und sagen Sie ihr, dass ich Sie nehme! Im April 1954 fing er am Berliner Ensemble an: Ich war bei Brecht, ich konnte es nicht fassen!

Wieder einer für die Rara, die Regieassistenten-Reservearmee, hatte die schöne Iva Besson bemerkt, als die Weigel ihn im Theater vorstellte. Zunächst war er enttäuscht gewesen. Das Berliner Ensemble war ein Theater wie jedes andere auch, mit vormittäglichen Proben und einer Kantine, wo die Schauspieler rumsitzen, Bier trinken, klatschen und Witze machen, wie überall. Der Unterschied war nur, dass an allen anderen Theatern im Land über das Brecht-Theater gesprochen wurde, abfällig oder begeistert. Das war am Berliner Ensemble nicht der Fall, hier sprach man nicht über das Brecht-Theater, hier *war* das Brecht-Theater! Weil der Neue Mundharmonika spielen konnte, musste er gleich auf die Bühne, als FDJler in »Katzgraben«: »... haben wir am Weiher gesessen, Anne, ich und der Mond«. Heute Abend ist eine Besprechung zum »Kreidekreis« bei Brecht zu Hause, wenn Sie Lust haben, kommen Sie doch mit!, sagte Hans Bunge; da war Peter gerade mal drei Tage im Theater am Schiffbauerdamm.

Ruth Berlau, langjährige Geliebte von Brecht, guckte sich alle Neuen an. Sie bestellte auch den Neuen aus Leipzig zu sich in die Wohnung und registrierte, dass er alles, aber auch wirklich alles gelesen hatte von Brecht und dass er sich eingehend mit Caspar Neher befasst hatte, dem legendären Bühnenbildner, Brechts Freund aus Augsburger Zeiten. Die Berlau gab es weiter. Eines Tages sprach Brecht ihn auf dem Hof an. Er habe gehört, dass sein möbliertes Zimmer in Pankow doch ziemlich weit entfernt vom Theater sei, er könne, wenn es abends spät würde, sein, Brechts, Zimmer nutzen, das er nicht brauche, er könne auch dort schlafen. Er gab ihm einen Zettel für den Pförtner: »Herr Peter Voigt ist berechtigt, bis auf weiteres mein Zimmer (Turm) zu nutzen. Brecht«. Das Turmzimmer geht vom Foyer ab, mit Blick vom Balkon auf den Platz vor dem Theater, es war asketisch eingerichtet, im Brecht-Stil eben. Der junge Assistent fühlte sich gekrönt.

Er hatte angefangen, Probenskizzen zum »Kaukasischen Kreidekreis« zu zeichnen, in Caspar-Neher-Art, verwischt, pastellig, in grober Zartheit. Brecht sprach ihn abermals an. Er habe erfahren, dass er in seiner Freizeit fürs Theater zeichne. Er gab ihm hundert Mark für Zeichenutensilien: Kaufen Sie es nicht hier, kaufen Sie es drüben, in Westberlin, da sind Fachgeschäfte. Der Assistent brachte ihm Zeichnungen von den Proben; Brecht ließ sie herumreichen, alle mussten sie ansehen, selbst Ernst Busch beugte sich grummelnd darüber. Kurz darauf beauftragte er ihn mit dem Ordnen seiner Manuskripte, gab ihm seinen Wohnungsschlüssel und hundert Mark monatlich für die zusätzliche Arbeit. Es war das Paradies, sagt Peter, das Paradies und das verlorene Paradies zugleich, denn so viel Bevorzugung habe ihn leichtsinnig gemacht, gedankenlos, größenwahnsinnig.

Brecht hatte ihn eingeladen, in seinem Haus in Buckow die Theaterferien zu verbringen. Da war auch Lisa, das Dienstmädchen, munter, lustig und hübsch. Irgendwann stand es im Spiegel: »In seinem Landhaus wurde Herr B. von einem Dienstmädchen betreut, an dem er Gefallen fand. Sein Assistent Peter V. arbeitete mit ihm im Landhaus und fand ebenfalls Gefallen an dem Mädchen. Durch einen Zufall erfuhr Herr B. davon. Am nächsten Morgen herrschte, anders als sonst, eisiges Schweigen. Plötzlich sagte Herr B: Und was verstehen Sie vom Marxismus?«

An einem Nachmittag hatte der Brecht uns zusammen auf dem Dach sitzen sehen, das gefiel ihm nicht, berichtet besagte Lisa fünfzig Jahre später. Vielleicht war er ja doch ein bisschen eifersüchtig, wir beide waren jung, gerade mal zwanzig, vielleicht hat er sich da ausgeschlossen gefühlt. Vielleicht hat ihn, als er uns so sah, das Gefühl angewandelt, dass er alt war; zwei Jahre später ist er nimmer da gewesen.

Lisa macht es Spaß, sich an diese Zeit zu erinnern, von der ein Glanz auch auf sie gefallen ist: Einmal waren der Brecht und die Helene Weigel nach Berlin gefahren, da sind wir - also ich, der Chauffeur, der Peter und der Heinz Schubert, in den Ort tanzen gegangen, wir hatten eine ganze Menge getrunken.

Der Peter zog sich Brechts Jacke an, nahm seinen Spazierstock und spazierte mit kleinen Schritten durch die Gegend, mit den Fingern hielt er die Kanten der Jackenärmel fest genau wie der Brecht. Der Heinz Schubert hat das fotografiert. Wie man so sagt, ist die Katze aus dem Haus, tanzen die Mäuse auf dem Tisch.

Peter war einundzwanzig, ein Abenteurer zwischen Theater und Nachtleben, das sich sich auf die Gegend zwischen Schiffbauerdamm und Invalidenstraße konzentrierte. Diese Landschaft zwischen Glamour und Trümmer war dem »der Provinz entlaufenen Träumer« Heimat geworden. Er schlenderte an heißen Sommertagen in einem hellblauen chinesischen Schlafanzug, dem er Bügelfalten verpasst hatte, über die Weidendammer Brücke. Der Lebenshunger der Nachkriegszeit, dazu das Gefühl, zur Elite zu gehören: Ich war am besten, aufregendsten, modernsten Theater in Deutschland, ich gehörte zur Avantgarde und hatte Brechts Aufmerksamkeit. Höher ging es nicht.

Als der Neue ans Berliner Ensemble gekommen war, hatte er nicht geraucht und nicht getrunken. Eine dicke Welle aus braunem Haar hing jünglingshaft über seiner Stirn. Das sollte sich ändern. Brecht rauchte während der Proben, die Assistenten rauchten mit ihm, Salem, acht Pfennige das Stück. In der Kantine wurde mehr getrunken als in der Leipziger Kantine, der Assistent trank mit. Nur die Welle über der Stirn blieb. Erst als Brecht tot war, legte er sich, wie es längst üblich war, einen Brechtschnitt zu. Ich war als emsiger, fleißiger junger Mann aus Leipzig gekommen, am Berliner Ensemble wurde ich faul, denn ich hatte alles erreicht, was ich wollte: Ich war bei Brecht!

Müßige Nachmittage im blauen Dunst des Pressecafés, durchzechte Nächte in der Hajo-Bar, in der Koralle, im Esterhazy-Keller, in der Möwe, zusammen mit anderen leichtlebigen jungen Dramaturgen und Assistenten, Schauspielern und Tänzerinnen. Er schlief jetzt öfter im Turmzimmer und ging von da aus zu den Proben. Später überkam ihn oft das Gefühl, Brecht enttäuscht zu haben, weil er die in ihn gesetzten Erwartungen nicht erfüllt hatte.

1957 durfte der Assistent mit auf die Paris-Tournee, er sollte eine begleitende Ausstellung betreuen, die Dekoration kam wunderbarerweise fünf Tage zu spät an, so hatte er Zeit, durch Paris zu streunen, runter in die Existenzialistenkeller, rein in die Cafés, die Markthallen, die Varietés. Zeit, die Chansons von Édith Piaf und Juliette Gréco zu hören, das zu erleben, wonach sich seine Mitbürger jahrzehntelang sehnen sollten. Alles fiel ihm zu, Brechts Gunst und die der Frauen, die Küchen und Pullover seiner Freunde. »Peterchen, der Urkommunist«, nannten sie ihn. Hier läuft doch so ein italienischer Typ rum, hatte Erich Engel bemerkt, der gerade »Das Leben des Galilei« inszenierte, und er hatte den Assistenten gebeten, die Rolle des Cosmo de Medici, Großherzog von Florenz, zu übernehmen, im Brokatanzug. So stand Peter dann mit ausgestopften Waden neben Ernst Busch auf der Bühne des »Sarah Bernard« in Paris. Oh, le prince!, raunte entzückt eine junge Französin nach der Vorstellung im Theatercafé. Ich konnte weder sprechen noch mich bewegen, sagte der Gelegenheitsschauspieler, ich habe bis zur Premiere nicht geglaubt, dass die mich auf die Bühne lassen.

Nach einem Bummel im Kaufhaus Printemps, wo ihn Barbara beriet, Brechts Tochter, kehrte er als Papagei nach Ostberlin zurück. Schwarz-grün gestreifte Röhrenhosen bekleideten seine dünnen Beine und ein quietschgelber Pullover den mageren Oberkörper; der Paradiesvogel-Aufzug begleitete ihn noch Jahre, er kleidete ihn nicht, aber er stammte aus Paris, das zählte.

Hattest du eigentlich Kontakt zum normalen Leben der DDR-Bürger?

Ich kannte das Leben der normalen Leute nicht, ich kannte nur den Weg zum Theater, zum Pressecafé, zu den einschlägigen Nachtclubs und zu Brechts Wohnung in der Chausseestraße.

Du warst doch aber begeistert von der Diktatur des Proletariats, hat dich das Volk nicht interessiert?

Der Sozialismus hat mich ästhetisch fasziniert, die ganze linke Revolutionspoesie, die Radikalität von Majakowski, Eisenstein, El Lissitzky, Eisler, Dessau, Heartfield, Brecht. Das echte Volk hat mich nicht interessiert, nur die Idee von ihm. Westberlin hat mich auch nicht interessiert, nur der S-Bahnhof Bellevue, wo ich meine Roth-Händle geholt habe, Roth-Händle ohne Filter, in roter Verpackung, die Angeberzigaretten gehörten in den fünfziger Jahren zu den Accessoires der Ostboheme.

Brechts Tod war die Vertreibung aus dem Paradies gewesen, Elisabeth Hauptmann hatte ihm die letzten Worte des Sterbenden überbracht: »Ja, Voigt, ich komme.« Die Weigel hatte ihm, dem jüngsten Assistenten, Brechts grauen Lodenmantel geschenkt. Er hatte ihn bald darauf im Auto eines Freundes gelassen, um das Garderobengeld in der Koralle zu sparen, der Mantel wurde gestohlen. Der Assistent blieb noch zwei Jahre und schlug dann einen anderen Weg ein. Doch sah er sich andauernd um. Lebenslang.

Zeitansage 2
Theas Trenchcoat
Thea hat immer noch helle Augen und dunkles Haar. Sie berlinert immer noch auf diese feine, keine grammatikalischen Fehler zulassende Art, ein Berlinisch erster Klasse. In ihrem Wohnzimmer steht die »flexible Stehleuchte Kontrast aus Lengefeld«, jene Lampe, die zum Fanal der Moderne wurde, die Legendäre aus den Sechzigern, die damals in jeder Ladenwohnung, in jedem Atelier leuchtete. Eine Lampe von ewiger Nützlichkeit und zeitloser Schönheit, helle Zeugin des Aufbruchs. Bei Thea Melis sieht sie so weiß aus wie an ihrem Anfang, bei mir zu Hause ist sie goldfarben geworden, wegen Raphael, dem Kettenraucher.

Ihre puristische Grandezza überstand jedweden Gebrauch, ihre klare Linie wies alle Arten schlechten Geschmacks in die Schranken. Gestaltet hat sie in der Zeit der Fransen und des Firlefanz ein Absolvent der Kunsthochschule Weißensee – Lutz Rudolph. Lutz ist im März gestorben, sagt Thea, ich freue mich so, dass sein Freund Dietel jetzt den Designpreis für sein Lebenswerk gekriegt hat, die beiden haben viel zusammen gemacht, sie waren unsere Sterne am Himmel der Formgestaltung. Vier Fünftel ihrer Auto-Entwürfe durften nicht realisiert werden.

Aber das Besteck, das ganz schmale ohne Dekor, und das Heli-Radio mit den runden Lautsprecherboxen, das hatten wir doch alle …

Mann, das waren Zeiten! Wir waren angetreten, was Eigenes zu machen, unsere Vorstellungen von der Zeit, der Kultur, von Schönheit und Lebensgefühl zu formulieren, unsere Bekenntnisse zum Alltag waren euphorisch.

Die Gestaltergeneration der sechziger Jahre war beseelt von der Idee, die Gesellschaft verändern zu können – Thea ist todkrank, aber sie erzählt, als würde das Leben sie nie verlassen und sie nicht das Leben. An der Kunsthochschule Weißensee galt die Bauhaus-Tradition. Selman Selmanagić, Gabriele Mucchi, Arno Mohr, Heinrich Vogeler hießen die Lehrer.

Und da ich doch so leidenschaftlich und so temperamentvoll war, wollte ich genau dort studieren, und zwar Mode, sagt Thea mit dem für sie typischen ironischen Juchzen in der Stimme, Modeschöpferin wollte ich werden –, so hieß das damals.

Sie wohnte in Weißensee, um die Ecke hatte Werner Klemke, der Zeichner, sein Atelier. Der ging jeden Morgen Schrippen holen, mit vier kleinen Kindern an der Hand. Eines Tages lief sie mit ihren langen schwarzen Haaren und einem blassblauen Kleid die Straße entlang. Guten Morgen, Sie Schöne!, rief Klemke von weitem. 1956 war das. Als die Aufnahmekommission der Kunsthochschule tagte, begrüßte er sie: Na, da sind Sie ja wieder!

Thea war eine von hundertneunundzwanzig Bewerberinnen für Mode. Nur fünf von ihnen schafften es am Ende in die Modeklasse. »Prinzenausbildung« nannte man das. Heute kann kaum ein Professor ein persönliches Verhältnis zu seinen Studenten aufbauen, weil es so viele sind. In Weißensee wurde nach dem Bauhaus-Prinzip unterrichtet, eine Ausbildung, die auf jeden Studenten individuell einging.

Selman Selmanagić schob seinen Hut nach hinten wie ein besoffener Russe, juchzte Thea, er streifte wie ein Missionar durch die Räume. In Weißensee war alles miteinander verbunden, man hatte ständig Kontakt zu den anderen Sektionen. Selmanagić hielt Vorlesungen im Vorübergehen: Pass auf, du willst einen Stuhl entwerfen. Zuerst einmal musst du bequem sitzen können, dann erst denkst du über die Form nach. Erst die Funktion, dann die Form, niemals umgekehrt! Solche Sätze haben sich eingeprägt, die Besessenheit für das, was man tut.

Der Klemke, der war so elegant, sagt Thea mit Begeisterung in den Augen, er trug Maßanzüge mit Fliege, also, der sah einfach schau aus. Der stand mal in der Grafikklasse und holte aus seinem dunkelblauen Anzug eine Schachtel Nil blau, Westzigaretten. Wie das alles zusammenpasste, der Anzug, seine Haltung und die Farbe der Zigarettenpackung – wir sind vor Ehrfurcht erstarrt. Dass er nicht nur elegant und ein genialer Zeichner war, sondern auch mutig, hat Klemke nie verbreitet, sagt Thea. 2011 erst ist öffentlich bekannt geworden, dass er als junger deutscher Soldat in Holland im Widerstand gewesen war. Als Gefreiter einer Fliegerabwehreinheit war er in der Schreibstube tätig, er nutzte seine zeichnerische Begabung und fälschte Ausweispapiere für holländische Juden, auch Lebensmittelkarten. Er rettete Menschen vor der Deportation, das gehörte wohl zu dem, was er unter Haltung verstand. Aber er wollte nicht Held genannt werden für etwas, das er für selbstverständlich hielt.

Die Lehrer waren alle was Besonderes, schwärmt Thea, Gabriele Mucchi – was für ein wunderschöner Mann! In Brendel, den Maler, war ich richtig verliebt, der war so zart und sensibel. Arno Fischer, Oberassistent Fotografie, war ein toller Fotograf und ein charismatischer Lehrer, er hatte sein Fotostudio in der Hochschule, dahin zog er sich zurück.

Das Fotostudio kannte Madleen, Fischer machte in Zusammenhang mit Theas Diplom-Modenschau Fotos von ihr, Porträts vor einer weißen Wand, ein Tonband mit Blues lief. Ja, dit is jut, jenau, kucken Se ruhig in die Kamera, wir machen dit jetzt mal so; das Wort kucken sprach er mit einer auffälligen Deutlichkeit und betonte beide Silben gleichberechtigt.

Arno wurde von den Studentinnen verehrt, bei ihm traf sich eine ganz bestimmte Clique, berichtet Thea, ich weiß noch, wie eine ihm zu Füßen lag, seine Hände nahm und sie immer wieder küsste.

Du warst plötzlich unter Künstlern ...

Ich habe auch was dafür getan, erzählt Thea, schnippisch wie ein Backfisch. Wenn wir Modemädchen kamen, und wir kamen als Tross, haben die Maler, Bildhauer und Grafikstudenten geguckt, und wie! Uns sah man an, was wir studierten. Eine Freundin meiner Mutter arbeitete bei Horn am Kurfürstendamm, sie kam an die verrücktesten Schnitte ran.

Thea kriegte hundertfünfundvierzig Ostmark Stipendium, das Geld tauschte sie eins zu fünf und gab es aus für Stilettos aus beigefarbenem Wildleder mit zwölf Zentimeter hohen Absätzen, »mit denen konnte man nach der Straßenbahn rennen«.

Als sie und die fünf anderen Modestudentinnen vor dem Diplom standen, beschlossen sie, sich nicht zu verplempern, sondern eine gemeinsame Kollektion zu entwerfen, keine Kleidchen für Akademikertöchter, sondern für junge, selbstbewusste, emanzipierte Frauen, die sozialistisch leben wollten. Sie schlug es vor, und die anderen haben mitgemacht: In meinem Leben war immer wichtig, dass die anderen machen, was ich sage!

Es gab aber nur eine beschränkte Auswahl im »Haus der Stoffe« in der Stalinallee, nur Honanseide und Brokat. Was sollte ich denn damit machen? – Thea setzt wieder ihr theatralisches, dem Weinen nahes Juchzen ein – was bloß, ja, was denn bloß? Und dann hatte sie eine Idee, nach der Devise Mach immer das Gegenteil von dem, was die Leute erwarten! Sie unterwarf sich das monströse Material und entwarf einen Trenchcoat aus rosa China-Brokat, abgesteppt, Kragen hochgestellt: Die haben fast einen Atemstillstand gekriegt bei der Prüfung.

Thea hatte Madleen auf der Straße angesprochen, ob sie nicht Modell sein wolle für ihre Diplomkollektion. Thea sagte, sie habe sich von den Filmen der Nouvelle vague inspirieren lassen, Madleen sei der richtige Typ. Da habe ich dann enge Hosen aus gestreiftem Markisenstoff vorgeführt und einen strengen Fischgratmantel. Die Mannequins liefen in einem leergeräumten, weißgestrichenen Unterrichtsraum nach einem Klavierkonzert von Chopin. Überall standen Vasen mit Jasminzweigen, es war Frühling, die Knospen sprangen, Aufbruch, Jugend, Klarheit. Es war die Kunsthochschule Weißensee, wo das geschah, Kunsthochschule Weißensee, das klang nach Aufstieg. Ich hatte bis dahin nur den Künstlerfasching dort erlebt, und der hatte meine Erwartungen schon haushoch übertroffen.

Der Fasching! – Theas Augen glänzen: Die ganze Schule wurde zu einer Phantasiewelt. Jede Sektion hatte unter Anleitung ihres Professors einen Raum zu dekorieren, ich habe soviel gelernt! Wie man mit Licht umgeht, wie man Plastiken macht, wie man Räume gestaltet – die Faschingsdekoration gehörte zum Unterricht. Und dann ging es los, drei Tage hintereinander. Der Künstlerfasching in Weißensee war Stadtgespräch, die halbe Berliner Boheme kam dahin, Schauspieler vom Deutschen Theater und vom Berliner Ensemble, Maler, Bildhauer, Bands. Wir glaubten an uns, wir feierten uns! – Thea spricht mit vielen

Ausrufezeichen: Partei und Regierung wollten, dass die Frauen selbstbestimmt, gut ausgebildet und berufstätig waren. Sollte ich etwas dagegen haben?! Nein!

Ihre Diplomarbeit hat sie über die Modezeitschrift Sibylle geschrieben. Die Sibylle, befand sie, sehe aus wie die Constanze, kleinbürgerlich, altbacken und ideenlos. Nachgemachte Haute Couture, während die Frauen im Dreischichtsystem arbeiteten und mit Lebensmittelkarten einkauften. Puppenposen jenseits der Wirklichkeit, das könne nicht die Mode im Sozialismus sein. Margot Pfannstiel, die Chefredakteurin, bestellte die junge Wilde in die Redaktion in der Friedrichstraße: Wenn Sie alles besser wissen, fangen Sie doch bei uns an! Sie dürfen sich Gleichgesinnte holen und loslegen. So kam es, dass die Absolventin die volle Verantwortung übernahm und die Sibylle zur Plattform moderner Fotografie und Geisteshaltung wurde. Sie holte sich Kommilitonen und Freunde, Axel Bertram als Layouter, die Fotografen Arno Fischer, Roger Melis, Günter Rössler, Elisabeth Meinke, Sibylle Bergemann. Eine neue Ära der Modefotografie begann, das war 1961. Ende der exaltierten Posen, der Alltag als Maß aller Dinge. Junge unabhängige Frauen vor Industriebauten, mit wehendem Haar, ohne Hut, ohne Handtasche, Frauen anstatt Puppen. Eine Symbiose von Mode, Kultur und Zeitgeist. Die Sibylle-Fotos zwischen Realismus und Romantik, Gefühl und Sachlichkeit wurden Kult. Die Leute, mit denen Thea zusammenarbeitete, gehörten zu einer Clique mit Bohemecharakter und klaren Zielen. Thea wurde zu einer Autorität der Modewelt. Eine Generation brach auf.

Zeitansage 3
Gigi über Leichtsinn und Liebe

Der Regen kommt als kühler Erlöser, tagelange Schwüle lag auf der Stadt, heißer Teer auf kaputtem Asphalt. Der Regen prasselt auf die ausgeblichenen Sonnenschirme des Gartenlokals, es ist wie das Streicheln eines entschlossenen Liebhabers auf trockener heißer Haut. Drinnen hocken ein paar Laubenpieper am Stammtisch, der große Tanzsaal ist leer, aber blau beleuchtet. Gigi im Bohemelook, was sonst, schwarze Zöpfe unter einem Mützchen, die schwarzen Augen dramatisch ummalt, die Stimme tief und heiser das Lachen. Ihren Teint hat sie braun geschminkt und ihren fröhlichen Mund rosa, sie sieht aus wie wertvolles altes Buntmetall. Ungewohnt sportlich trägt sie eine schwarze Weste mit vielen Taschen: Meine Kampfhundjacke, meine Rüstung, die wappnet mich gegen den bösen Blick. Das war mal die Jacke meines Sohns, er wohnt nicht mehr bei mir, da bin ich in seine Haut geschlüpft. Gigi hat eine Todesanzeige aus der Zeitung ausgeschnitten und mitgebracht. Wieder so ein süßer Tati tot, sagt sie, ihr entgeht kein männlicher Todesfall der östlichen Boheme, so hat sie die Oberhoheit über die Erinnerung, die Macht über die Vergangenheit, die das Ende jeden Liebesleids bedeutet: Ich weiß jetzt, wo die wohnen, sie können mir nicht mehr entkommen. Ihr rundlich gewordener Körper ist in Schwarz gehüllt, ihre zierlichen Unterarme stecken in abgeschnittenen Leggins, damit, sagt sie, wolle sie andeuten, dass sie mal anders ausgesehen hat.

Die Laubenkolonie ist nicht weit von ihrer Wohnung, Gigi ist Stammgast im Vereinslokal Bornholm II. Hier haben wir die zwei alten Pflaumenbäume, deklamiert sie im Ton einer Fremdenführerin, und dort sehen wir einen Mann, der drei kleine Kürbisse in der Hosentasche hat und eine alte Nähmaschine durch die Gegend rollt! Gefolgt von einem Herrchen mit Regenschirm und Hund! Ein Bühnenbild, wie Castorf es bauen lassen würde.

Auf dieser Bühne führt Gigi ihr Gedenken an Liebe und Übermut in den Zeiten der Illusion vor. Wir trinken Weißweinschorle. Ich habe, bevor wir uns trafen, an einem antiquarischen Buchstand ein Buch mit Liebesgedichten gekauft, »Im hohen Grase der Geschlechter«, Illustrationen Ruth G. Mossner. Gigi war eine Räuberin, eine Jägerin und Sammlerin, man sagte, sie jage und erlege Berühmtheiten, sie wildere wie ein Mann.

Was war der Reiz deiner Jagd auf Männer, auf bedeutende Männer?

Ganz bestimmt nicht der Sex, ich hab die ausgelöffelt, ihren Geist, ihre Prominenz, ihre väterliche Zärtlichkeit. Die meisten Männer sind ja nicht schön, man muss ihnen eine Legende geben. Jede Begegnung braucht ihre Geschichte. Zum Beispiel der Bildhauer, er war alt und hässlich, aber er war der Mann, der das Buchenwalddenkmal gemacht hatte. Es war am 1. Mai, sie war fünfzehn, da klopfte sie an sein Atelier: Ich möchte Ihnen zum 1. Mai gratulieren, Herr Professor, darf ich Ihnen Modell stehen? Er trank Milchkaffee aus einer Bierflasche mit Patentverschluss, die Flasche war durchsichtig, ein bisschen eklig habe das ausgesehen, erinnert sich Gigi. Sie sah über alles hinweg, sah nur den Mann und seine Geschichte, und die Verführung nahm ihren Lauf.

Ruth G. Mossner ist Illustratorin und Malerin, die von ihr gezeichneten Kinderbücher haben Sammlerwert. »Ich setze mich nur hin und zeichne, wenn ich weiß, wie und was ich malen werde, nur, wenn ich alles richtig im Kopf habe. Zwei Stunden, mehr nicht. Ich habe nie ein Buch wegen Geld gemacht, es muss mich interessieren, ich habe auch Aufträge abgelehnt.« Ihr Talent hat sich früh gezeigt und sie mit einem übermütigen Selbstbewusstsein ausgestattet, ihre extravagante Existenz fußte auf einer soliden Grundlage, sie war den Männern, die sie eroberte, gewachsen.

Die Liebesbriefe von Willi Sitte will keiner haben, auch die Akademie der Künste nicht, bemerkt sie ein bisschen enttäuscht, sie habe gedacht, dass sie sich von dem Erlös ein paar schöne Schuhe kaufen würde.

Wir sind uns in der Möwe begegnet, vor Jahrzehnten. Sie war sehr jung, sehr schön, sehr stilisiert, ihre Hebammentasche hielt man im Schummerlicht für einen Geigenkasten. Sie sei nymphoman, erzählte man sich, weil sie sich jeden Mann nahm, der ihr gefiel, aber das war nicht der wahre Jagdgrund. Als

Vierzehnjährige betrat sie die Welt der Boheme. Sie besuchte die Theresienschule in der Schönhauser Allee, das Lyzeum der Schwestern Unserer Lieben Frau. Da musste sie einmal in der Woche im Krankenhaus arbeiten. Die Anregung für ihre erste Jägerinnenuniform verdankt sie jenem barmherzigen Ort. Das Krankenschwesternkleid, graublauweiß gestreift und ohne Kragen, erinnerte an Lazarett. Gigi machte daraus eine theatralische Freizeitgarderobe. Sie ließ die Schürze des Schwesternkleides weg und trug den Rosenkranz als Halsschmuck, dazu Birkenstocksandalen. Sie war ungeschminkt, die Lippen hatte sie mit Penatencreme weiß gemacht, damit die dunklen Augen noch dunkler wirkten: Ich fühlte mich erhaben, sagt sie.

Als sie eines Tages von der Schule über den Alexanderplatz nach Hause lief, wurde gerade die Baugrube für das Haus des Lehrers ausgehoben. Da hörte sie ein »unendlich schönes rollendes R«. Und da lief ein Mann, der sah aus wie Bernhard Wicki. Sie beschleunigte ihre Schritte, aber es war ein anderer Schauspieler, es war Heinz-Dieter Knaup. Der Schauspieler mit dem rollenden R und der Aura von Weltläufigkeit war Mitte dreißig, in Anzug mit Weste und gestärktem weißem Hemd, ein Herr vom Scheitel bis zur Sohle. »Er sah aus wie ein Lord, wie ein richtiger Lord, so ein Typ, den man nie mehr vergisst …« Sie aßen zusammen das frische halbe Brot, das Gigi in der Wilhelm-Pieck-Straße gekauft hatte. Er sagte ihr, dass sie erst sechzehn werden müsse, um ihn näher kennenlernen zu dürfen. Von diesem Tag an ist sie zu allen seinen Vorstellungen im Theater am Schiffbauerdamm gegangen, denn das Berliner Ensemble war für sie das Zentrum von Geist und Boheme, Moderne und Frivolität.

Ein verliebter Held war mal zu ihr auf den Balkon der elterlichen Wohnung gestiegen, in der Karl-Marx-Allee, neben dem Haus des Kindes. Die Eltern haben doch nichts geahnt, sagt sie, die durften nichts wissen von den Abenteuern ihres verlogenen Nesthäkchens. Bitte geh, Manfred, hat sie aufgeregt geflüstert, geh, meine Eltern! Und sie holte aus ihrer Schulmappe ein von ihr abgeschriebenes Rilke-Gedicht und übergab es ihm, als Entschädigung. Am nächsten Tag waren wir in so einem kleinen Gästezimmer unterm Dach in einem Haus neben der Möwe, da hat es auf uns geregnet im Bett. Ich sah aus wie die Frauen auf den Bildern von Otto Dix, eine Corsage aus schwarzer Spitze, rosenbestickte Strümpfe aus dem Westen und einen Gehpelz aus Virginia-Otter.

Du hast sie alle erlegt.

Na, nicht alle, nur die besten. Arturo Ui fuhr nach der Vorstellung mit mir in seinem Škoda-Cabrio, die Schminke auf seinem erhitzten Gesicht roch streng. Ich habe ihm während der Fahrt meine Liebe bewiesen. Er schwärmte für doppeldeutige Situationen. Einmal, in der Telefonzelle im Foyer des Theaters, hat er sich gefreut, dass alle ihn sehen konnten, aber nicht mich, denn er hatte mir wieder einmal den Kopf heruntergedrückt. Da lief ja auch viel synchron, Mäckie Messer und Arturo Ui, die hatte ich beide, zusammen.

Als sie sechzehn war, lud sie der Schauspieler mit dem rollenden R zu sich ein, jener, mit dem sie zwei Jahre zuvor das Vollkornbrot geteilt hatte. Im Laufe des Abends gab er ihr das »Neue Deutschland« in die Hand und hatte eine Bitte: Sie solle auf die Knie gehen und während des Liebesakts die Zeitung des ZK der SED lesen. Erotische Begierde in Tateinheit mit dem Zentralorgan des Zentralkomitees der Sozialistischen Einheitspartei. Was verboten ist, macht uns gerade scharf, »es herrschten ja noch die Moralvorstellungen der alten Gesellschaft, man konnte so schön dagegen verstoßen«. Sie habe sich jedes Mal verliebt, sagt Gigi und sieht auf die nassen Rosenbüsche der Laubenkolonie, wir waren maßlos frei, die ganze DDR schien mir ein Garten der Lüste, die Freiheit in der Unfreiheit; die Enge hat die Phantasie beflügelt.

Der Mann als solcher ist ein interessantes Objekt, sinniert Gigi, vielleicht ist das Ganze auch gegen meinen Vater gerichtet gewesen, das Geistige, das ich von ihm nicht kriegte, habe ich mir woanders geholt. Die Sexgeschichten waren nur die Begleitmusik zu dem Erlebnis, jemanden erlebt zu haben. Sie war darauf aus, dass es jedes Mal eine Geschichte wird mit einem Mann: Sonst hätte ich mich gelangweilt, es musste gefährlich sein und geheimnisvoll.

Sie ging in die Vorstellungen des Berliner Ensembles und wartete danach auf dem Theaterhof auf den jeweiligen Mann ihrer jeweiligen Herzkammer. Manchmal stand sie etwas abseits, verborgen im Gebüsch, weil ihr der schnelle Wechsel der Verabredungen doch ein kleines bisschen peinlich war. Einmal kam die Weigel und nahm sie zur Seite, sie möge sich doch ein wenig zurückhalten. Ja, hauchte das Mädchen einsichtig, wobei sie den Schmollmund in die Boa drückte und die Prinzipalin mit einem Blick unter Nerzwimpern ansah: Ja.

Das ganze BE trug Cord zu jener Zeit, Maßanzüge aus Cord. Auch Gigi ließ sich ein Cordkostüm im China-Stil machen, so wie Brecht seine Anzüge trug. Und steckte einen Löffel ans Revers, wie die Weigel als Mutter Courage es auf der Bühne tat. So inszenierte sich Gigi ihre Märchen, die oft in der Möwe begannen. Die Möwe, ach, die Möwe! Ein Parfüm aus Männern und Berühmtheit, selbst die Musik konnte man riechen! Wolfgang, der Drehbuchautor, hatte in seinem blauen VW-Käfer auf der sonnigen Karl-Marx-Allee die Fahrt verlangsamt und gefragt, ob er ihr die Kartoffeln nach Hause tragen dürfe, die sie im Einkaufskorb hatte. Danach fragte er, ob sie sich am Abend in der Möwe treffen wollten. Sie saß da, voller Erwartung, und wer kam rein? Zwei stahlblaue Anzüge mit vier stahlblauen Augen: der geniale Drehbuchautor und der Schauspieler, mit dem er sich das Auto teilte, Kohlhaase und Mueller-Stahl.

Inzwischen war klar, dass Gigi Mossner Künstlerin werden würde. Sie bewarb sich mit ihrer Mappe bei Werner Klemke an der Kunsthochschule Weißensee. Mutti, komm mal her, die malt wie du stickst, rief Klemke. Fünf Jahre danach, am elften

Elften um elf Uhr elf bestand sie ihr Diplom. Natürlich hatte sie sich wieder verliebt, in Werner Klemke, ihren Lehrer. Der wollte partout nicht. Ich bin alt, brüllte er ins Telefon, ich habe Zahnlücken. Lass mich deine Lücken lecken, hauchte sie und stürzte sich in die Arbeit.

Ihre große, unerfüllte Liebe war Peter Hacks. An dem Tag, als sie das Abitur gemacht hatte, lernte sie ihn kennen. Ein Freund hatte sie mitgenommen in die Turmwohnung in der Schönhauser Allee. Hacks saß im Schaukelstuhl mit verknoteten Beinen, man wusste nicht, wo Thonet anfing und wo seine Beine aufhörten. Zu Füßen des Dichters eine aufstrebende Schauspielerin, auf dem Sofa seine Frau Anna sowie eine Lyrikerin mit extrem langen Fingernägeln. Gigi hatte das Gefühl, dass Herr und Frau Hacks in silbernen Möbeln wohnten, das stimmte natürlich nicht. Dann gab es noch die Schlafakademie von Hacks, die irgendwie lustmolchig wirkte. Gigi fand die Einrichtung befremdlich, sie dachte, es würde bei Peter Hacks so spartanisch und schlicht aussehen wie bei den anderen Brecht-Leuten. Trotzdem besorgte sie sich mit viel Mühe genau so ein goldenes Messingbett, eines, wie er es hatte. Was er schön fand, wollte auch sie schön finden, und jedes Wort, das er geschrieben hat, war schön, jedes Wort, das er gesprochen hat, war schön. Sie hatte sich verliebt, lebenslang und aussichtslos.

Nach Jahren rief der Chef des Kinderbuchverlags bei ihr an. Da gehörte sie schon zu den besten Illustratorinnen des Landes. Der Verlagschef fragte, was sie davon hielte, »Leberecht am schiefen Fenster« von Peter Hacks zu illustrieren. Ich hatte immer gedacht, das Buch hieße »*Herr* Leberecht am schiefen Fenster«, weil mir die Sprache für ein Kind zu gestelzt vorkam, ich hatte in Leberecht immer einen alten Mann gesehen und hatte auch einen alten Mann gezeichnet. Irgendwann hieß es, Hacks wolle die Entwürfe sehen. Das gefiel ihr nicht. Aber es ging alles gut. Später erfuhr sie, dass er außer ihr noch zwei weitere Grafiker beauftragt hatte. Er kam sie besuchen und war entzückt. Sie hatte ihn zum Abendessen gebeten: Sagen Sie mal, Gnädigste, ich hatte eigentlich an ein Kind gedacht, nicht an einen alten Mann. Wie Sie das geschrieben haben, so spricht kein Kind, entgegnete die Illustratorin. Wenn Sie das so meinen, sagte der Dichter. Er war begeistert von dem Kaffeeservice, das sie beim Kunsthandel gekauft hatte für dreihundert Mark, englisches Steingut mit altrosa Blümchen. Auch ihr Kleid gefiel ihm: Gnädigste, hat Sie schon mal jemand in diesem Kleid fotografiert? Ja, es sind neulich Fotos von mir in der Sibylle gewesen, antwortete sie lässig. Die Zusammenarbeit mit ihm sei himmlisch gewesen. Ihre Verliebtheit hielt an, »bis dass der Tod uns scheidet«. Der einzige Kuss zwischen ihnen ereignete sich kurz vor seinem Tod. Mögen sich die Glücklichen den Mond in die Nacht knöpfen, sagt Gigi.

Ihm hätte es gefallen hier, fügt sie hinzu und schaut auf die schmalen Wege mit den Strauchrosen. Der Regen prasselt eifrig auf die ausgeblichenen Sonnenschirme, prasselt seine Erzählung über Leichtsinn und Liebe, als wollte er noch Wesentliches hinzufügen über Hacks und Cremer, Schall und Knaup, Karge und Kirsch, Strittmatter und Klemke und Langhoff und Müller. Die Boheme war ein Duft, sagt Gigi, man hat sich damit besprüht, man war seine eigene Biene.

Liebling, was haben die bloß gegen dein Stück?

Die Möwe war Zuflucht und Gegenwelt, vor allem Spielplatz. Auf diesem Spielplatz war Matthias Langhoff nicht Regisseur, sondern Silberdiener, Manfred Grund nicht Bühnenbildner, sondern Gasableser, Jo Fritsche nicht Grafiker, sondern Herbert von der Schiene, also ein richtiger Arbeiter, nämlich ein Gleisbauarbeiter aus Großenhain in Sachsen. Im Spiel wurde die klassenlose Gesellschaft komplettiert, die Boheme wurde mit Proletariat durchmischt. Solche Spiele machten Spaß, besonders, wenn die Beteiligten ihre Rollen detailreich gestalteten. Die kurzsichtige Renate, die Mengen von grauen Berlin-Grafiken produzierte, war gerade dabei, mit Messer und Gabel eine Serviette zu zerschneiden, die sie im Halbdunkel der Bar für ein Salatblatt hielt, da forderte sie ein schwarzer Mann zum Tanzen auf. Jetzt nicht, sagte Renate freundlich. Daraufhin erschien ein weißer Mann, der ihr erklärte, dass es diplomatische Verwicklungen geben würde, sollte sie nicht mit dem König von Gumma tanzen; was Renate dann auch tat, obwohl sie es nicht richtig fand, dass sie mit jemandem tanzen musste, nur weil er schwarz war. Wenn er statt König wenigstens Schauspieler gewesen wäre. So wie der gänzlich unbehaarte E. O. Fuhrmann, der eines Nachts auf dem Bartresen tanzte und behauptete, er sei unter gewissen Umständen besser als Gustaf Gründgens.

Drei bulgarische Brüder mit grünen Augen, Rocco und seine Brüder genannt, denn italienischer konnten Männer nicht aussehen, die Roccos mussten weder auf dem Tresen tanzen noch Schauspieler werden, um die Frauen in der Möwe zu beunruhigen. Da konnte ohnehin nur Stefan Lisewski mithalten, der, wenn er nach Hollywood ausgewandert wäre, seinem

Kollegen Robert Redford lässig das Wasser hätte reichen können. Er habe in der Möwe immer auf irgendwas gewartet, sagte Lisewski, gewartet auf Hollywood, hätte ja sein können, dass Elia Kazan plötzlich vor einem Ginfizz auf dem Barhocker sitzt. Lisewski, der später an die fünfhundert Mal den Mäckie Messer am Berliner Ensemble spielte, erlangte erste Berühmtheit durch den DEFA-Film »Das Lied der Matrosen« über die Kraft des Proletariats während der Novemberrevolution, da machten immerhin fünfzehntausend Statisten mit. Er hatte am Bahnhof Zoo in Westberlin an einer Wechselstube angestanden, um Ostgeld eins zu fünf in Westgeld umzutauschen, man bat ihn dort um Autogramme. »Das Lied der Matrosen« und eine Wechselstube, das sei ihm wie Verrat vorgekommen, auf alle Fälle war es peinlich, verstehst du? Der Barkeeper klapperte mit den Eiswürfeln. Sto Gramm, Stefan? Wodka auf Eis, Michaela?

Gegen zwei zog Heiner Müller mit Einar Schleef im Gefolge auf, Werner Stötzer kam mit drei betrunkenen Bildhauer-Kollegen, die Marx und Engels als »Hartbrandtischwichtel« produzierten und verkauften. Die Akrobaten von der Artistenschule in der Friedrichstraße wirkten permanent erschöpft, die Gruppentänzer vom Friedrichstadtpalast räsonnierten mal wieder über ihre Kostüme. Jaeckie Schwarz war mit »Ich war neunzehn« unverhofft zum Star geworden. Andreas Reinhardt, der Bühnenbildner von der Komischen Oper, gab aufgrund seiner ungeordneten Verhältnisse den unermüdlichen Sarkastiker. Der Dramatiker Jochen Berg ärgerte sich, weil Madleen ihn Hintermüller nannte, wegen der Havanna-Zigarren und sonstiger von Heiner Müller abgeguckten Gesten und Gewohnheiten. Erwin Geschonneck mit seinen wundersam schräg nach unten weisenden Schildkrötenaugen erklärte Madleen, dass er nicht so alt sei, wie er sei, man müsse zwölf Jahre von seinem Alter abziehen, denn die habe er ja nicht gelebt, da war er im Konzentrationslager – das sei der Grund, warum er sich immer wieder in jüngere Frauen verliebe. Lucia, schrie der Sänger der kleinen Band, Lucia, man tanzte Twist nach dem Rock 'n' Roll von Little Richard. Madleen hatte den Twist von Hadmut gelernt, die im Fernsehballett tanzte, sie zeigte ihr, wie man in die Knie geht und sich dabei dreht.

Soll ich mir den Meniskus operieren lassen?, fragte Madleen den Unfallarzt, der trunken und allein an der Bar saß und dessen rotes Gesicht wie ein besonders böser Unfallort aussah. Der Chirurg schaute sie aus traurigen Augen an: Ich habe hundertachtundsiebzig Menisken operiert, davon waren einundzwanzig wirklich welche. Danke, sagte Madleen und ließ ihr Knie niemals von niemandem operieren.

Die Formgeber von der Kunsthochschule Weißensee brachten ihren Verpackungsentwurf für eine neue elektrische Kaffeemühle mit in die Möwe. Sie stritten bis in den Morgen über Form und Zweck von Gebrauchsgegenständen, sie glaubten an ihre Mission: Gestaltung ist Kultur. Jo Fritsche von der Gruppe 4, der »ersten sozialistischen Ateliergemeinschaft«, betonte immer wieder die Wichtigkeit der »optischen Schwelle«, in der Grafik und bei den Frauen: Haste die gesehen? Mann, hat die 'ne optische Schwelle! Irgendwann in der Nacht tanzte er Charleston, eine Hand in der Hosentasche, in der anderen die Kaffeemühlenverpackung, Keiner konnte Charleston tanzen wie Fritsche von der Gruppe 4.

»In jener Nacht spürte ich eine ungewöhnliche Berührung und seinen berauschenden, leicht alkoholisierten Atem«, erinnerte sich die Schauspielerin Eva-Maria Hagen an ihre erste Begegnung mit Peter Hacks in der Möwe, »dann tanzten wir miteinander, und zwar auf eine derart zupackende Art, als wolle er mich auf der Stelle vernaschen. Donnerwetter, dachte ich, der traut sich was, und dabei dampfte er regelrecht vor Lebensfreude und Abenteuerlust, lachte frech und fröhlich, wunderte sich anscheinend über sich selbst, tat so, als wäre er eigentlich ein Unschuldslamm und ich die Verführerin.« »Erinnerst Du

Dich an mich?«, schrieb ihr Peter Hacks, »ich bin der schüchterne Jüngling, der, seit Du ihm am Neujahrsmorgen den Kopf verdreht hast, immer aus bleichem Antlitz seufzend durch die nächtlichen Gassen irrt. Liebst du mich?, ich Dich mehr. P.«

> *Kommunismus, wenn ihr euch den vorstellen wollt, dann richtet eure Augen auf was jetzt ist und nehmt das Gegenteil! Denn wenig ähnlich ist dem Ziel der Weg, nehmt so viel Freuden, wie ihr Sorgen kennt, nehmt so viel Überfluss, wie Mangel ist, und malt euch also mit den grauen Tinten der Gegenwart der Zukunft buntes Bild!*
>
> Peter Hacks, Die Sorgen und die Macht

Das Stück, 1960 uraufgeführt, 1962 am Deutschen Theater inszeniert, wurde wegen »Verunglimpfung der führenden Rolle der Arbeiterklasse« abgesetzt. Hacks blieb heiter. »Liebling, was haben die bloß gegen dein Stück?«, schrieb Eva-Maria Hagen im März 1963 an ihren Geliebten, »es ist doch gut, ich bin begeistert. Das musst du mir gelegentlich mal genauer erklären, wieso so viel Geschrei darum (...) denk an mich und daran, dass ich Dich sehr lieb habe. Maria.«

Möwe-Nächte waren zuweilen exzessiv. Schön auch. Und lang ebenfalls. Nur, wie kam man nach Hause? Taxis waren Mangelware, wie Kaffeesahne. Man verbrachte den Abend bevorzugt mit Leuten, die ein Auto hatten, egal, ob sie interessant oder langweilig waren, man ließ sich von ihnen nach Hause fahren, egal, ob der Chauffeur ein paar Gläser zu viel getrunken hatte oder nicht. Guy de Chambure, Rothschild-Erbe und Praktikant am BE, roch nach »Pour un homme«, trank viel Wein und fuhr einen gelben Citroën. Öfter schlief er am Steuer ein, meistens gelang es seinen Mitfahrern, ihn zu wecken, sie retteten ihm so manches mal das Leben.

Nicht immer war in der Möwe ein Autobesitzer auszumachen. Madleen, Raphael und ein Regisseur aus Babelsberg waren zusammen die Reinhardtstraße runtergelaufen, dann die Friedrichstraße bis ans Ende der Wilhelm-Pieck-Straße, da nahte Rettung: das schönste Auto der Welt, ein aschefarbenes Müllauto. Die Sonne ging auf, und die Müllmänner freuten sich über das Taxigeld. Das Beste daran war die rostige Übereinkunft von Müll und Poesie, die Zweckgemeinschaft aus arbeitender Klasse und freischaffenden Künstlern, aus Menschen, die früh aufstehen, und Menschen, die in der Frühe erst schlafen gehen. Stadt und Land Hand in Hand oder so ähnlich. Mann, das wäre ne Filmszene, meinte der Regisseur aus Babelsberg und fragte, ob er bei ihnen übernachten dürfe, denn Babelsberg sei weit. Das Gelb der U-Bahn über der Schönhauser Allee überstrahlte das Gold der Morgensonne.

Das volkseigene Lachen

Während der Arbeiterfestspiele erschien Madleens Gesicht als Transparent über einer Straße in Frankfurt an der Oder. So groß, dass sie erschrak. Ihr Lachen sollte sagen: Alles ist gut und wird immer besser. Ein Freund hatte das Bild in Madleens Speisekammer geknipst, wegen des nicht vorhandenen Badezimmers diente sie als Waschraum. Sie hatte Thomas Billhardt, den Fotografen, angelacht, ganz privat, nun war das Lachen volkseigen geworden. »Dieser Staat ist unser liebes Vaterland«, stand als Schlagzeile unter Madleens Lachen. Ihr schien das nicht abwegig. Es war alles ziemlich gut in der ersten Hälfte der sechziger Jahre, genauer zwischen 1963 und 1965. Die Mauer wurde von nicht wenigen Künstlern und Intellektuellen als vorübergehende Notwendigkeit akzeptiert. Man würde nun, ungestört vom Westen, zeigen, was möglich ist und wie viel Widerspruch das Land aushalten kann. Die Jugend wurde zu »Hausherren von morgen« erklärt, sie sollte Verantwortung übernehmen und mitbestimmen dürfen.

Was eben noch als dekadent galt, war plötzlich normal, Veränderung und Widerspruch. Bei AMIGA kamen Beatles-Platten heraus, Gedichte von Wolf Biermann und Volker Braun wurden gedruckt, Bands gründeten sich, es durfte uneingeschränkt nach Beatmusik getanzt werden. Robert Havemann sprach in einer Vorlesungsreihe über einen Kommunismus ohne dogmatische Beschränktheit, Christa Wolf forderte Weltoffenheit. Es war da Hoffnung, Hoffnung auf einen reformfähigen Sozialismus.

Angriff aus dem Hinterhalt. Dezember 1965. Das 11. Plenum. Ein eisiger Schock. Die Partei als Großinquisitor. Drei Wochen nachdem sich der Chef der staatlichen Plankommission Erich Apel in seinem Arbeitszimmer erschossen hatte. Aus der Traum von einer neuen ökonomischen Politik. Stellvertretend für die Auseinandersetzung über die Reform der Wirtschaft fand ein Massaker der Künste statt. Die DEFA-Filme eines ganzen Jahrgangs wurden verboten, Bücher und Bands ebenso, Theaterstücke und Fernsehspiele von Bühnen und Bildschirmen genommen. Die Hausherren von morgen sind enteignet worden, ehe sie etwas in Besitz nehmen konnten, die Künstler waren des Skeptizismus, des Nihilismus und der Pornografie angeklagt. Heiner Müller, Stefan Heym, Volker Braun und Peter Hacks wurden der »Verabsolutierung der Widersprüche, des Verrats sozialistischer Grundpositionen und parteifeindlicher Ideen« beschuldigt. Über Biermann wurde Auftrittsverbot verhängt.

Etliche Künstlerbiographien sind schwer beschädigt worden. Werner Bräunig, so die Kulturfunktionäre, hätte in seinem Wismut-Roman »Rummelplatz« die Werktätigen beleidigt, Christa Wolf verteidigte Bräunig und wurde niedergemacht. Beleidigt, beleidigt, beleidigt, ständig fühlte sich die Partei beleidigt. Bräunig hat sich von dem Schlag der ewig Beleidigten nicht erholt, er starb mit vierzig, sein Buch blieb unvollendet. Die Politik hatte sich die Wirklichkeit abbestellt, Wolfgang Kohlhaase, dessen Film »Berlin um die Ecke« unter die Verbannten fiel, sprach später von »einer offen verkündeten Unlust der Politik an der Wirklichkeit«.

Die Funktionäre ahnten, dass ihre Angst vor der Überlegenheit der Künstler und Intellektuellen durchschaut wurde, das machte sie aggressiv: »Ist es jetzt allen Genossen klar, frage ich, dass es nicht um Literatur geht und auch nicht um höhere Philosophie, sondern um einen politischen Kampf zwischen zwei Systemen? Ich hoffe, dass das inzwischen klar geworden ist«, drohte Walter Ulbricht in seinem Schlusswort auf dem 11. Plenum. »Wenn in der illustrierten Zeitschrift der deutsch-sowjetischen Freundschaft, Freie Welt, Propaganda gemacht wird für die Bordelle der Reeperbahn in Hamburg«, empörte er sich, »dann scheint mir höchste Zeit dafür, dass eingegriffen wird. In diese Schmutzlinie haben sich Biermann und einige andere hineingeschoben und haben Politik gemacht. Es handelt sich also nicht (...) um eine Frage der Dichtkunst, sondern es handelt sich um eine Gruppe, die einen politischen Kampf gegen die Arbeiter-und-Bauern-Macht zielbewusst geführt hat und führt. Das als Nachbemerkung, damit niemand denkt, dass es noch irgendwelche offenen Fragen gibt.«

Hier wird die Partei beleidigt!, schrien die zur Empörung verdonnerten Parteihochschüler bei der Premiere von »Spur der Steine« im Berliner Kino International und im Leipziger Capitol, überall die gleiche Inszenierung der entrüsteten Volksseele: So sehen unsere Arbeiter nicht aus! Unsere Parteisekretäre gehen nicht fremd! Unsere Pardeisekredäre schlafn nich mit fremdn Fraun. Der Regisseur gehört ins Gefängnis! Krug in die Produktion!, brüllten sie und verließen kurz vor Ende des Films in Horden das Kino, vermutlich hatten sie Angst, dass das Publikum sie verprügelt. Dieses Publikum, das zum ersten Mal einen DEFA-Film gesehen hatte, in dem eine Arbeiterfigur echt war, ehrlich, schlagfertig.

»Nie haben wir eine Arbeiterfigur von solcher Vitalität und Poesie, von so kräftigem Witz und Charme gesehen (...) ein erotisches Flair aus lässig gehandhabter Vorzeige-Männlichkeit und einer Seele, die auf Zehenspitzen geht«, schrieb die Filmkritikerin Rosemarie Rehahn; leider konnte sie das erst 1995 schreiben. Obwohl der Film nur wenige Tage lief, wurde Manfred Krug zum Idol und blieb es über Jahrzehnte hinweg. Weil er als Brigadier Balla Widerspruch gegen Lügen und Phrasen gewagt hatte. Als sie aus dem Kino raus waren, lachte Raphael laut hinter den Parteihochschülern her, Madleen zitterte vor Wut, dann gingen sie in die Möwe, SOS Boheme.

In den Semesterferien fuhr Madleen nach Polen und erholte sich von der Eiszeit. In Bella Polonia, der fröhlichsten Baracke im sozialistischen Lager, fand sie den Leichtsinn des Lebens wieder. Hier konnte man trotz Sozialismus amerikanische Musik hören, neorealistische Filme sehen und Grafik auf internationalem Niveau. Man konnte im Krakauer Presseclub Westzeitungen lesen, in Kronleuchtercafés neben der Marienkirche bunte Gelees essen und an der Stadtmauer abstrakte Bilder kaufen. Viele ihrer Generation machten es wie Madleen, sie suchten ihr Italien, Spanien, Frankreich in Prag, Budapest und Krakau. Sie knüpften sich einen fliegenden Teppich europäischer Lebensart und entzogen sich der heimatlichen Hausordnung aus Regeln, Gesetzen und Kontrollen zur Zähmung des Individuums. Krakau, die Stadt der Künstler und Studenten, war eine selbstbewusste Offenbarung von Weltoffenheit.

In Polen war man bürgerlich geblieben, individualistisch sowieso. Für die polnischen Künstler gab es keine Parteilinie und keine Formalismusdebatte, Polen war offen. Polnische Kunst war, in der Pose wie in der Vollendung, im Spiel wie im Ernst, avantgardistisch. In Madleens Augen waren alle Polen Bohemiens, lässig, eigensinnig und von einer inneren Leichtigkeit, die ihnen Flügel verlieh und jene romantische Ironie, die nicht von dieser Welt zu sein schien. »Dziwny jest ten świat«, sang Czesław Niemen. Seltsam ist diese Welt – eine Rock-Hymne von geballter Gefühlskraft: Die Zeit ist gekommen / Höchste Zeit. Wie der Sänger dieses »Najwyższe czas«, beschwor, schrie, betete, dringlich wie in höchster Not, hatte suggestive Kraft. »Dziwny jest ten świat« war das slawische Pendant zu »I can't get no satisfaction«, dieser gewaltigen Androhung "von Jugend und Revolte. Es waren große Namen damals in Polen: Penderecki, Wajda, Cybulski, der Maciek aus »Asche und Diamant«. Zbigniew Cybulski, der ein paar Jahre später auf dem Weg zu Dreharbeiten beim Aufspringen auf den Zug nach Łódź zu Tode kam und der niemals vergessen werden wird.

Madleen lernte Polnisch, Bella Polonia war ihr Bella Italia. Die Frauen rauchten auf der Straße, elegantski war ein gern gebrauchtes Wort. Die polnischen Männer trugen schon Jeans, nicht wie die DDR-Männer Beinkleider, die jede erotische Anwandlung in verlegenen Falten begruben. Sie verteilten Handküsse, beteten und verfügten über Humor. Da die besten von ihnen Alkoholiker waren und nicht allein trinken wollten, lernte Madleen zu ihrem eigenen Wohl Sto-Gramm-Gläser voll Żubrówka, dem Wodka mit dem Grashalm, unbemerkt unter Tisch und Tresen zu kippen. Verzeih mir, Wojtek, murmelte Madleen, als sie sehr viel später mal seinen Namen googelte und erfuhr, dass sein Leben kurz gewesen war, verzeih mir, du hattest dich gerade über Gałczyński heißgeredet und darüber, dass du den polnischen Zirkus revolutionieren würdest und bereits einen Clown engagiert hättest, der den Macbeth spielen sollte. Der Clown, sagtest du, sei sehr begabt, aber launisch, er heiße Heinz und stamme aus Görlitz. Du wolltest auf das Absurde anstoßen, und wir hatten keinen Schnaps mehr.

Staub und Spiele

Die Redaktion war Boheme, da gibt es keinen Zweifel. Das alleinstehende Haus in graugelber Verwahrlosung stand am leeren Hausvogteiplatz gegenüber dem U-Bahnhof, unter Denkmalschutz: »Wer die Wahrheit weiß und saget sie frei, der kommt nach Berlin in die Hausvogtei«; die war während des revolutionären Vormärz ein Kerker gewesen. Madleen hatte Glück gehabt. Sie war beim Sonntag gelandet, der Wochenzeitung für Künstler und Intellektuelle. Das Mobiliar der Redaktionsstuben unterschied sich radikal von den kahlen Raumteilern und parteilichen Schrankwänden der Presseorgane von Neues Deutschland bis Junge Welt. Clubsessel, in denen man versank bis zum Dösen, Schreibtische mit dreißig Jahre alten Cognacflecken, schwarze Telefonapparate von vor dem Krieg, klapprige Schreibmaschinen ungeklärter Provenienz, flackernde Tischlampen im Bauhausstil. Korridore, vollgestellt mit alten Aktenschränken und unsortierten Karteikästen, auf dem Boden Manuskriptstapel und Zeitungshaufen, Wände voller Theaterplakate, Grafiken und Ölgemälde. Der Geruch von Rotwein, altem Durchschlagpapier und Hackepeterbrötchen ergab ein Aroma behaglicher Verderbnis. So stellt man sich Mark Twains Mississippi Post vor.

Vor allem aber war da Staub. Staub als Schutzschicht, Staub als Gelübde. Die Angst vor dem Dreck ist die Angst vor dem Tod, hat Heiner Müller diagnostiziert, beim Sonntag hatte niemand Angst vor dem Dreck. Die Teetassen wurden im Waschbecken des Toilettenraums gespült, manch ein Kollege sang beim Abwaschen. Einer pfiff. Ach, Sie sinds! Ja, haben Sie Ilse Werner erwartet?

Man langweilte sich, also feierte man. Geburtstag, Kindertag, Tag der Republik, Tag der Befreiung. Urlaubslagen, Prämien, Medaillen. Die Tage vor Ostern, Pfingsten, Weihnachten, Silvester. Manchmal waren Dichterfreunde dabei, Karl Mickel, Sarah Kirsch, Adolf Endler, Kurt Bartsch. Zeit genug hatten die Sonntag-Redakteure. Der für den Osten so typische frei umherschwirrende Intellekt machte das Feiern amüsant, man hatte sich ja nicht verausgabt bei der Arbeit, Produktivität wurde kaum verlangt. Auf dem Nachhauseweg von einer redaktionellen Frauentagsfeier tänzelte Madleen mit zwei Kolleginnen über die Wiese vor dem benachbarten ZK, dem Zentralkomitee der Sozialistischen Einheitspartei Deutschlands. Die eine war mal Turnerin, sie führte den Bewachern vor, wie perfekt sie das Radschlagen beherrschte, die blieben reglos. Die andere stellte sich dicht vor einen jungen Wachsoldaten, sah ihn aus großen, lang bewimperten blauen Augen an und bat anzüglich: Bitte! Verhaften Sie mich! Bitte! Ich möchte so gerne mal verhaftet werden! Kein Wort, kein Lächeln, keine Verhaftung.

Man langweilte sich, also spielte man. Am Kantinentisch waren sie alle Rentner und fuhren mit dem Pauschalbus nach Mallorca. Während der Reise sangen sie mit brüchigen Stimmen E viva España. Nach drei Tagen Fahrt endlich angekommen, tranken sie Sangria aus Eimern und kotzten in die Hotelbetten – alles am Kantinentisch. Die Essenz des Spiels war eine Mischung aus unerfüllter Sehnsucht und gespielter Verachtung; das konnte bis zu einer halben Stunde gehen. Ebenso beliebt war das Spiel Geschlossene Anstalt. Improvisierte Szenen aus der Psychiatrie der DDR, mit Patienten, Wärtern, einer der Partei ergebenen Genossin Oberärztin und einem aufmüpfigen Assistenzarzt. Spielzeit zwischen zwanzig und vierzig Minuten, in Folgen. Die Kantine leerte sich, die Lektoren des Aufbau Verlags waren pflichtbewusster als die Sonntag-Redakteure. Hedonistisches In-den-Tag-Hineinleben statt utilitaristischer Einordnung – vergeudete Talente?

An einem tristen Büronachmittag schrieb Madleen eine Eilmeldung, vervielfältigte sie und sortierte sie in die Fächer der Kollegen: »Mitteilung an alle Sonntag-Redakteure: Werte Genossen! Mit sofortiger Wirkung tritt folgende Änderung der schriftsprachlichen Umsetzung der Zahl 5 in Kraft: Die Zahl 5 wird ab kommendem Montag schriftsprachlich folgendermaßen aufgefasst: Pfünpf. Gez. Niemeyer, Institut für Sprachpflege, Akademie der Wissenschaften«. Madleen lauerte auf Reaktionen. Die beste bot der adlige Chefredakteur. Er nahm den Schrieb aus seinem Kasten im Sekretariat, überflog den Text und murmelte resigniert: Pfünpf? Pfünpf!, dauernd verändern sie was, nur nie das Richtige – er pustete in seine Kaffeetasse, damit sich die dicke süße sowjetische Kondensmilch besser verteilte. Einen Teelöffel benutzte er nicht, auch zu Hause nicht, das hatte ihm Else, seine Frau, abgewöhnt, um Abwasch zu sparen. Pfünpf, murmelte er ratlos vor sich hin, Pfünpf.

Vierzig Jahre später entdeckte Madleen eine Anekdote, die, so heißt es, ein polnischer Schriftsteller erfunden hatte. Der Philosoph Wolfgang Harich fand sie so gut, dass er sie dem Sonntag nicht vorenthalten wollte. Im Oktober 1956 erschien ohne Nennung des Autors die Glosse »Aktuelles Einmaleins«. Sie beschrieb, wie eine oberste Instanz falsches Multiplizieren per Verordnung zu erzwingen versuchte. Es hieß da, dass in der Schule von Schilda den Kindern viele Jahre lang beigebracht wurde: 2 x 2 = 9. Eines Tages sei das rausgekommen, und der Lehrkörper trat zu einer außerordentlichen Konferenz zusammen, auf der beraten wurde, wie dem peinlichen Missstand abzuhelfen sei. Was vor allem vermieden werden müsse, sei eine Gefährdung der Autorität des unentbehrlichen Rechenlehrers. Aufgrund ihrer reichen Erfahrungen hätten die Kollegen dem Rechenlehrer geraten, die Schüler nicht auf einen Schlag mit der ganzen Wahrheit zu konfrontieren. Besser sei, nach und nach damit herauszurücken. Der Auftrag für den Rechenlehrer lautete, erst einmal richtigzustellen, dass 2 x 2 nicht wie bisher 9 sei, sondern 8. Doch ging der Plan, sich allmählich der Wahrheit zu nähern, nicht auf, weil die ungezogenen Kinder voreilig handelten, sie hatten in der Pause die Toilettenwände vollgekritzelt mit der Gleichung: 2 x 2 = 4.

Die Veröffentlichung des »Aktuellen Einmaleins« im Sonntag löste heftige Reaktionen aus. Der Rechenlehrer, das soll ich sein, soll Ulbricht missvergnügt bemerkt haben. Ernst Bloch jubelte, das sei der beste Beitrag gewesen, den der Sonntag je veröffentlicht habe. Es scheint einen mystischen Zusammenhang zu geben zwischen der Pfünpf und dem falschen Einmaleins, die Tradition, doppeldeutig zu sein. Es ging ein Gespenst um im Sonntag, das Gespenst der Subversion. Der Sonntag galt noch dreißig Jahre später als konterrevolutionäre Plattform. Die heroische Vergangenheit wirkte lange nach. Auf dem Weg der Zeitung zum Diskussionsforum für die intellektuelle Opposition waren Wolfgang Harich, Gustav Just und Walter Janka verhaftet und zu hohen Zuchthausstrafen verurteilt worden.

Die paar älteren Herren, die in der Redaktion verbleiben durften, hatten kein Bedürfnis mehr, Helden zu sein, ganz im Gegenteil. Sie saßen still in ihren Büros, tüftelten Kleinkram aus oder verspannen sich an dunklen Nachmittagen in entlegene Ideen über die bevorstehende lichte Zukunft. Madleens erstes Thema als eben eingeführte Redakteurin: »Ist die Werther-Problematik noch aktuell?« Das interessierte sie wegen der weitreichenden Einsicht, dass »nicht alle Blütenträume reifen«. Das ist doch Schnee von gestern, Frau Bahl, im Sozialismus reifen alle Blütenträume, hatte Bernt von Kügelgen, der hoch gewachsene Chef von baltischem Adel, matt entgegnet. Madleen drehte das riesige alte braune Radio, in dem gerade die Roten Gitarren aus Polen sangen, wütend auf volle Lautstärke: »Es brennt der Wald, so brenn auch ich«.

Von Kügelgen, Mitbegründer des Nationalkomitees Freies Deutschland, verließ hastig den Raum, aufgebrachte Frauen machten ihm Angst. Damit musste er öfter mal fertig werden, denn zu seiner Zeit waren die Absolventinnen unter den Redakteuren in der Mehrzahl, energisch, hinreichend hübsch und materiell anspruchslos; man verdiente beim Sonntag einiges weniger als woanders, dafür zwitscherte zwischen den Zeilen die Wahrheit, denn Kügelgen, obwohl linientreu, gestattete seinen Redakteuren, gut zu schreiben. Genau deshalb wurde er öfter nach nebenan ins ZK, auch das »Große Haus« genannt, zitiert und von einer barschen Kulturreferentin, die Ursel hieß und sich nach 1989 als Klavierlehrerin verdingen würde – von jener Ursel wurde er für die Fehler seiner Absolventinnen schroff zur Rede gestellt. Zum Beispiel war da ein sieben Stunden währendes Interview mit Alfred Kurella, dem kaukasusverliebten Kulturtheoretiker.

Kurella war davon überzeugt, dass man aus jedem Menschen einen Künstler machen könne, jedenfalls er, Kurella, könne das. Das hätte für ihn und seine Genossen den Vorteil gehabt, dass man den ganzen Ärger mit der real existierenden Künstlerschaft vom Tisch hätte. Kein Streit um Formalismus und dunkle Farben, keine Skepsis, keine Verabsolutierung der Widersprüche – Kurella könnte sich seine Künstler selber erschaffen. Zudem glaubte er, dass Kasatschok und Lipsi den Rock 'n' Roll überflüssig machen würden. Alles hoch interessant, was der Kulturfunktionär sich so dachte. Doch weigerte er sich, Madleens Interview über das Wesen der sozialistischen Persönlichkeit zu autorisieren, und schrieb stattdessen einen Beschwerdebrief an ihren Chefredakteur: »Gegen das Interview hatte ich von vornherein Bedenken, die ich auch Eurer Mitarbeiterin mitgeteilt habe. Die Fragen hatten überhaupt keine Verbindung mit meinem Buch, und bei mir entstand der Eindruck, dass die Fragerin es entweder überhaupt nicht kannte oder es überhaupt nicht verstanden hat. Es waren Wald- und Wiesenfragen in ›Spiegel‹-Manier, auf die keine ernste Antwort möglich war.«

Sieben Stunden in Kurellas Haus, sieben Stunden, ohne was zu essen. Gut, dass der Kulturwissenschaftler Mühlberg dabei war, da fühlte sich Madleen weniger einsam, wenn auch zunehmend hungriger. Nach Ablauf der siebten Stunde stellte Frau Kurella die erlösende Frage, ob die Gäste vielleicht ein Würstchen möchten. Ja, gerne. Und dann gab es für jeden ein Würstchen, eins! Damals waren Würstchen noch Würstchen, die man gewöhnlich paarweise aß, weil sie so klein waren. Ein gefundenes Fressen für den Kantinentisch am nächsten Tag, wo die Kollegen schadenfröhlich lachten und die Königsberger Kantinenklopse lobten.

Der Sonntag beschäftigte einen Chauffeur, Kraftfahrer genannt, das war Herr Schulz, der blätterte in Magazinen mit nackten Frauen, wenn er vor dem Haus rumstand mit seinem Auto und keine Lust zum Fahren hatte, Magazine aus dem Westen, versteht sich. Herr Schulz wurde nicht damit fertig, dass er »für ein einziges Mal im Stehen« lebenslang Alimente zahlen musste. Er war ein Zwölfender gewesen, wie er wiederholt erwähnte, ein Soldat, der eine mindestens zwölfjährige Dienstzeit absolviert hatte, da muss es passiert sein, Rothirsche mit ausladendem Geweih nennt man ja ebenfalls Zwölfender.

Auch einen Kurier hatte der Sonntag, keine Zeitung sonst hatte noch einen Kurier – Herr Klinkmann, klein, bebrillt, picklig, mit strähnigen Haaren und schrulligen Ansichten, sah aus wie Jean-Paul Sartre. Dieser Bote weigerte sich strikt, ein Manuskript zu einer bettlägerigen Kollegin zu bringen, wegen der Sexwelle, die doch in diesen Hippiezeiten mächtig umgehen würde. Bei einem Betriebsausflug ins Grüne übernahm der Bote, bekannt für seine Naturliebe, die Führung, die Chefredaktion und sämtliche Absolventinnen trotteten ganz im Sinne der führenden Rolle der Arbeiterklasse gläubig hinter ihm her, sein Weg zur Versunkenen Glocke in Wandlitz war der falsche.

Alles Individualisten, beschwerten sich die jeweiligen Chefredakteure über ihre Mitarbeiter. Individualist – das war als

Tadel gemeint in einer auf das Kollektiv eingeschworenen Gesellschaft. Doch die Belegschaft war widerständig. Man siezte sich beim Sonntag, weil man das unechte Genossen-Du verachtete und das »Sie« schicker, weil bürgerlicher fand. Dazu grassierten Vorstellungen von einem Journalismus, der seine Aufgabe nicht allein in der Berichterstattung über Parteitage und Kulturbundtagungen sah, sondern in der Darstellung von Alltag. Der Reporter muss erleben, um schreiben zu können, sein ganzes Kapital ist die Wirklichkeit. Aber die Wirklichkeit war tabu, jedenfalls wenn sie so beschrieben wurde, wie sie war. Als beschreibenswürdig galt allein die Zukunft, und die erlebte keiner.

Irgendwann wurde der adlige Chefredakteur ohne Angabe von Gründen abgelöst und ein neuer inthronisiert, die Zeremonie mit Ministeriumsabordnung fand im Club der Kulturschaffenden statt. Die Absolventinnen waren mit dem Neuen nicht einverstanden und trugen aus diesem Grund rabenschwarze Kleider und tiefschwarze Strümpfe, was die Funktionäre so irritierte, dass sie keine Worte fanden, könnte ja auch existenzialistisch gemeint sein das Ganze. Für den Neuen war das Trauerspiel anlässlich seiner Amtseinführung natürlich eine Zumutung. Der Pykniker forderte unermüdlich »mehr Herzblut« beim Schreiben, wenn in einem Text das Wort Sozialismus nicht mindestens sechs Mal vorkam, zog sich der Pykniker enttäuscht in seinen Peugeot zurück und hörte Frank Sinatra. Leidenschaftlich gern knipste er die Lichtschalter in den Büros und Fluren aus, wenn seine Redakteure für eine oder auch mal zwei Stunden zum Mittagessen in die Kantine aufbrachen. Dort unterhielt sich Kollege Meier, unter dem Vorwand, den Aufhänger seines Mantels suchen zu müssen, jedes Mal ein Weilchen mit dem Garderobenständer, weshalb er unter einen gewissen Verdacht geriet. Wer sollte es gewesen sein, wenn nicht er, der aufgeregt in den voll behangenen Garderobenständer flüsterte. Da sei eine Wanze versteckt, vermuteten die Kollegen.

Es kam noch ein dritter Chefredakteur. Der kleine Doktor mit der schwachen Lunge hatte im Kollektiv promoviert und gab den Chef als Kasper. Er ertränkte seine Zweifel am real existierenden Sozialismus in Pfefferminzlikör und sang nach Feierabend schweinische Lieder. Einmal verlief er sich betrunken in der U-Bahn-Grenzstation Thälmannplatz und wäre beinahe im Westen gelandet. Die Sonntag-Redaktion in dem schmutziggelben Haus am Hausvogteiplatz war Boheme, da gibt es keinen Zweifel.

II.
AUF DER SUCHE NACH DEM ANDEREN LEBEN – DIE SIEBZIGER UND ACHTZIGER JAHRE

KÜNSTLERWOHNUNG, FOTO: BERND HEYDEN

SOS Boheme

Nicht jedem Menschen ist es gegeben, eine Persönlichkeit zu werden, die meisten bleiben Exemplare und kennen die Nöte der Individualisierung gar nicht.
Hermann Hesse

»Das Verhältnis zu Besitz und Erwerb steht im Zeichen von Verzicht und Verschwendung«, schreibt Helmut Kreuzer in seiner Analyse der intellektuellen Subkultur. Charakteristisch sei »Leichtsinn, der sich der Sorge entschlägt, die Fähigkeit zur Reduktion der Bedürfnisse, die Bedenkenlosigkeit einer parasitären Existenz und eine Solidaritätsgesinnung in Gelddingen.« Die Unregelmäßigkeit der Einkünfte und die Verachtung der Planung führten zu jähem Wechsel von momentanem Überfluss und Phasen der Entbehrung. Der Alkoholismus in der Boheme ermögliche Ekstasen, in denen die Enthemmung und Steigerung des Ich mit der Erlösung vom Bewusstsein der Misere und der Vereinzelung zusammenfalle.

Enttäuscht von dem allzu seltenen Aufflackern der Hoffnung und genervt vom unbarmherzigen Konformismus flüchtete der Künstlermensch vor einem mittelmäßigen Leben, das sich vorhersehbar eintönig gestalten würde. Flüchtete vor der Abtreibung des Individuums zugunsten des großen viel versprechenden wortbrüchigen WIR. Es gab junge Bohemiens, die sich allein deshalb für schwul erklärten, weil sie anders sein wollten als der genormte Durchschnittsbürger, lieber schwul als konform. Sie flüchteten auf der Suche nach dem verlorenen Ich vor Intellektuellen- und Kunstfeindlichkeit, vor der Spießigkeit eines kontrollierten Alltags, vor der unerträglichen Kluft zwischen Ideal und Wirklichkeit, um nicht in den Abgrund der Gleichgültigkeit zu stürzen. Rettet eure Seelen, SOS Boheme!

Die dogmatischen Vorschriften und die selbstherrliche Gängelei der Kulturpolitik führten nach einer Phase des Einverständnisses zum ungeordneten Ausstieg aus dem ehemals Gemeinsamen. Man zog sich zurück, ohne sich mit der Macht anzulegen, ein kalter Entzug. Die Ostboheme bestand mehrheitlich aus Verweigerern, weniger aus Oppositionellen, wobei die Quantität Verweigerung wie von selbst in die Qualität Opposition umschlug. Flucht an den Rand, hin zu einem Lebensstil, der sich von dem der Masse deutlich unterschied. Kein gleichförmiger Werktag, kein Eingebundensein in gesellschaftliche Organisationen, kein Kollektivdruck, keine Pflicht zur Arbeit. In den Tag hinein leben wollten die Künstler, abseits vom Offiziellen, abseits vom Staat.

Die Bedingungen für ein Leben als Bohemien waren nicht schlecht in der DDR. Wir hatten sehr viel Zeit und sehr viel Muße, wir lebten wie mit einem römischen Stipendium, sagt der Architekt Gerd Zeuchner in dem Dokumentarfilm »Dämmerung« über die Ostberliner Boheme der fünfziger Jahre. Geld und Zeit spielten auch später keine wesentliche Rolle. Die Mieten waren niedrig – ein achtzig Quadratmeter großes Atelier im Künstlerhaus Dresden-Loschwitz kostete fünfzig Mark Miete im Monat. Auch Brot und Schnaps waren billig. Existenzängste im simplen Sinn gab es nicht, ein Bohemeleben ließ sich ohne weiteres einrichten. Der Erfolg maß sich nicht am Geld, finanzielle Konkurrenzkämpfe unter Künstlern gab es kaum. Erfolg war der Luxus, ein freies Leben führen zu können.

Es gab, so scheint es, im Osten mehr Bohemiens als anderswo, weil es so viele waren, die sich dem Leben auf Anweisung verweigerten, und weil die Boheme die einzige Möglichkeit war, in der DDR anders zu leben als vorgeschrieben. Es ging um die Verteidigung des Individuums, des einzigartigen, unverwechselbaren, unwiederholbaren Individuums. Es ging um die Erlösung aus der Masse. In den frühen Achtzigern malte der Aktionskünstler Jörg Herold an die Leipziger Häuserwände das Wort »Ich«, einfach »Ich«, in der ganzen Stadt: »Ich«.

Natürlich wurde die Bohemeexistenz vom Staat immer wieder infrage gestellt. Wer es nicht in den Verband Bildender Künstler oder in den Schriftstellerverband geschafft hatte, durfte sich nicht Künstler nennen. Wer seine künstlerische Arbeit nicht mit Honoraren einer bestimmten Höhe nachweisen konnte, dem drohte der Asozialen-Paragraph: »Wer das gesellschaftliche Zusammenleben der Bürger oder die öffentliche Ordnung dadurch gefährdet, dass er sich aus Arbeitsscheu einer geregelten Arbeit hartnäckig entzieht, obwohl er arbeitsfähig ist, oder wer der Prostitution nachgeht oder wer sich auf andere unlautere Weise Mittel zum Unterhalt verschafft, wird mit Verurteilung auf Bewährung oder mit Haftstrafe, Arbeitserziehung oder mit Freiheitsstrafe bis zu zwei Jahren bestraft. Zusätzlich kann auf Aufenthaltsbeschränkung und auf staatliche Kontroll- und Erziehungsaufsicht erkannt werden.«

Deshalb fanden sich unter den Künstlern so viele Friedhofsgärtner, Leichenwäscher, Postboten, Krankenpfleger, Kulissenschieber und Hilfsarbeiter, die solche Dienste aus der Angst heraus antraten, andernfalls im Gefängnis zu landen. Auch Homosexuelle und Punks, Dorfpfarrer und Asoziale, Assis genannt, lebten vorübergehend als Bohemiens. Möchtegernkünstler und Außenseiter jeglicher Art, auch Ausreiseantragsteller während der Wartezeit flüchteten in die Sphäre der Boheme: Der Rand war Rettung und Ausschluss.

Die Sympathie der Ostboheme für die kleinen Leute, besonders, wenn sie zu den Gefallenen gehörten, zu den Alkoholikern, den Knastbrüdern, den Unglücklichen, war groß. Nicht immer wurde sie erwidert. Es kam vor, dass der normale Feierabend-Biertrinker keineswegs »ein Stück rutschen« mochte, um einem Bohemien neben sich Platz zu machen in einer der wenigen Kneipen. Ressentiments gegen Menschen, die anders waren oder anders aussahen, waren verbreitet.

Eine Begebenheit. Ein Mensch betritt einen Bäckerladen. Der Mensch hat langes, gelocktes Haar, im linken Ohrläppchen steckt ein silberner Ohrring. Geflickte Bluejeans und eine abgewetzte braune Lederjacke im Thälmannstil vervollständigen den Habitus. Der Mensch möchte ein Stück Bienenstich. Die Verkäuferin, eine dauergewellte Platinblonde, reicht ihm ein Randstück. Das aber ist angebrannt, das will der Mensch mit dem Ohrring nicht. Er möchte das daneben, ein schönes, goldbraunes Mittelstück, schön und goldbraun wie alle anderen. Diesen Wunsch äußert er in bestimmter Bescheidenheit. Die Verkäuferin zieht die Zange mit dem Randstück zurück, ihr Mund verformt sich zu einem umgekehrten U. Dann schießt das U quer in Richtung der Tür, wo Privat draufsteht: Gerda, Gerrrrda! Als Gerda nicht gleich erscheint, läuft die Blonde nach hinten. Der in der Thälmannjacke hat inzwischen seine vierzig Pfennige wieder vom Ladentisch gekramt, er ahnt wohl, was hier gespielt werden soll. Da kommen sie, Gerda und die andere, stehen Seit an Seit, und Gerda sagt: Ein Blick genügt! Sie meint nicht den Bienenstich, sondern den Kunden, dessen Äußeres ihren Vorstellungen von einem Kunden widerspricht, der ein anständiges Stück Bienenstich zu beanspruchen hätte. Was die beiden Bäckerfrauen empörte, vermutlich mehr noch als Ohrring, lange Locken und Thälmannjacke, war die unerhörte Begebenheit, dass ein Mensch, zu dem, wie sie meinten, ein Randstück passe, dieses Randstück ablehnte.

DIE AUTORIN IM »ESPRESSO«, FOTO: ARWID LAGENPUSCH

Schaumbad vor dem Espresso

Wer mit der avantgardistischen Zeitschrift POLEN unter dem Arm im Espresso Unter den Linden erschien, wollte damit demonstrieren: Seht her, in Polen geht es doch auch! Das Espresso Friedrichstraße, Ecke Unter den Linden, Nachfolger des Pressecafés, das wie alles Erfolgreiche irgendwann geschlossen wurde, war ein ehrgeiziger Flachbau mit großzügigen Fensterfronten und spartanischer Möblierung, schick im Stil der Sechziger. Auf dem Vorplatz Rosenbeete, Sonnenterrasse und Springbrunnen. Irgendwann hatte der betrunkene Schauspieler Rolf Ludwig Waschpulver in den Brunnen gekippt, und der Platz vor dem Espresso wurde zum Schaumbad.

Hier traf sich von mittags bis abends das intellektuelle Ostberlin, »hier war der Weltgeist zu Hause«, schrieb Stefan Wolle. »Damals habe ich bis halb zehn, halb elf geschlafen, dann hab ich ein paar Sachen erledigt am Vormittag und war zwischen halb zwölf und zwölf, konntest du die Uhr nach stellen, im Espresso, und dann blieb man bis halb zwei, manchmal, wenn das Gespräch spannend war, bis halb drei«, berichtete der Grafiker Grischa Meyer, »das war dann die Zeit, wo die Studenten alle kamen und die, die in den Büros saßen, die Redakteure und die Lektoren vom Aufbau-Verlag und die Leute von der Akademie der Wissenschaften und die Mädels von der Sibylle. Auch Aufträge wurden hier vergeben, an schöne Mädchen, freiberufliche Grafiker und Schauspieler.«

Das Espresso galt als intellektuelle Schaltstelle. Hier traf die angestellte auf die freie Boheme; Leute, die was darstellten, und jene, die in den Tag hinein lebten. Eine selbstbewusste Generation, die ihren »dahinvagabundierenden Intellekt« wie

Puderzucker verstreute und ihre Intelligenz in Witze investierte: Kapitalismus ist die Ausbeutung des Menschen durch den Menschen – im Sozialismus ist es umgekehrt. Politisches war dazu da, weggelacht zu werden. Die schlauen Analysen von Wolfgang Kohlhaase, die zierlichen Albernheiten von Rolf Xago Schröder, die Schlagfertigkeiten des Journalisten Lücke und der trockene Humor des Zeichners Oschatz, der die Terrasse des Espresso als »eine Versammlung großer Ohrringe und schmaler Sonnenbrillen« bezeichnete, »viel Vogue – wenig Gesicht«. Das Espresso war ein Planschbecken, in dem man sich mit Geistreicheleien und Bonmots bespritzte, sich reinwusch von der Ödnis des Offiziellen. Der vagabundierende Intellekt musste wach gehalten werden. Schon mittags gingen Kognaks über den Tresen.

Das Publikum war so real wie bizarr. Eckart, der düstere Feuilletonist, der ein Frauenhasser gewesen sein soll, sammelte Schaufensterpuppen, wehrlose Schönheiten, die ihm zu Hause schweigend zur Seite standen. Die Modegestalterinnen von Sibylle und Exquisit betrachteten kritisch die Kleider der anwesenden Frauen, die Arwid Lagenpusch von der Komischen Oper, genannt Pampers, verliebt fotografierte. Grabowitz, der schöne Schuhdesigner, gehörte zu den wenigen Männern, die mit langen Haaren gut aussahen. Wenn man sich darauf einließ, mit ihm zu reden, musste man sich allerdings darauf gefasst machen, dass seine Rede länger noch als sein Haar werden würde, die Erläuterung seiner Pläne brauchte Zeit, weit über Madleens Mittagspause hinaus. Er war es, der zwanzig Jahre später das Varieté Chamäleon in den Hackeschen Höfen gründete, diesen unglaublich phantastischen Ort der Wunder mitten in der Wendewirrnis.

Und da war der Mann, der England liebte, Karlheinz Schädlich von der Akademie der Wissenschaften. Er trug Tweedsakkos, karierte Mützen und rauchte Pfeife, ein Bohemien als Gentleman. Neben seinen Forschungen über englische Geschichte schrieb er für die Sibylle Essays über den Matrosenstil und die Geschichte des Schottenkaros. Als alles lange vorbei war, erschoss er sich auf einer Parkbank im Bötzowviertel, wo er fast sein ganzes Leben verbrachte. Er hatte die Literaturszene in Ost und West bespitzelt, einschließlich seines Bruders Hans Joachim. Ein Geheimagent wie Kim Philby oder eine Art James Bond wäre er gern gewesen, ein kleiner Spitzel war er geworden. Hat er aus Langeweile gespitzelt, in diesem Land, das ihm zu kleinkariert gewesen ist, war er zu groß für die kleine DDR? Alles eine Frage der Relationen. Auf seiner Beerdigung in den Neunzigern im Prenzlauer Berg spielte eine Jazzcombo den St. James Infirmary Blues: Gib dieser süßen Gnade eine kleine Chance. Hallelujah, wie die Zeit vergeht.

Auch die Herren von der Bauakademie, die im nebenan gelegenen Lindencorso ihre Büros hatten, saßen mittags im Espresso, sie sollen alle gemalt haben, vermutlich nicht nur in ihrer Freizeit, die Architektur allein war ihnen zu eintönig. Einer heiratete die Serviererin, eine braunhaarige, schlichte Schönheit, während der Mann vom Bau auffällig attraktiv gewesen ist. Vielleicht wollte er sich selber keine Konkurrenz machen. Michael Ruetz aus Westberlin, Student der Sinologie und Fotograf, stets in einem dunkelblauen Dufflecoat, den er noch trug, als er lange schon Professor war, überließ Madleen und damit dem Sonntag seine Fotos von den APO-Demonstrationen in Westberlin, mit Rudi Dutschke, Gaston Salvatore und den aufgebrachten Kleinbürgern am Straßenrand. Ohne Honorar. Um die Fotos veröffentlichen zu können, schrieb Madleen einen Text dazu, der Distanz vortäuschte, Ziel erreicht: Die 68er waren unter uns.

Kein Gold im Land, nur Dede hatte welches, echtes Gold! Dede, der rotblonde Goldschmied, verkaufte in der Mittagspausenzeit schmale Ringe mit kleinen Granatsplittern oder Mondsteinen für fünfzig Mark das Stück. Sie wurden sofort anprobiert und gekauft. Dede der Goldschmied war der Liebling der Espresso-Frauen, seine Ringe waren angewandte Kunst im Sinne des Wortes, sie brachten Freude im Vorübergehn. Eigentlich könnte ich mal ein Porträt über dich schreiben, meinte Madleen, als sie einen Metaxa zusammen tranken. Schreibste drüber »Der doofe Dede«, meinte der Goldschmied. Zum Porträt kam es nicht, Dede starb jung, Madleen schrieb den Nachruf. »Der doofe Dede« stand drüber.

Frühstücken konnte man im Espresso auch, das richtete sich allerdings nach der Laune des Bedienungspersonals. An der Bar nahm ein junger Mensch Platz. Was solls denn sein?, fragte der Mann in der weißen Jacke hinter der Bar. Eine Tasse Kaffee komplett bitte, sagte brav der Mensch vor der Bar. Darauf der Barmann: Ick hab aber grade Pause. Pech, wa? Wandte sich ab und ließ den Gast sitzen. Ohne Kaffee, von Frühstück gar nicht zu reden.

An einem Tisch unweit des Tresens sprachen drei Männer über eine Frau. Die hats geschafft, sagte der eine. War ja kein Leben mehr, sagte der andere. War n kluget, begabtet Mädchen, bemerkte der dritte, aber kaputt. Madleen hatte die tote Frau, von der die Männer sprachen, von fern gekannt. Maria B. war zierlich und dunkelhaarig, sie hatte drei Kinder und konnte gut zeichnen. Sie trank zu viel, manche nannten sie »asozial«. Madleen hatte stets Abstand zu ihr gehalten und sich dafür geschämt, eine kleinliche Scheu vor dem Würdelosen, dem Ungebremsten, dem Kaputten, eben dem, was nicht in Ordnung ist. Was war nicht in Ordnung, Maria B. oder die Verhältnisse?

»Die sonderbaren Geschehnisse, durch die Strehlows Leben eine ebenso jähe wie ironische Wendung nahm, begannen an einem Aprilmittwoch Mitte der Achtziger vor dem Schaufenster eines Cafés Friedrichstraße Ecke Unter den Linden.« So beginnt Klaus Schlesingers Roman »Trug«, eine Doppelgängergeschichte zwischen Ost und West. Das Café, von dem da die Rede ist, war das Espresso. Schlesinger war Stammgast dort: »Ich muss nicht erst die Augen schließen, so gegenwärtig ist mir das Interieur (…) Wie viele Sätze sind mir dort eingefallen, wie viel Einfälle habe ich notiert, meist an dem Zweiertisch vor der Garderobe, es sei denn, Schubi der Boxer saß an der Theke – dann habe ich mich zu ihm gesetzt. War aber der dicke Gitarrenspieler anwesend, dem wir auf russische Weise den Vatersnamen Dilettantowitsch gaben und von dem ich erst jetzt erfuhr, dass er auch noch den konspirativen Namen Ernst trug, floh ich in die hinterste Ecke (…) Die Blumenrabatten und der Springbrunnen sind längst zugeschüttet. Man kann jetzt Bugattis in einem Autohaus der Extraklasse dort bewundern, aber wenn ich daran vorbeigehe, dann sehe ich nicht die Autos, ich sehe die Stufen, die zum Espresso hochführen.«

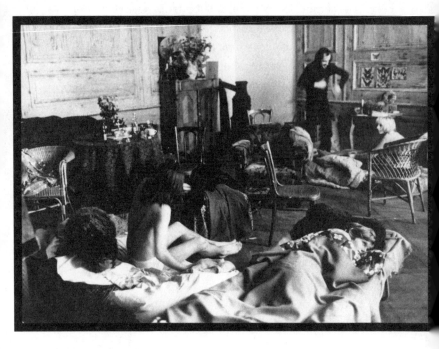

EIN MORGEN IM SCHLOSS HOPPENRADE, FOTO: LUDWIG SCHIRMER

Die Liebe zu den Schlössern

Ein bestimmender Zug der Boheme sei generell ein programmatischer Individualismus, der sich ohne Scheu vor provokatorischer Wirkung von Konventionen der Lebensführung und des ästhetischen, moralischen oder politischen Urteilens emanzipiere. Die Boheme-Kreise stünden nicht nur Bohemiens offen, sondern auch Mitgliedern, die nur sporadisch im Milieu der Boheme erscheinen würden, ohne ihre bürgerlichen Berufe oder sonstigen Bindungen aufzugeben. Den geregelten Lebensmodellen stelle der Bohemien eine ungebundene Existenzform entgegen, die trotz eingeschränkter Möglichkeiten das Leben als Abenteuer begreife, analysierte Helmut Kreuzer.

Viel vom definitorisch Allgemeinen, dass man über die Boheme weiß, trifft auch auf die Boheme des Ostens zu, eines jedoch nicht: die Verachtung des Bürgerlichen. Ganz im Gegenteil, die Sehnsucht nach dem Bürgerlichen war verbreitet, genauer nach dem Großbürgerlichen, eine Vorliebe für Flügeltüren und Bœuf Bourgignon, für Altgriechisch und gestärkte Servietten, gepflegte Gesellschaften und gebildete Gespräche. Der Biochemie-Professor Peter Boley in Halle, der eine Menge Brüder hatte, die malten, schrieben, sangen und philosophierten, hielt in seiner Wohnung freitägliche Leserunden bei Tee, Gebäck und geistiger Feinkost ab. Zwanzig bis dreißig Seiten Kafka oder Proust am Abend, Weltliteratur eben; »Boley liest wieder Höderlein«, berichtete die Stasi über die subversiven Bildungsrunden des Professors.

Im Allgemeinen meint man, dass sich die Boheme auf »die natürliche Feindschaft des genialen Menschen gegen den

Bürger gründet und umgekehrt« (Kreuzer). Die Ostboheme wandte sich nicht gegen den Bürger, sondern gegen den Kleinbürger in Bonzengestalt, den Kleinbürger mit Macht und ohne Kunstsinn. Großbürgerliches Ambiente, bourgeoise Bräuche dagegen waren bei Teilen der Ostboheme nicht nur akzeptiert, sondern erwünscht. Altbauwohnungen mit Stuck und Stilmöbeln, drei Meter hohe Bücherregale. Hauskonzerte und Tangosalons in den eigenen vier Wänden, wie sie in Erfurt und Halle stattfanden, waren aufwendige Dekorationen der Sehnsucht nach der kulturvolleren Vergangenheit. Raus aus dem gleichmacherischen Grau einer gutgemeinten Kultur für alle in ferner, ferner Zukunft. Vor dem Jugendstil-Sekretär, im Gründerzeit-Schaukelstuhl, am Klavier, am Nähtischchen von früher fühlte man sich ein bisschen wie Frau von Stein, bekam eine Idee davon, wie Goethe gelebt haben könnte oder der verspielte kleine Mozart. Ein Streichen über seidiges Mahagoniholz, das Ertasten einer Intarsie, der Klang eines Spinetts waren Zeichen von Aufgehobensein in der Geschichte, nicht in der Gegenwart. In einem echten Biedermeierzimmer war die Welt wieder in Ordnung. Die Ostboheme wandte sich in weiten Teilen, wider alle von Partei und Regierung verkündete »Zukunftsgewissheit«, der Vergangenheit zu.

Selbst der dem Sozialismus lebenslang unbeirrbar anhängende Peter Hacks sammelte Möbel vergangener Tage, gute alte Stücke, die mal in bürgerlichen Salons gestanden hatten. Auf Antiquitätenjagd ging er am liebsten mit seinem Freund Manfred Krug, es gab etliche Bauern und Kleinstädter, die den alten Plunder loswerden wollten. Hacks stattete schon seine Wohnung in der Schönhauser Allee im Stil des 19. Jahrhunderts aus. Seidentapeten, Kronleuchter, geschnitzte Engel und auf dem Nachttisch ein goldener Miniatur-Napoleon. Er schlief, so schrieb Alexander Camman in der ZEIT, »unter einem gewaltigen Orpheus-Gemälde, umgeben von nackten Fin-de Siècle-Schönheiten«.

Und dann das: »Das Ansprechen von Frau Wiede und Herrn Hacks vor dem Mittagessen ist unzulässig und kann nur durch äußerst ungewöhnliche Anlässe entschuldigt werden.« Die Anordnungen der Herrschaft für das Personal klingen einerseits nach Boheme, andererseits nach altem Adel. Peter Hacks, der große Spielmeister, baute sich im Arbeiter-und-Bauern-Staat ein Schloss, die Fenne bei Mittenwalde. Eintausendsiebenhundert Quadratmeter Ruinengelände einer ehemaligen Ziegelei mussten ausgebaut werden, ein aufwendiges Spiel. Das Schlaf- und Arbeitshaus des Hausherrn und das Haus seiner Frau waren durch einen Gang mit dem »Salon«, verbunden, im Garten drum herum Lavendel, Hibiskus und Ölweiden. Exotisch sollte es wirken, wenigstens mediterran, da teilten Herr und Frau Hacks durchaus die Sehnsucht ihrer Landsleute.

»Direkt unter seinem Arbeitszimmer, zu dem eine breite Freitreppe führte, hatte der Bauherr ein Barockgärtchen mit Rosenstöcken und zypressenähnlichem Wacholder anlegen lassen. Eine Bronzegottheit zielte mit ragendem Phallus auf den Schreibtisch des Dichters drinnen«, so Camman. Hacks habe als Schlossherr unfreiwillig komisch gewirkt, erzählen Gäste der Fenne, er trug die vom Ostvolk verschmähten Boxer-Jeans und Mokassins aus Cord, beides aus volkseigener Produktion. Vielleicht hat er die Komik auch inszeniert, wegen der Dialektik: ein sozialistischer Fürst in volkseigenen Beinkleidern, der sich und seine Gäste von einem Schokoladenmädchen in der Art von Jean-Étienne Liotard bedienen ließ, mit Häubchen und langer weißer Schürze. Ruhte er sich hier aus von den Zumutungen des realen Sozialismus?

Zur Fenne gehörte auch ein Pfauenpaar, das brütete und sich vermehrte. Camman berichtet, dass »der letzte Pfau an jenem Tag verschwand, als sein Herr starb. Ein schillernder Vogel, mit herrischem, weit hallendem Ruf. In der grauen DDR schlug Peter Hacks sein eitel-prächtiges Rad, zum Schauder und Ergötzen noch der Nachwelt ...«

Morgens wie ich meine Süße / Fröhlich mit Rot Front begrüße / Kommts, dass ich mir an dem Wetter / Die geballte Faust zerschmetter.

Peter Hacks

Die sich keine eigenen Schlösser bauten, nutzten, so sie konnten, Privilegien, die der Arbeiter-und-Bauern-Staat seinen Künstlern und Intellektuellen zugestand. Sie verbrachten Arbeits- und Ferienwochen auf Schloss Wiepersdorf. Dieser Aufenthalt in einer anderen Welt, einer anderen Zeit war eine Entschädigung für das unerhörte Sehnen nach Italien und Griechenland.

Madleen und Raphael stellen ihr Gepäck auf dem nachmittäglich stillen Schlosshof ab. Mohntorte, Herr Raphael!, ruft der kraushaarige Koch zur Begrüßung aus dem Küchenfenster. Mohntorte, das heißt schöne Monotonie, begütigende Weite, ein Willkommen für vierzehn Tage Dasein im Halbschlaf. Die alten Bäume im Schlosspark spenden Trost und Schatten, die Schlossküche wartet jeden Nachmittag mit duftend frisch gebackenem Kuchen auf, der reale Sozialismus mit HO, Konsum und Betriebskantine rückt in angenehme Ferne. Wiepersdorf ist ein Traum. Bettina von Arnim, voller Esprit und fortschrittlichem Mut, so wird berichtet, hatte das Schloss einst zu einem Zentrum geistigen Lebens gemacht. Ihr Bruder Clemens Brentano und ihr Mann Achim arbeiteten hier an »Des Knaben Wunderhorn«, die Gebrüder Grimm waren ständige Gäste, die Humboldts gingen ein und aus ... Ich selbst zu bleiben, wispert Bettina im nächtlichen Park neben dem kleinen Friedhof, ich selbst zu bleiben, das ist meines Lebens Gewinn. Die Schatten der Ahnen bewachen den Traum von Wiepersdorf.

Zwei Stiefel bin ich, die durch Pfützen patschen / Aus jedem Busch hör ich Bettine quatschen.

Peter Hacks

Das Schloss hat auch eine Wirklichkeit. Betagte Funktionäre, die nach ihrer Hüftoperation an Krücken um das Rosenrondell humpeln. Ein Kulturminister, für den wochenlang die schönste Suite im Schloss reserviert wird. Falls er irgendwann käme. Von südlicher Sonne braun gebrannte Staatskünstler, die vor ihrem Urlaub in Wiepersdorf, als wäre das Usus, Ferien in Italien und Griechenland gemacht hatten, das Schloss in Brandenburg ist für sie nur ein Nachschlag auf Hausfrauenart. Boheme, wo bist du? Da, wo der Geist Bettinas ist, frei und unabhängig. In der mit antiken Möbeln eingerichteten Bibliothek entdeckt Madleen Bettinas hellsichtige Bemerkung über einen Mann ihrer Bekanntschaft: »Das Weib in ihm hat Angst vor dem Mann in mir«, geschrieben vor hundertfünfzig Jahren.

Die Namen der Anwesenden lassen sich aus den Listen des Vertrauensbuffets und des Fahrradschuppens erfahren. Aus dem, was einer trinkt, was er liest, ob und wie lange er Rad fährt, kann man sich ein Bild machen, meist ein langweiliges. Entre nous nennen Madleen und Raphael die Anwesenden Fliegender Holländer, Worpswede, das Pony, Kermit, die Blassen, das Brautpaar – unfreiwillige Darsteller in ihrem Ferientheater: Worpswede hat schlechte Laune, Pony kleiden kurze Hosen nicht, die Blassen haben gestern heimlich geheiratet. Unter weißen Barockfiguren und dicken Bäumen lümmeln die Kulturschaffenden mit ihrer Lektüre in den Liegestühlen neben der Orangerie. Schauspielerinnen mit Teebeuteln auf Tränensäcken murmeln klassische Texte, bleiche Dichter, in karierte Wolldecken gewickelt, sehen mit geschlossenen Augen in den Himmel, Funktionärsgattinnen unschätzbaren Alters zeigen einander Bratpfannen, die sie in der Bäuerlichen Handelsgenossenschaft erstanden haben. Dösen und Denken, Denken und Dösen – Dasein im Halbschlaf, ein zeitgemäßer sozialistischer Zustand, in Wiepersdorf und anderswo auf dem Territorium der DDR.

Warten auf den Gong zum Mittagessen, auf die üppigen

Schüsseln mit Königsberger Klopsen, die weiß beschürzte Frauen aus dem Dorf lächelnd auf weiß gedeckte Tische stellen. Wiepersdorf ist eine feudale Idylle, ein Arkadien in Brandenburg, ein anmutiger Ausnahmezustand. Je mehr Stille sich ansammelt, um so intensiver vermisst Madleen die Klingelzeichen der Tätigen. Es muss was passieren.

Auf der Speisekarte ist für den Abend »Spaghettiauflauf« angekündigt. »À la Bettina« fügt Madleen hinzu und erläutert das Procedere: Auf einem langen Tisch im Speisesaal steht eine riesige Schüssel mit Spaghetti und Tomatensauce. Jeder Gast bekommt eine große goldene Gabel, und die Kulturschaffenden rennen um den Tisch, wobei sie im Laufen versuchen müssen, ein paar Spaghetti zu erwischen und schnell aufzuessen. Diese Form des Abendbrots, informiert Madleen die staunenden Schlossgäste, ginge auf eine Idee der wilden Bettina zurück und würde als kulturelles Erbe gepflegt. Dass es dabei zu Schubsen, Kleckern und begrenzten Rücksichtslosigkeiten kommen könnte, war vorauszusehen. Madleens »À la Bettina« wird von einigen geglaubt, von anderen dankbar mitgesponnen, und alle sind ein bisschen enttäuscht, als die Spaghetti schließlich, jeder sein Tellerchen, kampflos erreichbar sind, ohne Traditionspflege.

Versprengte Reste der Boheme finden sich an lauen Abenden zu Grüppchen zusammen, die abends unterm Sternenhimmel Stierblut auf der Schlossterrasse trinken, über die Kulturpolitik spotten und vom Pilzesammeln erzählen, Pilze sind so schön unpolitisch. Manchmal spielen sie Monopoli, und einmal ist davon die Rede, dass ein bewaffneter junger Rotarmist erschossen wurde, ein Deserteur auf der Flucht. Später stellt sich heraus, dass er betrunken in einem Kornfeld eingeschlafen war. Aufatmen. Noch ne Flasche Wein. Am nächsten Morgen steht nicht ohne Vorwurf auf einem Schild: »Wer hat die Flasche Grüner Veltliner nicht in die Vertrauensbuffet-Liste eingetragen?« Warum denke ich immer, dass ich es war?, grübelt Madleen.

Das Fotografenpaar Sibylle Bergemann und Arno Fischer hatte sich ein eigenes Schloss besorgt. »Die Bergemann«, wie Arno Fischer seine Frau nannte, war auf Reportagefahrt über die märkischen Dörfer unterwegs gewesen und hatte bei der Gelegenheit einen Bürgermeister in der Nähe von Löwenberg gefragt, ob in der Gegend vielleicht ein Schloss frei sei. Ja, sagte der, gleich nebenan, die obere Etage für 37,40 Mark Miete monatlich. Es war ein Spätsommertag, als Sibylle Bergemann die Allee zum Herrenhaus hochging, die Tür stand offen, es war, als hätte das Schloss auf sie gewartet. Dass in einem Nebengelass ein Konsumladen untergebracht war, störte sie nicht, sie liebte das Bizarre. Fischer, ihr Mann, hatte zu jener Zeit mit Besessenheit Schlösser gemalt, jeden Tag eins, Schlösser, die im Monde lagen. Sibylle kehrte nach Berlin zurück: Arno, du brauchst dir keine Schlösser mehr zu malen, ich habe ein richtiges für dich, ein Fontane-Schloss, sagte sie mit trockenem Understatement. Und Arno Fischer ließ in seinen Personalausweis den Zweitwohnsitz eintragen: Schloss Hoppenrade. Er war nun Schlossherr.

Theodor Fontane hatte Hoppenrade 1868 besucht und es später in »Fünf Schlösser« beschrieben: »Niemand kam, uns zu begrüßen, freilich auch niemand, uns den Zutritt zu wehren.« Ein reich geschmücktes Treppenhaus verweise auf einstmals begüterte und kunstsinnige Herren. Man steige hinauf, so Fontane, ginge durch die Flucht der offenen Zimmer und erkenne »immer wieder dasselbe Durcheinander von Glanz und Verfall. Überall Deckenbilder und Holzgetäfel, Supraporten und Ledertapeten, aber dazwischen Spinnweb und abgefallener Kalk oder im unausgesetzten Sonnenbrand trüb und buntglasig gewordene Fensterscheiben, aufgerissene Dielen und durchgeregnete Stellen an Fries und Decke.« Im Saal werde das Bild von Unordnung und Wirrnis nur noch gesteigert, denn »in eben diesem Saale lag eine tote Schwalbe, die mutmaßlich durch den Rauchfang gekommen war und den Ausgang nicht hatte finden können.«

Über hundert Jahre waren vergangen, als die Fotografen-Clique vom Schiffbauerdamm dort sieben Sommer verbrachte und Feste feierte, deren Höhepunkt Modenschauen und Maskeraden waren, die bis in den Morgen andauerten. Verlassen, verfallen, verwunschen, verwahrlost – schöner ging es nicht. Die Schlossherren hatten die Zimmer mit Palmen, samtenen Decken auf Korbtischen, blinden goldenen Spiegeln, drolligen Porzellanfiguren und Leuchtern aus Indien dekoriert. Fledermäuse waren sowieso da.

Man war da draußen wer anderes, irgendwas zwischen den Jahrhunderten, irgendwas zwischen dem Ich und den Schatten der Ahnen. Man sah sich gemeinsam Fotos vom Vietnamkrieg an und empfand, was man auf der ganzen Welt empfand: Make love not war. Man teilte Hippie-Ideale, hörte Hippie-Musik, trug indische Blusen, bunte Stirnbänder und verhielt sich promiskuitiv. »La Boheme, la Boheme, wir waren jung, der Flieder blühte, und Genies waren wir sowieso« – Charles Aznavour singt das Wort wie eine Umarmung: Boheme.

Angelica Domröse verliebte sich auf Hoppenrade in Hilmar Thate, Heiner Müller gefiel die morbide Atmosphäre, und Katharina Thalbach mit ihren ins Rampenlicht stürzenden Augen stand der Fotografin Sibylle Modell für Sibylle, die Modezeitschrift, die mehr gewesen ist als ein Modemagazin, sie war das Erkennungszeichen der Moderne des Ostens. Das aus dem Park herein fallende Licht gab der dunklen Holztäfelung der Schlosszimmer ihr Temperament zurück. Mitte dreißig, trinkfest und süchtig nach sich selber, tanzten Fotografen, Schauspieler, Filmleute, Dichter und Modemädchen maskiert und kostümiert, mit brennenden Leuchtern in den Händen durch den Wildwuchs des Schlossparks, Unkraut ist Leben.

Die Nächte im Schloss waren von Lachen erfüllt. Der Lärm und die Lust am Spiel vervielfachte sich in den hohen Räumen, die das Echo von Jahrhunderten wiedergaben. Man spielte mit der Absurdität des Daseins, der Komik der Verhältnisse, der Wandelbarkeit des Ich. Boheme heißt Individualität. Man kam auf Ideen, ähnlich denen, die Frank Castorf später in der Volksbühne realisierte. Nach wildem Feiern schliefen alle zusammen auf den abgetretenen Dielen im großen Saal. Die Kinder waren früh wach. Die dreijährige Maria flüsterte dem neben ihr liegenden Schläfer zu: Bist du der Fischer? Nein, ich bin der Müller, antwortete der Schläfer. Dich hab ich auch lieb, sagte das Kind ganz im Sinne der Hippie-Bewegung, und der Dichter ging mit ihm im Schlosspark spazieren. »Ein ausschweifendes Verhältnis mit dem Leben führen zu können, ist die tiefste Lockung, die von der Idee des Künstlerdaseins ausgeht«, schrieb Otto Flake, Schriftsteller und Balzac-Übersetzer Anfang des vorigen Jahrhunderts. Die Boheme des Ostens suchte das ausschweifende Leben wie der Moslem die Vergebung Allahs auf seiner Pilgerreise nach Mekka. Da draußen, sagte Sibylle, das war nicht mehr der Osten, das war auch nicht Westen, das fiel alles von einem ab.

1993 wird sich ein Herr F. in das verfallene Schloss verlieben, wird es für fünfhunderttausend Euro kaufen und lange damit beschäftigt sein, das Haus mit den dreißig Zimmern dem Verfall zu entreißen. Er wird das barocke Herrenhaus im Löwenberger Land, »eines der bedeutendsten der ersten Hälfte des 18. Jahrhunderts«, sanieren, es für Hochzeiten vermieten und eines Tages weiterverkaufen. Dass der schwerkranke Regisseur Christoph Schlingensief auf Hoppenrade geheiratet hat, genau ein Jahr vor seinem Tod, ist vielleicht mehr als ein Zufall. »So schön wie hier kanns im Himmel gar nicht sein« heißt sein letztes Buch.

Ein Haus auf dem Land war Mode bei der Boheme. Und wenn kein Schloss, dann eben ein Neubauernhaus aus den Zeiten der Bodenreform. Madleen und Raphael kauften sich so eins, ein Häuschen mit zwei Zimmern, Veranda und Küche in Hellberge bei Gransee. Es war eng, doch was für eine Landschaft breitete sich vor der Kate aus, Felder und Wiesen, Sonnenaufgänge und Schafherden, Weite und Stille. Eigentlich nur mit dem Auto erreichbar, weil die Lebensmittel von weither rangeschafft werden mussten, goldene Büchsen mit Schmalzfleisch aus Beständen der Nationalen Volksarmee. Madleen stellte erst in einer anderen Welt fest, dass das Schmalzfleisch wie Entenrillette von Butter-Lindner geschmeckt hatte, was sie damals noch nicht kannte. Jedenfalls waren die Büchsen schwer, sie besaßen kein Auto, also S-Bahn und Fahrrad.

Feste gaben sie nicht, aber Heiner Müller kam mal vorbei. Er setzte sich mit einer dicken Zigarre in die Neubauernveranda. Lächelnd, leise und mit verlegenem Dauerräuspern sagte der Autor der »Umsiedlerin«, dass er heilfroh sei, nicht mehr in Eppendorf in Sachsen sein zu müssen, wo er geboren wurde, in so einem Haus wie diesem hier. Sie hatten eine Flasche Johnnie Walker im Neubauernhaus, der Tag geht, Johnnie Walker kommt. Im Grunde und nach drei Whiskys schloss Raphael sich der Meinung von Müller an. Auch er war kein Naturliebhaber. An einem heißen Großstadttag waren sie mal in einem blühenden, luftigen Garten zu Besuch gewesen, die Vögel zwitscherten hoch und laut, da fragte Raphael: Was quietscht hier so? Sie verkauften das Neubauernhäuschen für noch weniger Geld, als sie selber dafür bezahlt hatten, denn es war von Schimmel befallen; Besitz macht unfrei.

Andere Landhausbesitzer hatten mehr Freude am Besitz und mehr Durchhaltevermögen. Ihre Anwesen waren geräumig, sie luden gern Gäste ein. Mensch und Tier lebten dort in trauter Zweisamkeit. Die Schafe frühstückten mit am Küchentisch, die Mäuse liefen kreuz und quer durch die Küche, das machte das Leben auf dem Lande so wunderbar authentisch. Man gab sich ungeniert, die Männer schlurften in ausgeleierten Cordhosen rum, die Frauen in langen, bunten Patchwork-Röcken, meistens ungeschminkt, ganz natürlich eben.

Umso mehr fiel bei einem der Feste ein eleganter, kleiner älterer Herr auf. So gegen elf am Vormittag, als die Boheme sich ungekämmt, ungewaschen und verkatert von ihren Nachtlagern erhob, schritt Klaus Gysi in einem dunkelroten seidenen Morgenmantel, frisch rasiert, exakt frisiert und auf dem Quivive, die Treppe herunter. Ein Fürst auf dem Weg zu seinem Gesinde. Ein Gerücht hatte die Runde gemacht: Klaus Gysi soll im besetzten Frankreich von Nutten versteckt worden sein, das gab ihm ein für die Ostboheme exotisches Passepartout – Paris und Huren. So erklärt sich möglicherweise die seltene Allianz der Boheme vom Kraatzer Ausbau mit einem Funktionär – war der Kommunist, Widerstandskämpfer und Kulturminister Klaus Gysi ein Bohemien, der Mäuse liebte und mit Schafen frühstückte?

Ein Schritt vor, zwei zurück

Das andere Leben war wieder einmal aus dem Westen gekommen. Diesmal keine Revolution, kein Terrorismus, sondern Liebe und Sanftmut – die Hippie-Bewegung passte zur Sehnsucht der Ostboheme nach dem anderen Leben. Die Flower-Power-Welle aus Amerika rollte verspätet, aber mit Macht auch über den deutschen Osten. Geblümte Kleider, Hemden, Hosen, Hüte. Geblümte Autos, geblümte Liebe, geblümter Friede, geblümte Freiheit. Eine geblümte Boheme. All you need is love, sangen die Beatles. Liebe mit jedermann, die man im Osten schon länger praktizierte, ein Leben ohne Leistungsdruck kannte man ebenfalls, nur Gruppensex war relativ neu. Das Angebot an Drogen blieb auf Alkohol beschränkt und auf die rote Pille Aponeuron.

11. Plenum lange her. Eiszeit zu Ende, wieder mal Tauwetter. »Wenn man von der festen Position des Sozialismus ausgeht, kann es meines Erachtens auf dem Gebiet von Kunst und Literatur keine Tabus geben«, verkündete überraschend ausgeschlafen Erich Honecker im Dezember 1971. Wieder mal Hoffnung. Ein Nummernprogramm aus kühnem Zeitgeist lief ab. Jeans sind eine Einstellung und keine Hosen, hatte Ulrich Plenzdorf, der Autor des Erfolgsstücks »Die neuen Leiden des jungen W.« behauptet, und Honecker importierte zur Freude der Hausherren von gestern Levis-Jeans. Vor der »Jugendmode« in der Berliner Brüderstraße bildete sich eine lange, freudig erregte Schlange. Renft darf wieder Musik machen, Songs über Wehrdienst und Republikflucht, die Otto-Ballade zum Beispiel: Seine Kinderjahre lagen ihm im Magen/wie Steine/doch er weint nicht mehr/Manchmal sagt Otto/Leben

ist wie Lotto / Doch die Kreuze macht ein Funktionär! / Hol mich nach Norden / Hol mich nach Norden / Oder ich flieh ...

Die 7. DDR-Kunstausstellung dokumentierte die »Weite und Vielfalt« des nun erlaubten künstlerischen Spektrums. Anfang der Siebziger hatte eine Gründungswelle von Kleinen Galerien begonnen. Im Umkreis von Karl-Marx-Stadt entstanden in kurzer Zeit dreißig Galerien, »Clara Mosch« war die bekannteste, bis Ende 1975 wurden es hundertzwanzig, schließlich waren es über fünfhundert im ganzen Land. In diesen Galerien waren Dinge möglich, die früher undenkbar gewesen sind. Im Defa-Film »Die Legende von Paul und Paula« tragen die Liebenden Blumenketten um den Hals, räkeln sich auf einem mit Blumen geschmückten Bett und knabbern Broilerkeulchen – eine Insel aus Träumen geboren. Die Puhdys singen »Geh zu ihr und lass deinen Drachen steigen«, und die Staatssicherheit schaut heimlich zu.

1973 dann der Höhepunkt der gepfändeten Utopie – Weltfestspiele in Berlin. Millionenfache Jugend, eine orgiastische Demonstration von Weltoffenheit. Freie Liebe, lange Haare, tabulose Diskussionen auf dem Berliner Alexanderplatz. Sing auf allen Straßen, tanz auf allen Straßen, sing, so lang es dir gefällt. Leben soll die Liebe, leben soll das Leben, leben soll das Glück der Welt. Ein Hippiefestival, könnte man sagen, »das Rote Woodstock«, könnte man sagen, die perfekte Inszenierung einer DDR, die es nie gegeben hatte und nie geben würde, muss man sagen. Grenzenlose Lebenslust – ein Stück, das alsbald wieder vom politischen Spielplan verschwand, sonnige Zeiten stellten sich meist als Irrtum heraus. 1975 wird Klaus Renft zu einem Vorspiel bei der Konzert- und Gastspieldirektion Leipzig eingeladen, wo ihm die Direktorin mitteilt, dass das Vorspiel nicht stattfindet: »Die Texte, die Sie mir übergeben haben, haben mit der sozialistischen Wirklichkeit keine Übereinstimmung. Wir sind der Auffassung, dass damit die Gruppe Renft als nicht mehr existent anzusehen ist.«

Am 16. November 1976 wurde Biermann ausgebürgert. Die Nachricht kam einen Tag nach seinem Konzert in Köln vor sechseinhalbtausend Zuschauern. Man sah es im Fernsehen, Biermann war überzeugend wie nie zuvor und nie danach. Er hatte in seinen Gesängen die Funktionäre verspottet und war seiner kommunistischen Grundüberzeugung dennoch treu geblieben: So oder so - die Erde wird rot/So soll es sein, so wird es sein. Biermann durfte nicht zurück in seine Wohnung in der Chausseestraße. Ausgebürgert, einfach so. »Setzt eurem Werk ein gutes Ende/Indem ihr uns den neuen Anfang lasst«, hatte er bereits 1962 in seinem Gedicht »An die alten Genossen« gefordert, das hatten ihm die alten Genossen nicht verziehen.

Am 17. November zehn vor acht am Abend klingelte Müller. Ganz gegen seine leise Art wirkte der Dichter aufgeregt. Die Dielen im Korridor sind weggerissen gewesen, ein Parkettleger war noch bei der Schwarzarbeit. Macht schnell den Fernseher an, die Tagesschau, sagte Müller noch in der Tür und balancierte wie ein mondsüchtiger Schlafwandler über den langen Flur. Da, die Spitzenmeldung! Zwölf namhafte Künstler hatten gegen Wolf Biermanns Ausbürgerung protestiert und ihre Petition westlichen Presseagenturen übergeben. Ein Schreck, der Schreck an sich, man weiß nicht genau, wovor man erschrickt. Hol den Stierblut rein, Raphael!, bat Madleen mit geschlossenen Augen. Sie saßen da und tranken Wein, die Flügeltüren hatte Messingklinken mit stilisierten Fischen, ein gerahmtes Fahndungsfoto der RAF-Terroristen hing an der Wand. Plötzlich rauschte ein riesiger Brocken Gemäuer vom Erker runter, keiner wurde erschlagen. Sie starrten auf den Brocken und tranken auf ihr Glück - die Wirklichkeit ist nicht zu übertrumpfen in ihrer Wucht.

Wolf Biermann ausgebürgert! Sie hatten sich aus den Augen verloren, zu viele Jünger in den Ledersesseln der Chausseestraße 131, zu viel Eitelkeit. Madleen hatte fast vergessen, wie gut seine Lieder waren. Nähe und Distanz. Distanz und Nähe.

Sie hatte als Studentin das Berliner Arbeiter- und Studententheater mit aufgebaut, das Biermann und Brigitte Soubeyran 1961 gegründet hatten, das BAT im Prenzlauer Berg. In Biermanns Stück »Berliner Brautgang« über eine Liebe im geteilten Berlin hatte Madleens Mutter mitgespielt, die hatte vor nichts und niemandem Respekt, außer vor Künstlern. Das Stück wurde verboten und das Theater 1963 geschlossen. Nach langer, langer Zeit, es war 2008 am Ende einer Lesung im Spiegelsaal von Clärchens Ballhaus, signierte Biermann einen Gedichtband für Madleen, da steht in Spiegelschrift: Für Margit, die auf der Wolke geduldig warten soll, auf Wolf. Seltsam, Margit war Madleens tote Mutter.

Die Planeten der Jugend. Neidenberga auf einem Hochplateau im Thüringer Schiefergebirge. Wildes Zelten zu viert über einem See, umstanden von Felsen. Heißer Sommer. In der Kirche des Ortes klaut Raphael ein Kirchenbuch, gedruckt 1681 zu Altenburg. Was, wenn dich einer gesehen hat, sagt Madleen, rasier dich, damit dich keiner erkennt, die denken doch, der Dieb hat einen Bart. Nicht nötig, war keiner in der Kirche außer mir. Biermann macht zehn Tage lang nichts anderes als Gitarre spielen und vorsingen, mit bleichem Oberkörper, wie alte Fotos zeigen. Er hat mehr Lust zum Vorsingen als seine Reisegefährten zum Zuhören. Madleen und Brigitte, deren Namen Biermann französisch ausspricht, baden und kichern; manchmal geht auch der Sänger ins Wasser, erstaunlicherweise ohne Gitarre, wegen Brigitte, weil noch andere Männer im See schwimmen. Plötzlich Aufbruch, Badehosen von der Leine, Zelte einpacken, in Biermanns weißem VW-Käfer zurück nach Berlin, schnell, rasend schnell, es passiert was im August 61.

An jenem Sonntagvormittag, dem Dreizehnten, betraten Madleens Eltern die frisch gestrichenen blauen Dielen in der Wohnung ihrer Tochter, die noch im Bett lag, nicht allein: Die Grenzen sind zu!, hatten die Eltern gerufen, Peter Putz sein Gallentee ist gut, rief die Tochter zurück, denn das stand geschrieben an der Brandmauer, wenn man mit der S-Bahn Richtung Westen fuhr.

Fünfzehn Jahre später nun die Meldung der Protestresolution gegen Biermanns Ausbürgerung auf dem Bildschirm. Müller guckt Raphael an, Madleen guckt den Dramatiker an – der Mantel der Geschichte ist immer noch rot, aber das Land wird endgültig seinen Glauben verlieren. Die Unterzeichner der Petition hatten sich in der Villa des Dichters Stephan Hermlin getroffen und den Protesttext entworfen, wobei ihnen beinahe ein Fehler unterlaufen wäre. Das verwendete Marx-Zitat entstammte nicht dem »Kapital«, sondern, wie Volker Braun noch rechtzeitig bemerkte, dem »18. Brumaire«. Mit den Worten »Voilà un petit texte« übergab Hermlin, ganz Grandseigneur, den Protestbrief dem französischen Kulturattaché, nachdem er vorher in der Redaktion Neues Deutschland vorstellig geworden war. Eine Verbrüderung von Künstlern unterschiedlicher Couleur hatte stattgefunden, eine kurze, heftige Umarmung, eine Rettungsaktion, die keine Rettung brachte.

Wir haben für jede Ratte eine Behandlung. Die eine streicheln wir, der anderen zeigen wir das Loch, aus dem sie gekommen ist. Keine Ratte bleibt unbehandelt, soll ein Funktionär namens Müller versprochen haben. So kam es. Es war vorbei. Das Wort Ausreiseantrag gehörte ab jetzt zum Sprachschatz der Boheme.

Thomas Brasch reiste in den Siebzigern aus. Katharina Thalbach mit ihm. Abschied in leeren Zimmern, die Umzugskisten mit den kyrillischen Buchstaben waren schon weggebracht, das Telefon um null Uhr abgestellt worden. Stierblut aus Pappbechern. Es wurde nicht viel geredet an diesem letzten Abend. Das Kind weinte im Schlaf. Sei still, Anna, morgen biste im Westen, rief Brasch durch die leeren Räume.

Der Kuss von Paris

Die anderen blieben im Osten und sehnten sich weiter nach Paris. Nach den Treppen von Montmartre, dem wilden Cancan, nach Degas und Toulouse-Lautrec, nach der Absinthtrinkerin von Picasso. Freiheit, Kunst, Moulin Rouge. Das Paris der fünfziger Jahre. Nachkrieg, Résistance. Les feuilles mortes. Maler und Musiker auf den Straßen von Paris. Die Existenzialistenkeller, die kleinen Cafés, in denen Chansons aus purer Poesie gemacht wurden. Wo Édith Piaf das Lied von dem feinen Herrn singt, der Liebeskummer hat, und von dem Hafenmädchen, das ihn tröstet: Kommen Sie Milord, weinen Sie nicht mehr! Lassen Sie uns singen, lachen Sie, Milord, singen Sie! Tanzen Sie! Geht doch, Milord, bravo, Milord ... Die Ostboheme träumte von Saint-Germain-des-Prés, von den Bücherständen am Seine-Ufer, von ärmlichen Künstlerbuden unter den Dächern von Ménilmontant und von der Closerie des Lilas am Boulevard Montparnasse, wo seit Anfang des vorigen Jahrhunderts die Boheme ihre Namen in die Tische kratzt. Fernand Léger, Man Ray, Picasso, Sartre, Édith Piaf, Hemingway. Paris war Heimat, unerreichbare Heimat.

Eine Heimweh-Geschichte wurde zur Legende: Barbara Jacob, genannt Dicky, sehnte sich derart nach Paris, dass sie seit ihrem dreißigsten Geburtstag ihr Sehnsuchtsziel zum Lebensinhalt machte, was nur zu verstehen ist, weil man ahnt, wie langweilig die Arbeit beim Thüringer Tageblatt in Erfurt gewesen sein könnte. Da liegt es nahe, dass sie sich aufsparte, bis sie als Rentnerin in die Stadt ihrer Träume reisen würde. Ein Leben für einen Traum. Sie weiß genau, was sie tun wird in Paris. Im Café am See im Bois de Boulogne, wo sich schon Gertrude

Stein mit ihren Freundinnen getroffen hatte, wird sie einen Sherry trinken, möglicherweise noch einen zweiten, eventuell einen dritten, um sich Mut für die Nacht anzutrinken. Dann wird sie ins Hotel Henri Quatre an der Place Dauphine gehen und sich in dem schmalen Zimmerchen mit Ausblick zum Lichtschacht für den Abend umziehen, ein enges, tief dekolletiertes Paillettenkleid und zehn Zentimeter hohe Pumps aus schwarzem Wildleder. Sie wird eine rauchgeschwängerte Bar betreten, wo ein Trio Prévert-Chansons spielt und Yves Montand dazu singt. Männer wie Belmondo oder Cocteau, eine Gauloise zwischen den Lippen, werden die schöne junge Frau aus dem Osten begehrlich mustern. Das würde in dreißig Jahren sein. Bis dahin musste der Paris-Altar reichen, ein eiserner Flügelschrein, den ein Schmuckgestalter für Dickys Freundin Marie-Luise geschweißt und den diese bei ihrer Flucht in den Westen vergessen hatte.

»Der Kuss am Rathaus« aus dem Jahr 1950, genialer Schnappschuss von Robert Doisneau, wurde für mehrere Generationen zum Sehnsuchtsbild eines freien zärtlichen Lebens. Auch die Boheme des Ostens wollte sich mitten in Paris küssen dürfen und ihre Namen in die Tische der Closerie des Lilas gravieren. In den neunziger Jahren ist bekannt geworden, dass das Kuss-Foto inszeniert war. Die Schauspielstudenten Françoise und Jacques hatten für den Fotografen posiert. Doch die Ikone der Pariser Liebe blieb unzerstörbar, der Kuss hörte nie auf. Vor sechs Jahren hat Françoise, nunmehr eine alte Dame, den Erstabzug des Fotos, Geschenk des Fotografen an seine Darstellerin, auf einer Auktion in Paris verkauft. Ein achtzehn mal vierundzwanzig Zentimeter großes Foto für 155 000 Euro. Das persönliche Erscheinen von Françoise soll den Preis nach oben getrieben haben, da sei Magie im Spiel gewesen.

In Dresden, Leipzig, Halle, Jena, Erfurt und Ostberlin, ja sogar in Magdeburg gab es Ecken, die, wenn man so wollte oder träumte, aussahen wie Ecken in Paris, das die meisten nie im Leben gesehen hatten. »Unser Identifikationsmodell war die französische Boheme (…) Wir wollten Individualität leben, radikal sein, zweck- und ideologiefrei arbeiten«, erinnerte sich die Malerin Cornelia Schleime, »Paris war unsere Metapher für Freisein. Es war das Aufbauen einer Welt als Vorstellung (…) wir waren damals regelrecht krank vor Sehnsucht«, sagt die Bildhauerin Christine Heitmann. »Unsere gemeinsamen Feste zeigten den Traum, ein mediterranes Leben zu führen«, schwärmte der Maler Peter Herrmann, »wie ich auch meine ersten Stadtlandschaften in Dresden gemalt habe, in Sehnsucht nach Paris.«

C'est si bon. In den Chansons von Yves Montand war Paris ganz nah, das Frankreich der Résistance, der L'Humanité Dimanche, der Küsse auf dem Boulevard. Wenn er sang, schwarze Hose, schwarzes Hemd, drei Knöpfe offen, ein leichtfüßiger Tänzer durch ein leichtsinniges Leben, da kam zusammen, was in Wirklichkeit nie zusammengefunden hat: linke Gesinnung und Lebenslust: »Such nicht den Grund. Wir lieben uns, weil es schön ist, umarmt über sonnige Boulevards zu schlendern, unter den sehnsüchtigen Blicken der Passanten. Weil es einfach gut tut – c'est si bon.«

Madleen hörte Montands Lieder das erste Mal von einer russischen Schallplatte, zum ersten Mal gesehen hatte sie ihn Anfang der sechziger Jahre in einem Film über sein Moskauer Konzert. Mit Montand ließ sich die Mauer leichter aushalten. Er schien der vitale Beweis dafür, dass die Linke nicht langweilig sein musste, grau, bieder, unansehnlich – noch war Hoffnung. Er verschenkte die Illusion, dass die Harmonie von Kunst und Volk zu machen ist, und das tat gut, c'est si bon, Montands Stimme war der Triumph über borniertes Parteisekretäre, spießige Kaderleiterinnen, trostlose Alleen, Kunstverbote, die ganze Tristesse des realen Sozialismus. Seine Stimme ist Trost gewesen und Bestätigung. Wenn so einer Kommunist war, konnte der Kommunismus nicht falsch sein. An seiner Seite stand die ganze linke Intelligenz – Sartre, Costa-Gavras, Jorge Semprún, Simone Signoret. Montand mit seinem großen Mund, dem schlanken, durchtrainierten Körper, der proletarischen Ausstrahlung. Montand, der aus kleinen Verhältnissen kam, von unten, um nach oben zu steigen. Yvo, monta!, hatte seine italienische Mutter aus dem Fenster gerufen, Yvo, komm rauf! Daraus wurde der Künstlername Yves Montand.

Voller Enttäuschung und Wut wandte sich Montand gegen die stalinistischen Verbrechen im Namen des Kommunismus. Seine Zuhörer im Osten haben die Diffamierung seines Namens hingenommen, doch sie haben nie aufgehört, seine Chansons zu hören, die von falschen Kriegen erzählten, von Bootsfahrten auf der Seine, von Umarmungen und Trennungen, von Herbstblättern, mit denen die Erinnerung verweht. Es waren Lieder, »an denen die Kümmernisse kleben bleiben wie Fliegen an den Fliegenfängern«. C'est si bon, Montand.

Zeitansage 4
Trolles Turnschuhbande

Ich kenne Sie, sagt Lothar Trolle, als ich seine Wohnung betrete, ich kenne Sie aus Honigmanns Erzählungen. Honigmann. Der übrig gebliebene Flügel des alten Hotel Adlon Unter den Linden. Ein letzter bürgerlicher Glanz im Arbeiter-und-Bauern-Staat. Georg Honigmann, Gentleman und Jude, britisches Exil, danach Chefredakteur in Berlin. Er hatte Madleen zum Essen ins Adlon eingeladen, in den Rest, den der Krieg stehen gelassen hatte. Aber immer noch silbernes Besteck.

Die jüdische Bourgeoisie hat mich entdeckt, sagt Trolle, er spricht sächsisch, nuschlig und schnell, ein Wort stolpert über das andere. Er kriegt es hin, sein Gesicht einen Striptease vorführen zu lassen, es zeigt alles, vorwiegend aber einen amüsierten Ausdruck: Das Leben ist ein Vergnügen, ein zweifelhaftes zwar, aber doch ein Vergnügen. Seine Entwicklung vom Landkind zum Dramatiker glich der anderer Künstler des Ostens.

Zunächst war er Bühnenarbeiter am Deutschen Theater gewesen wie andere, die sich zu was berufen fühlten, was sie nicht definieren konnten und was sich zwischen den Seiten- und Hinterbühnen zu einer Art Sekundär-Boheme formierte. Später hat Trolle Philosophie studiert: Ich hatte mich beworben, unter anderem für Germanistik, aber ich bin überall abgelehnt worden. Es hatte dann eine neue Sparte aufgemacht, Philosophie und Technik nannten die das, die schrieben mir, ob ich das studieren wollte. Das fand ich immer noch besser als arbeiten – Trolle lacht. Ich habe es sehr genossen, den ganzen Tag lesen zu können und nicht arbeiten gehen zu müssen; wir waren so eine Gruppe, Babu, Honigmanns Tochter, Nina Hagen, Thomas Brasch, Vera Herzberg und ich.

Sie saßen jeden Tag im Gesellschaftswissenschaftlichen Lesesaal der Staatsbibliothek, Wolfgang Heise, die Lichtgestalt unter den Philosophen der Humboldt-Universität, hatte ihnen einen Giftschein ausgestellt, damit durften sie in der Staatsbibliothek Westzeitungen lesen und Adorno und Kafka.

Wieder waren wir demselben Mann begegnet, nach Honigmann nun Heise. Als hätte es in der DDR Schutzengel für Schöngeister gegeben. Heise hatte mir in einer halben Stunde die verkehrte Welt erklärt, auf der Grundlage von objektiv und subjektiv, er hatte mit mir geredet, weil ich einen Exmatrikulationsantrag gestellt hatte, diese halbe Stunde hatte alles geändert, er stellte für mich die verkehrte Welt vom Kopf auf die Füße. Heise war der einzige Professor dort, der auch ein Mensch war, sagt Trolle, als ganz junger Mann war er im Konzentrationslager, im Arbeitslager. Seine Vorlesungen sprach er frei.

Trolle bringt Tee und erzählt weiter: Es gab die Verpflichtung, nach dem Studium dahin zu gehen, »wo die Partei dich brauchte«. Da fand dann irgendwann das Absolventengespräch statt. Die Kommission wusste, dass ich zum Theater wollte, und hatte die Zustimmung zum Staatsexamen immer wieder hinausgezögert. Die standen da in Anzug und FDJ-Hemd und fragten: Was hast du dir denn so gedacht, Genosse?

Und Trolle sagte den Satz, den sie zuallerletzt von ihm erwartet hätten: Ich gehe dahin, wo die Partei mich braucht. Die waren baff, schickten mich raus und berieten lange. Dann riefen sie mich herein. Der Einzige, der was begriffen hat, ist der Genosse Trolle, sagten sie, ohne zu beachten, dass ihr Genosse nicht in der Partei war. Deine Antwort fanden wir gut, Genosse, sagten sie, geh du mal zum Theater! Vorher aber sollte ich meine Diplomarbeit über »Die theoretischen und praktischen Leistungen der Sozialistischen Einheitspartei Deutschlands bei der Gestaltung der Kulturpolitik seit dem 11. Plenum« schreiben. Von diesem Tag an bin ich da nie wieder hingegangen, sagt Trolle. Eine Freundin, die in einer Bibliothek arbeitete, habe ihm später einen Stempel in den Sozialversicherungsausweis gemacht: »Assistent«. Dafür kriege ich heute noch Rente. In meinem Personalausweis stand: Beruf Philosoph. Trolle lacht.

In den Sechzigern hatte er in einer Einzimmerwohnung gelebt, im Souterrain: Da war immer Winter, es war so kalt, dass der Scheuerlappen gefroren ist. In den Siebzigern wurde das Komitee der Antifaschistischen Widerstandskämpfer gegründet. Trolle wurde gebeten, mitzuarbeiten, und kriegte eine Anderthalbzimmerwohnung. Mit Telefon! Thomas Brasch hatte auch eine Wohnung mit Telefon. Das war was ganz Besonderes in dieser Zeit – ein Telefon! Wir waren alle VdN-Kinder, Verfolgte des Naziregimes, die ganze Turnschuhbande.

War die Boheme für euch ein Fluchtpunkt?

Deshalb bin ich ja Schriftsteller geworden. Wir waren die ersten, die so frei schwebend lebten und schrieben. Wir hatten alle Turnschuhe an und eine große Fresse. Lange bevor der Prenzlauer Berg so eine Massenerscheinung wurde, waren wir da.

Für die Turnschuhbande fing der Tag nachmittags um fünf an. Trolle kann sich genau an einen dieser Nachmittage erinnern: Da gab es in der Wilhelm-Pieck-Straße so einen An- und Verkauf, da erstand ich eine alte Aktentasche, so eine knautschig lederne, die proletarische Patina kroch aus jeder Ritze. Damit ging ich gegen sechs Uhr abends in eine Kneipe in der Nähe, da sagt einer zu mir: Sie kommen wohl auch gerade von Arbeit! Trolle lacht.

Jeden Abend traf sich die Clique und redete bis früh um fünf über Literatur, dann musste man ja ein bisschen schlafen. Um zwei Uhr mittags ist man aufgestanden, hat zu Hause ein bisschen rumgefummelt, so ein, zwei Stunden, dann hat man es zu Hause nicht mehr ausgehalten und ist zu Brasch, der konnte so schön logisch denken.

1972 versuchte Lothar Trolle, in den Schriftstellerverband aufgenommen zu werden. Da saß ein Gremium: Rainer Kirsch, Karl Mickel, Friedrich Dieckmann, die waren ihm gewogen. Aber da saßen auch Jo Schulz, John Erpenbeck »und noch viere«. Er las ihnen sein erstes Stück »Mama, Papa« vor. Erpenbeck sagte, der Text hätte ihn sehr, sehr traurig gemacht. Jo Schulz, ebenfalls sehr traurig, sagte: Dem Trolle ist selbst mit dem Sozialismus nicht zu helfen. Die Aufnahme von Trolle in den Verband wurde von den Traurigen abgelehnt. Trolle lacht: Wer im Verband war, ist abgesichert gewesen. Die Gefahr war doch immer der Asozialenparagraph, man brauchte die Genehmigung, freischaffend arbeiten zu dürfen, man musste dreitausend Mark im Jahr mit Schreiben verdienen, um als Freischaffender gelten zu können.

Wovon habt ihr gelebt?

Irgendwoher kam immer Geld, sagt Trolle, es hat sich immer was ergeben. Mal kam der Auftrag, ein Stück über den Kunsthandel zu schreiben, mal die Anfrage von Wroblewski für ein Clownsstück, mal der Vertrag für ein Vorspiel zu Ruth Berghaus' Inszenierung »Die Gewehre der Frau Carrar«. In den achtziger Jahren haben Brasch und Trolle von »Greikemeier« gelebt (Geschichte über einen LPG-Bauern und den 17. Juni 1953):

Da kam Freya Klier und wollte das am BAT machen, dafür gab es tausend Mark. Dann hieß es, für das BAT ist das Stück zu schade, wir machen das am BE, ihr müsst es nur bearbeiten. Wieder Geld. Die wollten sich das Stück sichern, damit es nicht woanders landet. Es wird nun doch nichts, hieß es dann. Nach ein paar Wochen kam einer von der DEFA und wollte, dass ich ein Drehbuch zu »Greikemeier« schreibe. Wieder Geld. Die befürchteten alle, dass das sonst im Westen landet. Aber da hätte es überhaupt keinen interessiert, so wie das geschrieben ist, die haben uns doch gar nicht verstanden.

Woher habt ihr euer Selbstbewusstsein genommen über all die Jahre, in denen ihr nichts veröffentlichen konntet?

Dass man nicht veröffentlichte, war fast der Normalfall. Einesteils dachten wir, aus uns wird nie was, andererseits wussten wir, dass wir was können, wir waren von uns überzeugt.

1967 allerdings hatte Trolle notiert: »Seit über zehn Jahren schreibe ich Stücke, ohne mit ihnen auf Interesse zu stoßen.« Heiner Müller hatte ihn getröstet: Nichts ist gefährlicher als der frühe Erfolg.

Aber ihr wolltet doch eure Sachen auch mal gedruckt und aufgeführt sehen ...

Manche haben sich geschämt, dass sie veröffentlicht wurden. Klaus Schlesinger zum Beispiel, der war nicht stolz und glücklich darüber, dass seine Sachen gedruckt wurden, denn er musste Kompromisse machen und öfter was ändern an seinen Texten, das war ihm vor uns peinlich. Mir hat das Urteil der Gleichgesinnten gereicht. Man hat sich abends seine Texte vorgelesen, das hat mir genügt. Müller hat uns gut gefunden, Mickel, Biermann auch, das hat uns gereicht. Müllers Urteil war das Fallbeil: Ja oder Nein.

Müller war doch eher diplomatisch?

Mal ja, mal nein.

Wie war dein Verhältnis zu Müller?

Eher verklemmt. Müller hatte einen Nerv für Leute, die

sehr schlagfertig waren und schnell und sprunghaft denken konnten. Er hat Thomas Brasch aber auch gebraucht, weil der sich mit Rockmusik auskannte und die Weiber angeschleppt brachte (lacht). Müller war schon früh viel im Westen, da liefen sie ihm ja hinterher. Das war auch die Zeit, wo sie zu Hunderten bei ihm rumhockten, seine Wohnung war zu einer Art Ausflugslokal geworden. Die ganze Linke aus Westberlin kam rüber zu ihm. Ich weiß nicht, was Müller dazu getrieben hat, das auszuhalten, vielleicht die Einsamkeit. Brasch war jeden Tag bei ihm, ich nicht so, ich wollte nicht abhängig werden von seinem Urteil.

Hätte das einen Einfluss auf deine Produktivität gehabt?

Ich schreibe immer und unter allen Umständen, ich weiß nicht, was mein Antrieb ist.

Das Leben kostet doch auch Geld ...

Wir hatten nicht das Gefühl, dass wir darben. Durch Braschs Westkontakte hatten wir die Platten, die wir haben wollten, die Bücher, die wir brauchten, bekamen wir auch immer von irgendwoher. Manche Bücher haben wir auch geklaut, besonders in der Universitätsbibliothek. Da bin ich mit dem Koffer rein, Sandra hat den vollgepackt, und dann sind wir wieder rausgegangen, das hat die Leute da gar nicht interessiert.

Wie verhielten sich die etablierten Kollegen?

Manche kümmerten sich um uns, luden uns ein in ihre Bauernhäuser, lasen unsere Texte und sprachen mit uns darüber. Christa und Gerhard Wolf, wenn du zu denen kamst, war die Bude immer voll mit Leuten, die deren Kopiergerät benutzten. Fühmann kümmerte sich sehr um Kolbe und Hilbig. Eines Abends saß Trolle mit Freunden im Keglerheim Fengler in der Lychener Straße, dort beschlossen sie: Drucken wir doch selber unsere Sachen! Machen wir doch selber eine Literaturzeitschrift! Schließlich gab Lothar Trolle zusammen mit Uwe Kolbe und Bernd Wagner die Literaturzeitschrift MIKADO heraus. Hans Scheib gestaltete die Titelblätter. Einhundert Exemplare, viermal im Jahr, eine riesige Auflage für eine Untergrundzeitschrift! Nicht, dass wir besonders oppositionell gewesen wären, wir wollten nur eine eigene Öffentlichkeit. Die Exemplare wurden nicht verschickt, sondern verteilt, jeder hatte zwanzig Kunden. Die Texte mussten redaktionell bearbeitet werden, wir wollten ja nicht in den Knast gehen, nur weil da irgendwo stand, dass Honecker ein Arschloch ist. Die Redaktion machte Spaß, die Zusammenarbeit mit den Grafikern, mit Hans Scheib, das war prima.

War es gefährlich, MIKADO herauszugeben?

Kolbe kannte einen Drucker, das war der Einzige, der wirklich gefährdet war, wir haben das ja in Siebdruck gemacht.

Sie brachten die Exemplare heimlich aus der Druckerei und sortierten sie in Handarbeit. Jeder kriegte zwei Belegexemplare. Sie trugen die Hefte persönlich aus. Zu Fritz Mierau, Kurt Masur, Franz Fühmann, Christa und Gerhard Wolf und zu weiteren achtzig Leuten. Da waren sehr gute Texte dabei, von Hilbig und Dieter Schulze, sagt Trolle. Müller versprach dem Junggenie Schulze für jede fertige Seite vierzig Mark, falls der endlich seinen Roman schreiben würde. Schulze versuchte zu tricksen. Schrieb Seite eins, Seite zwei ließ er frei, da käme später was hin, Seite drei stand wieder was und so fort. Und Müller zahlte. Er hatte zu der Zeit schon viel Geld, aber das hätte kein anderer gemacht.

Hattest du das Leben am Rand nicht auch mal satt?

Ich wollte nicht nach dem Westen, ich hatte immer das Schicksal von Hartmut Lange vor Augen; hier ein toller Dramatiker, im Westen ein Nichts. Auch Thomas Brasch ist da zerbrochen, das teure Kokain hat ihn nicht gerettet. Was sollteste im Westen für Geschichten erzählen, da herrschten ganz andere Lebensmuster; der Westen hat mich als Stoff nicht interessiert. Der Prenzlauer-Berg-Szene in den Achtzigern fühlte ich mich nur begrenzt zugehörig, die Lesungen zu Hause bei Maaßens fand ich immer ein bisschen spießig, außerdem war ich zehn Jahre älter als die. Bei dieser Generation ist die Art des Schreibens und Malens nicht mehr so verschieden vom Westen gewesen. Es gibt in solchen Gruppen immer ein oder zwei, die wirklich gut sind, wie Papenfuß. Der ist nicht kompatibel mit dem Westen, den schlucken die nicht. In den Achtzigern änderte sich auch das Theater. Jahrzehnte war das BE das führende Theater gewesen, da hatten wir drin gesessen wie in der Kirche, »Arturo Ui« und »Coriolan«, das waren Welterfolge! Ende der Siebziger begannen sie alle, auf Zadek und Peymann zu gucken. Das DDR-Theater war bieder geworden. Der Weg nach Westen begann.

Was bedeutet dir Erfolg?

Beifall nach einer Theaterpremiere ist unheimlich. Du stehst auf der Bühne und siehst unten so eine äffische Herde. Die »81 Minuten des Fräulein A.« waren in Avignon ein Hit, da wurde ich auf der Straße gegrüßt, in Köln war das sogar ein kommerzieller Erfolg; die blökten und lachten. Die Aufführung von »Hermes in der Stadt«, 1993 von Castorf inszeniert, war Kult.

Echter Erfolg ist noch was ganz anderes. In den sechziger Jahren kannte ich eine Frau aus Düsseldorf, die hatte mir öfter Kafka geschickt. Die wurde später Puppenspielerin in New York. Als sie mal in Berlin war, erzählte sie mir, dass nach einer Vorstellung ein Literaturprofessor auf sie zugekommen war und gesagt hatte: »Wissen Sie, an was mich das erinnert – da gibt es in Deutschland einen ganz großartigen Autor: Lothar Trolle.« Während einer Pressekonferenz bei den Filmfestspielen in Cannes sagte Jean-Luc Godard: »Zu jeder Tragödie gehört die Komödie, Lothar Trolle sagt das auch.« Das ist doch irre! Wenn du Erfolg hast, wachste am nächsten Morgen besser auf, haste gute Laune. Wenn nicht, musste schlucken, schlucken, schlucken.

Trolles Arbeitszimmer in gutbürgerlicher Pankower Gegend ist asketisch wie die meisten Arbeitszimmer dieser Generation. An der Wand die Skizze einer frühen Brecht-Aufführung von

Karl von Appen, ein Tapetentisch, Zeitungsausschnitte. Die Schludersprache der Gazetten liefert dem Dramatiker Ideen: »SPD-Mitglieder treten aus Protest aus.« Vielleicht, sagt er, schreibt er als Nächstes ein Stück, das in der Herrentoilette vom Willy-Brandt-Haus spielt: »Ich hab die Schnauze voll, ich geh pinkeln.«

Ist Utopie noch möglich?

Ich weiß ja gar nicht, ob man die Utopie braucht. Da muss man dran glauben, wird immer gesagt. Muss man? Es reicht doch eigentlich der Augenblick, Utopie ist was für Feiglinge, lenkt von der Gegenwart ab. Wenn ich schaffe, das Leben als solches auf die Bühne zu bringen, das reicht mir. Erkenntnis ist doch schon Glück. Hoffnung? Ich kann auch ohne Hoffnung leben, worauf soll ich denn hoffen?

Zeitansage 5
Krüger, Gipfelstürmer, Dadaist
Durch Frühling, Sommer, Herbst und Winter der Deutschen Demokratischen Republik trug Thomas Krüger einen speckigen alten Kapitänsmantel, dazu eine Filzkappe, die er sich im Kaukasus gekauft hatte. Und einen langen Bart, den so genannten Widerstandsbart. Krügers Großmutter hatte während des Zweiten Weltkriegs vermutlich eine Affäre mit einem Kapitän gehabt, der hatte seinen Mantel bei ihr vergessen. Die Großmutter hob ihn lange auf, dann schenkte sie den Mantel ihrem Enkel, und der setzte ihn im Sinne des Kapitäns ein: Volle Fahrt voraus!

Irgendwann an diesem Nachmittag wird der Präsident der Bundeszentrale für Politische Bildung ein Stück aus dem dritten Satz der Ursonate von Kurt Schwitters in mein Notizbuch schreiben: Lanke trrrgl pepepepepe ooka ooka ooka ooka. Es ist heiß auf der schattigen Terrasse des Sale e Tabacchi in der Rudi-Dutschke-Straße. Der Präsident trinkt einen Sprizz Aperol. Er ist ein Mann, dessen Jugend aus Gipfelstürmerei und

Dadaismus bestand, aus Theologie und Übermut. Bekannt geworden ist der ehemalige Theologiestudent als SPD-Politiker. Er posierte nackt auf einem Wahlplakat. »Eine ehrliche Haut« stand unter seinem blanken Körper.

Das Problem der DDR, sagt Krüger, war die Langeweile. Wir wollten wach bleiben, lebendig! Wir waren Anfang zwanzig, das Leben musste doch irgendwie Spaß machen, auch unter widrigen Umständen. In den Achtzigern war die DDR für uns bereits ausgeknipst, man musste sie vergessen, ihre Absurdität vorführen. Die Jungs um Krüger suchten sich Ersatzwelten. Bei ihren Bergwanderungen in Bulgarien kam die Frage auf: Kommt man im Ostblock nur bis Bulgarien, oder geht da doch noch was? Kaukasus zum Beispiel. Wie kommt man in die SU, ohne sich irgendwelchen Komsomolgruppen anschließen zu müssen? Lösung: Transitvisum. Das Problem war nur: Wie bekommt man eins, dazu brauchte man nämlich eine Fahrkarte. Krüger kannte eine Frau, die im Haus des Reisens am Alexanderplatz arbeitete. Er fragte sie, ob sie ihm eine Fahrkarte besorgen könne. Was sie tat. Eine Fahrkarte über Brest, Kiew und Kischinjow nach Bukarest. Los ging die Reise. Er musste nur noch erreichen, dass ihn der Natschalnik unterwegs aus dem Zug ließ.

In seinem Waggon fuhr eine Ukrainerin mit, drei Jahre älter als er. Krüger strickte an einer Kapuze, weil es kalt werden könnte in den kaukasischen Bergen. Natascha lachte über den strickenden deutschen Mann. Er offenbarte ihr, dass er unbedingt in Kiew aus dem Zug müsse. Sie verhandelte mit dem Natschalnik und fragte den kuriosen Deutschen, ob er ein Päckchen Kaffee dabeihätte und ein bisschen Schmiergeld, was dieser bejahte. Der Natschalnik schloss den Waggon für ihn auf, nicht zur Bahnhofsseite, sondern zu den Gleisen: Ich steige aus und denke, ich seh nicht recht: Zwanzig Leute in Bergklamotten steigen ebenfalls aus, eine Art Volkssport war das. Auf dem Bahnhofsvorplatz traf er sich dann wieder mit

Natascha: Du kommst erst mal mit zu meinem Freund. Freund, dachte er enttäuscht, sie hat einen Freund, hätte ja auch anders laufen können. Krüger erzählt mit jener Begeisterung, die einen überkommt, wenn Erinnerung fröhlich macht: Als wir zur Tür reinkamen, erstarrte ich – der Typ hatte NVA-Klamotten an, das war ein DDR-Offiziersschüler! Beruhige dich, der ist in Ordnung, sagte Natascha. Dann erklärte sie ihrem Freund auf Russisch, dass der Deutsche hier dringend ein Ticket bräuchte, und dass er das für ihn besorgen müsse. Später kam der Offiziersschüler tatsächlich mit einem Zugticket nach Sotschi an. Am selben Abend fuhr Krüger los.

Er versuchte, den Elbrus zu besteigen, doch das Wetter war schlecht. In der Berghütte traf er auf drei Dresdner, sie taten sich zusammen und stiegen auf den Pastuchow-Felsen, 4600 Meter hoch, im Ostblock kam man sonst nicht so hoch. Unterwegs stießen sie auf zwei Deutsche und einen Österreicher, die hatten während der Nazizeit in der Division Edelweiß gekämpft, die feierten da oben in der Hütte am Elbrus Versöhnung, in der Prijut 11, Hütte 11, auf 4200 Metern Höhe, das letzte Basislager, von dort aus kamst du zum Gipfel. Die von der Division Edelweiß waren 65 Jahre alt, alle drei, und Sozialdemokraten, alle drei. Jetzt, vierzig Jahre später, tauschten sie mit den Russen, alten Kämpfern der Roten Armee, ihre Geschichten aus. Da lagen noch verrostete Maschinengewehre in der Landschaft rum, einer der Männer suchte nach seinem. An jenem Abend war die Bergwacht da, wir verkrümelten uns, weil wir Angst hatten, dass sie Papiere sehen wollten.

Mit den drei Dresdnern ist Krüger dann nach Ushguli gelaufen. Dieses Bergvolk war widerständig, die hatten offenbar ihre Funktionäre verjagt, denn irgendwo brannte ein Dorfsowjet. In Ushguli hat er sich die Filzkappe gekauft, die er dann zu Hause immer trug. Krüger wollte über Tiflis nach Jerewan. Kurz vor Tiflis verbrachte er die Nacht auf einer Wiese, Straßenpolizisten weckten ihn. Er hatte sein Kletterzeug dabei, Steigeisen und

Eispickel. Für die waren Bergsteiger Heilige, die luden mich zu Speck und Wodka ein. Einer lief zur Straße, stoppte einen Laster mit Melonen und brachte mir eine als Geschenk.

Sie organisierten auch, dass er weiterkam: Mit vorgehaltener Kalaschnikow hielten sie einen LKW an und trugen denen auf, dass sie mich beim nächsten GAI-Posten absetzen sollten. Der LKW hatte eine Panne, und Krüger, der illegale Gipfelstürmer, stieg um in einen Bus: Betriebsausflug nach Jerewan, eine Reise mit reichlich selbstgebranntem Schnaps. In Jerewan erlebte er eine sechsstündige orthodoxe Messe, wo Schafe geschlachtet wurden, »alles sehr archaisch und blutig«. Er trampte dann zurück, und man riet ihm, dass er das Land »so interessant wie möglich« verlassen solle. Nicht einfach ausreisen mit den gefälschten Papieren, sondern »eine gute Figur machen«. So geschah es.

Es gab Luxusliner am Schwarzen Meer, mit denen kam man nach Odessa. Doch Krüger kam erst mal nicht auf das Schiff, das ging mit seinen Papieren nicht, er kam in den Knast. Nach einer Stunde erschien der Wärter in seiner Zelle und strahlte ihn an: Mitkommen! Zu ihm nach Hause. Er hatte Freunde eingeladen und wollte den Bergsteiger aus Deutschland als Trophäe vorzeigen: Ich sollte über die Berge erzählen, und wie ich trotz aller Verbote dorthin gekommen war. Ich war zu diesem Zeitpunkt schon fünfunddreißig Tage in der SU. Die schüttelten die Köpfe, dass so was geht. Es war ein tierisches Besäufnis, danach konnte ich in einer Hängematte meinen Rausch ausschlafen. Kurz vor halb sechs weckte mich der Wärter und brachte mich zurück in den Knast. Ich wurde wieder eingesperrt und später einem Distriktoffizier vorgeführt, der hackevoll war.

Krüger tat, als ob er kein Wort Russisch verstehe. Was er hier wolle, fragte der Offizier. Im Kaukasus Bergsteigen, antwortete er. Das sei verboten, sagte der Offizier und fragte, wie viel Geld er dabeihätte. Er hatte sechzig Rubel, gab aber nur zwanzig an, der Dolmetscher übersetzte mit Absicht falsch: fünfzehn Rubel.

Der Offizier entschied: zehn Rubel Strafe. Er trug was in meinen Ausweis ein, da war doch immer so ein Leporello für Reisen drin, dort vermerkte er, dass ich illegal in der Sowjetunion gewesen war. Das konnte ich später rausreißen und sagen, der Klebstoff war schlecht.

Wie kommt er jetzt aus dem Land raus? Bus, Eisenbahn, Flugzeug oder Schiff? Flugzeug war zu teuer, aus dem Bus hätte er unterwegs aussteigen können. Also Schiff. Der Offizier löste für ihn eine Unterdeckkarte für die »Grusia«, den Luxusliner mit Fünf-Gänge-Menü und Kaviar. Eine Frau kam auf ihn zu, Anfang vierzig, angeheitert, er stellte sich ihr als Bergsteiger vor. Oh, Alpinista!, flötete sie entzückt, ihr Mann war Trainer der sowjetischen Basketballmannschaft. Dann tranken sie zu dritt Whisky. Am Tage stieg man aus, sah sich die Krim an, abends trank man Whisky. Drei Tage ging das so. In Odessa ist Krüger runter vom Schiff und rein in den Zug, von den Grenzsoldaten wurde er anstandslos durchgelassen, er hatte ja seine Strafe bereits bezahlt.

Als sie wieder zu Hause waren, trafen sich die DDR-Transitniks in Berghütten der Sächsischen Schweiz, zeigten sich ihre Fotos und erzählten sich von ihren Triumphen. Sie hatten Anordnungen ignoriert, Gesetze verletzt, Grenzen übertreten. Abenteuer erlebt. Sie hatten sich die Freiheit, die ihnen nicht zustand, einfach genommen.

Einerseits Bergsteigen, andererseits Straßentheater. Krügers Spitzname in Leipzig war Don Camillo, der seines Mitstreiters Torsten Schilling lautete folgerichtig Peppone. Während einer Radtour durch Ungarn 1986, sie waren an die zwanzig Leute, machte ihnen akuter Geldmangel zu schaffen, also musste eine Idee her. Sie gründeten die »Artbreaker«, ließen Gałczyńskis »Verfluchtes Europa« aus dem Polnischen ins Ungarische übersetzen und lernten es auswendig. Peppone hörte sich an wie ein ungarischer Komiker mit sächsischen Wurzeln, die Ungarn lachten sich scheckig. Was weiter? Sie kauften Mäuse und eine lange Holzleiste, an der einen Seite hing eine Coca-Cola-Dose, an der anderen eine von Pepsi-Cola. Es wurden Wetten abgeschlossen, wohin die Maus rennen würde, sie gingen unentschieden aus.

Judy Lybke gehörte auch zur Truppe. Der hatte in jungen Jahren ein Problem: Mädchen. Lybke wollte Mädchen kennenlernen, erzählt Krüger, aber nicht einfach so, es müsse eine Geschichte dahinter sein, eine gute Inszenierung, ohne könne er nicht. Eines Nachts haben wir drei Flaschen Stierblut leergemacht und kamen auf eine Idee: Judy, du wirst Galerist! Aber wie kommst du zu Hintergrundwissen über bildende Kunst? Du wirst Aktmodell! Hat er gemacht und lernte so die Kunststudenten kennen, die später bei ihm ausstellten. Judy Lybke ist heute ein europaweit bekannter Galerist, und die Frauen kamen in Scharen.

Die Frage aller Fragen: Welchen Unsinn machen wir als Nächstes? Als PIG, Plagwitzer Interessengemeinschaft, starteten sie die Kunstaktion »Beiwerk«. Ein typisches DDR-Problem war, dass die Produktion immer wieder wegen der Zulieferprobleme stockte. Die PIG wollte vorführen, wie man eine alte Manufaktur wieder dem Produktionsbetrieb zuführt. Um sechs Uhr früh trafen sie sich zum Subbotnik in einer verwahrlosten Fabriketage. Sie machten alles schön sauber und stellten einen Produktionsprozess nach, achteinhalb Stunden inklusive fünfzehn Minuten Frühstückspause, während der Kulturbeiträge geboten wurden. Zum Schluss hissten sie die weiße Fahne: Wir geben auf.

Krügers Spleen war der Dadaismus. Die Ursonate von Schwitters hatte er aus einem Exemplar der Ständigen Vertretung abgeschrieben. Damit ist er rumgetourt, zu Ausstellungseröffnungen und allerlei Events: Als größte Gage habe ich mal vierhundert Mark gekriegt, das war 1987 mit Uwe Kolbe beim 4. Literaturfestival der Jugend in Leipzig. Klaus Werner, Sammler und Kunstkritiker, lud Krüger mit der »Ursonate« nach

Dresden ein, um sie nach einem Vortrag über Dadaismus vor der Deutschlehrervereinigung aufzuführen. Die Deutschlehrer verlangten begeistert eine Zugabe. Sollten sie bekommen: Mein Freund Torsten hatte eine Schüssel voll Mehl, ich eine mit Wasser. Wir haben bis hundertvier gezählt und die Schüsseln ins Publikum entleert. Die Deutschlehrer waren fassungslos. Ich habe Ihnen doch alles erklärt, sagte Klaus Werner gelassen, das hier *ist* Dadaismus!

Krüger, der Gipfelstürmer, hielt Seminare über Anarchismus. Kropotkin wurde natürlich auf Russisch gelesen und zitiert, er spielte in der Band »Schlimme Limo«, führte ein Stück auf mit dem Titel »Die Heimsuchung der Anna B.« - eine »Kammeroper für zwei Piloten, einen Fahrgast und Haushaltwaren«, und er inszenierte in Berlin »Wolokolamsker Chaussee V« als DDR-Erstaufführung. Wir waren totale Heiner-Müller-Fans, aber wir mussten unseren Gott in Frage stellen, denn unser Credo war, alles in Frage zu stellen. Also haben wir behauptet, dass Heiner Müller das Spätwerk des sozialistischen Realismus schuf.

Sie collagierten frühe sozialistische Oden des Dichters Kuba mit Müller-Texten, das Stück hieß »Ariadne Müller auf Kuba«. Wir haben auch Hugo Distlers »Totentanz« in Kombination mit Texten des absurden Theaters inszeniert, mit einem riesigen Kirchenchor. In die Kirche strömten massenhaft Ausreisewillige. Wir hatten ein Bühnenbild, das einen Wartesaal darstellte und so die absurde Wartewelt suggerierte, in der man sich befand. Unser Regie-Idol war Frank Castorf.

Peppone hatte neun Jahre lang einen Ausreiseantrag laufen, neun Jahre lang hat er Garn über Wasserbälle gerollt, mit Latex verklebt und sie als Lampenschirme am Berliner Bahnhof Schönhauser Allee verkauft, davon hat er gelebt, er hatte Marxismus-Leninismus studiert. Im August 89 durfte er ausreisen. Jetzt arbeiten sie zusammen in der Bundeszentrale, Don Camillo und Peppone - Dadaisten fürs Leben. Grimm Glimm gnimm Bimmbimm.

Zeitansage 6
Bayer wollte ausschlafen
Wir hatten uns in der Galerie Parterre getroffen, bei der Ehrung für Hans Scheib, den Zeichner, Maler und Bildhauer. Scheib wirkt sympathisch, bemerkte ich in der Pause auf dem Hof der Galerie. Bayer schwieg. Und schwieg. Warum schweigen Sie? Na ja, mir wollte Scheib mal eins in die Fresse hauen, weil ich hübsche kleine Aquarelle malte, während er abgeschlagene Pferdeköpfe modellierte. Mir hat er auch eins in die Fresse angedroht, sagte Heiner Sylvester, der neben uns stand, wegen der Barfrau Karin im Mosaik. Maler prügeln sich öfter als andere Künstler, meinte Bayer versöhnlich; alles lange her.

Ein paar Tage später besuche ich ihn in seinem Atelier in der Oderberger Straße. Malen kann man lernen, sagt der Maler Achim Bayer, ist eine Erfahrung aus dem Sport, ich war mal DDR-Meister im Rudern, man kann viel erreichen, wenn man genug übt. Auch Malen kann jeder lernen, wenn er genug übt.

Sie sprechen ja wie der Kulturfunktionär Alfred Kurella, meinen Sie wirklich, dass jeder alles kann? Und die Seele, kann man die auch lernen?

Die Seele nicht, kann man auch nicht üben, die Seele, sagt Bayer. Er sei Maler geworden, weil er dachte, dass man als Künstler ein paar mehr Mädels kriegt; außerdem wollte ich ausschlafen. Da fällt ihm was ein, dreißig Jahre her. Um elf Uhr vormittags klingelt es. Der Student der Malerei springt aus dem Bett und öffnet, nackt. Vor der Tür steht sein Professor, Heinrich Tessmer, der die Malklasse leitet. Der Student stottert was von Geburtstagsfeier gestern Abend. Der Professor kann nicht fassen, dass sein Schüler um elf am Vormittag noch nicht vor der Staffelei steht, und geht weg, wutschnaubend. Denn der Professor ist genau wie sein Schüler der Meinung, dass nur unentwegtes Üben zu was führt. Und genau wie dieser meint er, dass Wissen eher der buchhalterische Ordner mancher Vorgänge sei, in der Malerei eher unwichtig.

Achim Bayer schläft in der Küche zum Hof raus, weil neben seinem Haus an die hundert Mal am Tag die Feuerwehr ausrückt, mit lautem Tatütata. Er hat Besuch, ein Schweizer, der Peer heißt, ein Faible für den Osten hat und Lotto spielt, es wird ein weiterer Freund erwartet, mit dem der Maler Schach spielen will.

In meiner Erinnerung riecht Malen nach Ölfarbe und Terpentin, in Bayers Atelier riecht es nicht nach Ölfarbe, das enttäuscht mich irgendwie. Auf der Staffelei steht ein großes Bild: »Karaoke im Mauerpark«. Nicht gerade typisch für den Schöpfer romantischer Landschaftsbilder. Seestücke vom anderen Ufer, Sonnenuntergänge jenseits des Banalen. Berge, Wasser und Himmel in erhabener Einsamkeit. Verhaltene Dramatik, existenzielle Sehnsucht. »Sich nicht immer alles erklären zu können, zu träumen, vorbehaltlos zu lieben, etwas nur zu empfinden – so entsteht Balance«, schrieb er anlässlich einer seiner Ausstellungen.

Bayer kocht Kaffee und erinnert sich an die Zeit, als man Maler werden wollte und wusste nicht, warum. Da fand er heute Hieronymus Bosch gut – nicht wegen der wunderbaren Malerei, sondern wegen der Verrätselung und dem geheimnisvollen Grau –, morgen die Kubisten. Er wollte unbedingt Ausstellungen im Westen sehen, Morandi in Düsseldorf. Man lebte in den Tag hinein, ein Fest reihte sich an das andere. Sie seien alle ziemlich unpolitisch gewesen, es sei um Vergnügen, um Sex, um Frauen gegangen. Und um Rausch. Um Rausch in einer Zeit, in der die Welt woanders gewesen ist und man lahmgelegt war in seiner Kreativität. Man hat alles weggerauscht, was im Kopf war, weggerauscht mit Stierblut und Nordhäuser Doppelkorn. Er hatte mal die Hoffnung, dass ein neues Deutschland entsteht, doch dann kam die Bevormundung: Die haben uns wie Kinder behandelt, die zu gehorchen hatten.

Entmündigung war ein Phänomen, das wohl alle mehr oder weniger betroffen hat.

Letztendlich saßen wir alle in der derselben Sammelstelle. Alle fühlten sich solidarisch, der Bäcker von unten, die Frau in der Kaufhalle, der Säufer bei »Trümmerkutte« in der Kastanienallee und die Journalistin von der Berliner Zeitung, alle waren derselben Meinung, nämlich der, dass es so nicht weitergehen kann. Als Künstler fühltest du dich hingezogen zum Einfachen, zum einfachen Menschen, als Künstler möchtest du auch einfach sein. Ich habe immer den Mut von denen bewundert, die was gegen die Verhältnisse machten, einen Mut, den ich selber nie hatte. Während der Armeezeit kam einer und fragte mich, ob ich bereit sei, »für unsere Sache« im Geheimen tätig zu sein, es müsse aber alles unter dem Siegel der Verschwiegenheit passieren. Kann ich nicht, sagte Bayer, wenn ich besoffen bin, erzähle ich alles. Da ist der Mann gegangen.

Als unvergesslich schildert der Kameramann Heiner Sylvester einen Sommerabend auf dem Dach von Achim Bayer. Es war zur Zeit der Fußballweltmeisterschaft 1986. Die meisten Anwesenden sind an Fußball gar nicht interessiert gewesen, nur Bayer und er konnten als Fußballfans gelten. Dennoch sahen alle begeistert das Endspiel Argentinien – Deutschland. Als Argentinien Sieger wurde, lagen sie sich in den Armen. Man wollte zwar nicht die DDR, aber auch nicht den Westen. Jedenfalls wurde anschließend ein rauschendes Fest für Argentinien gefeiert.

Bayer war auf dem Dach komplett eingerichtet, mit Tisch, Sessel, Badewanne und Fernseher. Er zeigt mir Fotos von den Dachfesten, es waren immer schöne Frauen dabei, man kann sie sehen auf den Bildern, elfenhafte Wesen in seltsam geschneiderten Hosen und Jacken. Der Maler hatte damals lange, lockige Haare, meine Engelphase, sagt er. Es war die Zeit, wo er selbstgemachte Schuhe trug, rote Socken und einen Anzug seines Großvaters, darunter ein T-Shirt vom Onkel im Westen, der hat bei Mercedes gearbeitet. Auf dem Shirt stand: »Ich liebe Mercedes«, das war schon extravagant.

Heiner Sylvester, der auf Bayers Dach Fußball geguckt hatte, beschrieb die Dachlandschaft als weite Steppe mit Antennen drüber, oben die Flugzeuge, Lufthansa und Swiss Air, »dieses Stück Welt, was über einen hinweggrauschte und irgendwo hinten, ein paar Kilometer weiter, versank (...) Wenn Sonnenuntergang war, sind sie immer genau in die Sonne hineingeflogen (...) Über die Dächer konnte man ganze Straßenzüge langlaufen, von Dach zu Dach.« Über den Dächern fühlte man sich frei. Mit einem Feldstecher konnte man sehen, wie die Leute drüben Currywurst aßen, ergänzt Bayer. Wenn die Stones spielten, konnte man ahnen, welche Titel sie spielten. Das hatte, nun wiederum durch den Polizeifeldstecher, ein Volkspolizist beobachtet. Er belehrte den Maler, dass der Aufenthalt auf Dächern gefährlich sei und das Betreten der Dächer verboten. Als Maler brauche ich den Ausblick, erwiderte der. Der Polizist entschied, dass der Künstler bei der Polizei Bescheid sagen solle, wenn er wieder mal aufs Dach wolle. Die Dachfeste gingen weiter, ohne Genehmigung natürlich. Und es war natürlich gefährlich, besonders, wenn zwanzig Leute oben feierten. Heutzutage sind die Dachböden fest verschlossen, das Dachleben ist vorbei, es sei denn, man leistet sich eine Dachterrasse.

Wo sind Sie eigentlich geboren?

Na, hier, sagt Achim Bayer und lacht, als gebe es gar keine andere Möglichkeit, als im Prenzlauer Berg geboren zu sein und dort immer gelebt zu haben. Er bewunderte früher die Leute, die in Dresden studiert hatten oder gar in Italien oder Frankreich: Für mich war schon eine Reise nach Leipzig ne Sensation, im Zugfenster habe ich mich selbst angeguckt und gedacht: Mensch, du bist jetzt ein Reisender!

Die Welt ist größer geworden, wie sehen Sie den Westen der Stadt?

Immer noch Westen, sagt er. Man trinkt am Savignyplatz mal einen Kaffee, guckt sich mal eine Ausstellung an; bequemer ist es hier. Jeder Großstädter lebt in seinem eigenen Dorf, das stellte schon Marcuse fest. Obwohl es hier langsam unangenehm wird, die vielen Kinderwagen, meistens Zwillingswagen, das kommt durch die künstliche Befruchtung. Wenn ich in Steglitz bin, denke ich, es könnte auch Köln sein oder Hamburg. Ein Freund, auch ein Maler, hat mal gesagt: Bis zum ersten Stock sehen alle Städte in der Welt gleich aus, die gleichen Läden, die gleichen Kneipen; erst darüber beginnt das Andersartige.

Bayer erzählt, dass er in Frankfurt am Main einen Galeristen hat. Das Kunstpublikum dort sei wohlhabend und habe null Kunstverständnis. Die sammeln irgendwas, manchmal eben auch Bilder, als Anlage, oder weil der Nachbar auch Bilder sammelt. Da könnte ich mich sofort betrinken, aber dann würde ich wieder in sämtliche Fettnäpfchen treten. Also quäle ich mich durch die Fragen der Ausstellungsbesucher, wie ich denn dies und das gemeint hätte. Bis ich endlich in die Kneipe kann, mit dem Galeristen in Ruhe ein Bier trinken und ein bisschen rumwitzeln. Schlimm ist es, wenn Ausstellungsbesucher oder ein Käufer mit in die Kneipe kommen wollen, »um den Künstler näher kennenzulernen«. Wenn einer ein Bild von mir kauft, muss er mir deshalb ja nicht sympathisch sein, manchmal denke ich insgeheim, der kann damit gar nichts anfangen, der kauft sich das aus ganz anderen Gründen. Aber du musst deine Bilder ja verkaufen, weil du Geld brauchst! Es geht heute nicht um Kunstverständnis oder Leidenschaft, es geht nur um Geld. Mein Lehrer Hans Vent hat einen ganz eigenen Stil, er ist Mitglied der Akademie der Künste und hängt in der Nationalgalerie, aber auf dem Kunstmarkt spielt er keine Rolle.

Peer, der Schweizer auf Besuch und passionierte Lottospieler, hantiert in der Küche wie einer, der sich auskennt, er ist vermutlich öfter hier.

Lotto ist Lotto, murmelt Bayer mit leiser Verachtung. Ich bin ja auch ein Spieler, gesteht er. Nach der Wende war ich mal in Las Vegas am Roulettetisch, danach habe ich ein Dreivierteljahr lang mein Geld im Spielcasino am Alexanderplatz verspielt. Nachts schweißgebadet zum Geldautomaten gerannt und weitergespielt ...

Gibt es eigentlich heute so einen Künstlertreff wie in den Achtzigern das 1900, wo wir uns kennengelernt haben?

Ich gehe kaum noch raus, sagt Bayer, ich komme am Montag von meiner Freundin aus Weißensee, kaufe ein und bleibe bis Donnerstag im Atelier.

Gar nicht an die frische Luft?

Mach ich das Fenster auf.

ATELIERFEST IN DRESDEN, FOTO: EVELYN RICHTER

Der Glanz der Gullys

Es begab sich in den sechziger Jahren, dass Raphael im Roten Kakadu in Dresden eine Verabredung getroffen hatte, zu der Madleen keine Lust hatte. Sie war achtzehn und wollte nicht mit alten Leuten ausgehen. Auf dem Weg zum Weißen Hirsch spielte sie ein Klumpfußleiden, erbärmlich humpelnd bis hinein in den Kakadu-Keller, das sollte die Behinderung ihres Willens darstellen. Raphael grinste still, da kam ihnen die Verabredung schon freudig grüßend entgegen. Madleen vergaß vor Schreck das Klumpfuß-Spiel, denn der Komponist Hans-Hendrik Wehding war ein Mann, den eine Krankheit auf die halbe Größe hatte schrumpfen lassen. Mir ist eine Bombe auf den Rücken gefallen, sagte er lachend, Witz hatte er im Überfluss, auch, wenn es um Katastrophen ging wie den Bombenangriff auf seine Heimatstadt Dresden: Mir ist eine Bombe auf den Rücken gefallen. Sein Kopf lag beim Tanzen auf dem vollen Busen seiner eifersüchtigen Freundin, er konnte nicht anders, so krumm war der Komponist und dabei ein guter Tänzer, auch beim Basin Street Blues. Weil seine Filmmusiken, besonders »Der Goldene Pavillon«, ihn prominent gemacht hatten, war sein Stammtisch im Roten Kakadu immer für ihn reserviert.

Dresdens Bohemetradition wurde hauptsächlich von bildenden Künstlern getragen, es lebten dort an die vierhundert Maler, der Stadtteil Loschwitz war über Generationen hinweg ihr Refugium. Die Stadt am Elbsandsteingebirge mit ihren wildromantischen Felsen ist wie gemacht für Maler, Caspar David Friedrich war eine Zeitlang in dem Ort Krippen ansässig, es gibt in der Gegend einen Caspar-David-Friedrich-Wanderweg. Der Venezianer Canaletto malte Dresden und den Marktplatz von

Pirna, der jedes Jahr zur Freude der Touristen als lebendes Bild nachgestellt wird. Einige der Dresdner Maler sind in Rathen oder Königstein aufgewachsen, die übermächtige Landschaft hat sie geprägt, das Zusammentreffen von Provinz und Weite, Enge und Größe, Gemütlichkeit und Kunst. Die Konfrontation von Spießbürgertum und Extravaganz ist typisch für Dresden. Die Dresdner konnten Eierschecken backen, freundlich sein und auf dem Altmarkt laut hinter jungen Leuten herschimpfen, die ihrer Meinung nach zu lange Haare trugen oder zu kurze Röcke; Dresden war immer großartig und kleinmütig zugleich.

Am 17. Juli 1990 schickte der berühmte Maler A.R. Penck dem berühmten Maler Strawalde eine Eloge, die er »Für Jürgen« über- und mit »Ralf« unterschrieb, denn so hieß er mal, Ralf Winkler, der Bohemien aus Dresden: »In einer Zeit der Finsternis und der Verwirrung warst Du ein Licht, und Licht ist nötig für Malerei; Licht der Sonne, Licht der Sterne, Licht des Mondes, Licht der Kerzen, Licht der Laternen, Licht der Lampen, Schein des Feuers im Herbst unserer Bemühungen. Es gibt kaum jemanden, der Malerei mehr geliebt hat und mehr liebt als Du, und es gibt kaum jemanden, der sich über die Beschränktheit von Malerei mehr im klaren war als Du; so kamst Du zum Film. Der Film aber brachte Dir Einsicht in Räume und Raumsituationen, was wiederum Deiner Malerei zugute kam. So staune ich auch heute noch, wenn ich ein Bild von Dir sehe – Sprache der Farbe, Farbe der Sprache – jetzt kommt es zum Vorschein – nun bist Du ein Klassiker (...) Nun bist Du erst recht ein Vorbild. Nun bist Du ein Kriterium (...) So, jetzt haue ich mir drei Eier in die Pfanne! Mein Gott, war es schwer, das Gespenst einer falschen Ideologie von der Wirklichkeit unserer Verantwortung zu trennen, mögen kommende Generationen in was weiß ich für Raumschiffen daraus ihre Lehren ziehen! Das Leben geht weiter, und Du bist eingeschrieben im großen Buch der Malerei, im großen Buch der Geschichte, und ich gratuliere Dir dazu. Ralf.«

Jürgen Böttcher, der sich als Maler Strawalde nennt - ihn kannte Madleen als Dokumentarfilmer. »Ofenbauer«, »Rangierer« »Wäscherinnen«, »Martha«, »Der Sekretär« - Filme von klarer Form, echtem Pathos und außergewöhnlicher Moral. Böttcher schuf Helden der Arbeit, wie sie die DDR nicht verdient hatte. Er kam in den Siebzigern ein paar Mal zu Besuch, manchmal direkt aus dem Freibad Pankow. Er trug in Madleens Erinnerung - nicht sein kann, was nicht sein darf, da muss die Erinnerung wohl trügen! - ein Silberkettchen über dem weit geöffneten Hemd, das freibadgebräunte Haut zeigte, ein Flirt sowohl mit dem Proletarischen als auch mit dem Bohemischen, das fand sich gern zusammen in sozialistischen Zeiten. In den Gesprächen ging es um Film und Malerei, besonders um jene, die während Böttchers Dokumentarfilm-Existenz in den Hintergrund geraten war und erst in den Achtzigern wieder in den Mittelpunkt seines Lebens trat. An jenem Tag, so könnte es gewesen sein, redeten sie über Böttchers Film »Wäscherinnen«. Mit Hingabe rauchte der Meister Zigarillos und hauchte fabelhafte Ringe in die Luft und in die Stille der Pausen, die er mit Gefühl für Rhythmus als Zäsuren setzte. Meister des Ringerauchens, Meister des Dokumentarfilms, Meister der Malerei, seine Bilder hängen inzwischen im Bundestag, im Albertinum und in der Nationalgalerie.

Madleen verließ meist das Zimmer, wenn Jürgen Böttcher zu Besuch war, sie hatte das Gefühl, dass da »Männergespräche« geführt wurden und sie das Quantum an Bewunderung, das der Meister besonders von Frauen erwartete, trotz höchster Wertschätzung nicht aufzubringen in der Lage war. Man konnte ihn noch so leidenschaftlich loben, es reichte nicht an ihn heran.

Da war was Bitteres, besonders im Strawalde-Teil seines Lebens. Böttcher war der Inspirator der jungen Dresdner Malergruppe um Winkler, Graf und Herrmann gewesen. Die Jungs, denen er per Volkshochschulkurs das Malen beigebracht hatte, waren berühmter geworden als er, besonders Winkler alias A. R. Penck im Westen. Dann auch noch eine späte Demütigung: »Der Künstler Strawalde benutzt in seinen Bildkompositionen überwiegend Elemente, die nach Auffassung des Zulassungsausschusses dem Künstler A. R. Penck zugeordnet werden müssen.« So begründeten die Gutachter der Art Cologne ihre Ablehnung der Bewerbungen einer Hamburger und einer Leipziger Galerie mit Strawalde-Einzelausstellungen. »Ich bin Dreck und will Dreck bleiben«, stand auf zwei Schriftblättern, die der rebellische Penck 1975 in Dresden gestaltet hatte. Mit dem Westen kam der Glanz über Penck. Über Jürgen Böttcher kann man hier und da lesen, dass er »der größte Künstler der DDR« gewesen sei.

In Dresden fanden die spektakulärsten Künstlerfeste statt, dort hatte man Übung und Tradition. Im Künstlerhaus Loschwitz mit seinen siebzehn Ateliers und dreizehn Wohnungen hatten Generationen von Malern und Bildhauern gelebt, auch Hermann Glöckner, der Altmeister der Moderne. Der Körnergarten am Blauen Wunder war ein legendärer Bohemetreff, der Dresdner Osten von Loschwitz bis Pillnitz, so ist es überliefert, ein einziges Boheme-Idyll. Die Künstlerfeste sind Demonstrationen einer Gegenkultur zu den Volksfesten und zur offiziellen Festkultur des 1. Mai und des 7. Oktober gewesen, wo eine Fähnchen schwenkende Menge ratlos am Politbüro vorbeidefilierte, dessen Mitglieder mit erstarrtem Lächeln ihr Volk begrüßten, das nur eins im Sinn hatte: das Bier danach.

Die Subkultur suchte sich ihre Orte – Luftschutzkeller, Reichsbahn-Lokschuppen, Fußballclub-Baracken, Höhlen des Elbsandsteingebirges – extravagante Plätze für exzessive Feste ohne polizeiliche Genehmigung. Ein treffenderes Bild für Subkultur als Jazzklänge aus dem Gully kann es kaum geben. In den Katakomben unter der Grundstraße, durch die der Loschwitz-Bach vom Dresdner Stadtteil Weißer Hirsch runter zur Elbe fließt, tranken und tanzten – war tanzen überhaupt möglich da unten? – über hundert Künstler. Ein Klavier und weiß gedeckte Tafeln standen über dem achtzig Zentimeter schmalen Bächlein. Die beiden Streifenpolizisten draußen auf der Straße waren stutzig geworden – Dixielandklänge aus der Kanalisation! Der Sound soll einzigartig gewesen sein, »die ganze Grundstraße eine einzige Trompete«. Die Polizisten gingen den Klängen nach, wurden von den Feiernden fröhlich begrüßt, es war Anfang der siebziger Jahre – die Polizei entschloss sich, mitzufeiern.

Die Künstler zeigten, dass es ein anderes Leben gab als das zugewiesene. Ateliergelage, Tangosalons, das Café Dada in einem gutbürgerlichen Erfurter Wohnzimmer, wo mal zum »Russischen Emigrantentreff in Paris«, ein anderes Mal zum »Speak Easy Lokal in Amerika zu Zeiten der Prohibition« geladen wurde. Zum Fest der Collage im privaten Salon der Lindners in Erfurt musste jeder Gast eine von ihm gefertigte Collage mitbringen, um zu verhindern, dass nur getrunken und resigniert, aber nicht produziert wurde.« Hierbleiben als tätige Aufgabe« lautete das Motto der Architektin Stephanie und des Schmuckgestalters Rolf Lindner. Feste sind die Leuchtfeuer dieses anderen Lebens gewesen, Inszenierungen der Selbstbehauptung, fröhliche Feiern des Ich. »Spaß haben, nichts mit der Menge machen, lebenslang ein Flegel sein. Über die Zeit kommen, ohne zu verblöden und ohne nach dem Westen abzuhauen«, wie es der Puppenspieler Gottfried Reinhardt ausdrückte. Sein Puppentheater sollte »die Bombe des Lebens entschärfen«, er führte Stücke auf, in denen es hieß: Die mächtig uns erscheinen / Sind schwächer als die Kleinen / Sie wagen keinen Schritt allein / Aus Furcht, es könnt ihr letzter sein.

Legendär wurden die Dampferfeste auf der Elbe, bei der Weißen Flotte als Betriebsausflüge angemeldet. Kristian Wegscheider, der Orgelbauer mit Eventtalent, inszenierte die große Welt, indem er die Wunder der kleinen Welt auf der Elbe in Szene setzte. An den Fahrten nahmen zwischen zweihundert und fünfhundert Leute teil, auch welche aus dem Westen. Von der Freitreppe des Schlosses Pillnitz grüßten August der Starke und Gräfin Cosel, sie nahmen die »Es lebe der König«-Rufe vom Traumschiff huldvoll entgegen. Als das Schiff an Heidenau vorbeifuhr, da, wo der Dreck sich dunkel in die Elbe ergoss, sang die Mezzosopranistin Anette Jahns aus Händels »Neun Deutsche Arien« punktgenau die Zeile »An den hellen Flüssen«. Kollektive Republikflucht ins Reich der Phantasie.

Die letzte Dampferfahrt 1988, deklariert als »Überregionales Treffen der Musikinstrumenterestauratoren«, gesponsert von der Ständigen Vertretung der Bundesrepublik Deutschland, war der Höhepunkt der Happenings: »Lila - der letzte Versuch«, fünfhundert Teilnehmer, alle in Lila. Das Geschenk aus dem Westen: Berge von Bananen, Kiwis, Orangen, Erdbeeren, Pfirsichen, Feigen, Honigmelonen und Oliven - die Inszenierung eines Schlaraffenlands mit exotischen Früchten in den Hauptrollen war ein rauschender Triumph über die heimische Handelsorganisation HO, Abteilung Obst und Gemüse. Der Fellini-Film »Das Schiff der Träume« ist die Anregung für all den Zauber gewesen, der Überfluss hatte was Märchenhaftes. »Dieser Imbiss bestand ausschließlich aus NSW-Produkten«, schwärmte ein Informant - ob er auch zugegriffen hat, IM-Zugriff auf die Banane? Na klar, in seinem Bericht teilte er begeistert mit: »Unsere Leute konnten es nicht fassen. Wann bekommen die denn mal Kiwis und Mangos? Die durften ja alle mitessen!«

Beim Landgang über die Elbwiesen krochen die Passagiere des Schiffs in einen zweihundert Meter langen Lindwurm aus lila gefärbten Bettlaken. Drei Tage lang war genäht und gefärbt worden, um heiter mitzuteilen: Da ist der Wurm drin, und zwar ein großer, es knirscht, und zwar gewaltig, im Gebälk der DDR. Zwei Welten nebeneinander - die weite auf dem Traumschiff nach Amerika und die enge Welt an den Ufern der Elbe. Dazwischen die Sehnsucht und Momente ihrer Erfüllung. So was kriegt ihr im Westen nicht zustande, sagte der stolze Organisator zu den staunenden Westdeutschen. Die Anziehungskraft der Feste kam nicht nur aus der Abschottung gegenüber dem Offiziellen, sagte der Maler Peter Herrmann, sie war in erster Linie eine Lebensäußerung: Hier sind wir.

Nicht nur Feste, auch rebellische Kunstaktionen wurden organisiert. Das Leonhardi-Museum präsentierte einen Drei-Generationen-Wettstreit. Im ersten Teil die zwanzig- bis dreißigjährigen Künstler mit dem brisanten Thema »Türen« - Metapher für Offenheit oder Geschlossensein. »Innen und Außen, Depression und Attacke«. Cornelia Schleime, Ralf Kerbach und Volker Henze waren dabei, Kerbach sollte daraufhin die Kunsthochschule verlassen, zumal ein vierter Künstler die Aktion auf die Spitze getrieben hatte - er übergoss Türen mit Benzin und verbrannte sie am Elbufer, die Provokation war komplett. Jedenfalls blieb es bei diesem ersten Teil des Generationen-Projekts, denn im zweiten sollte A. R. Penck vertreten sein, das reichte, um das Ganze zu verbieten. 1980 wurde Penck ausgebürgert und berühmt.

»Frühstück im Freien« hieß die Gemeinschaftsausstellung von 1982, eine Hommage an Édouard Manet, provokantes Parallelprojekt zur offiziellen IX. Kunstausstellung, ein Affront gegen die Allmacht des sozialistischen Realismus. Hans Scheib hatte einen Pferdekopf aus der Abdeckerei geholt und ihn zur Begrüßung auf eine Stange vor dem Leonhardi-Museum gepflanzt. Das wurde von den Verbandsfunktionären noch als jugendlicher Übermut ignoriert. Als aber Peter Graf ein geköpftes Brathähnchen und dazu ein Glas abgestandenes Bier mit toter Fliege malte und das Bild »Alles zum Wohle des Volkes« nannte, war Schluss mit Avantgarde: Abhängen!

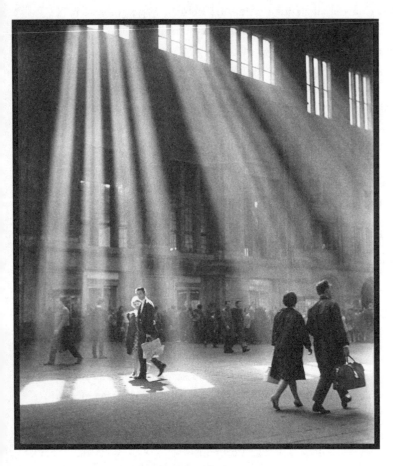
HAUPTBAHNHOF LEIPZIG, FOTO: RENATE UND ROGER RÖSSING

Unerhörte Vorfälle

Leipzig hat Passagen wie Paris. Leipzig hat Auerbachs Keller, wo Goethe einkehrte. Leipzig hat vor allem die Leipziger Messe. Die Messestadt befand sich zweimal pro Jahr im Ausnahmezustand. Westbücher wurden von den Ständen entwendet und hastig unter Jacken geschoben, darunter dicke Bände über moderne Kunst. Leipzig war wie Dresden eine Künstlerstadt, aber weltgewandter, wohnten doch die Gäste der Frühjahrs- und Herbstmesse nicht nur in den großen Hotels, sondern auch in den Wohnungen der normalen Leipziger Bürger, das hinterließ Spuren. In Leipzig gab es mondäne Nachtbars und mit Rücksicht auf die Gewohnheiten der Westgäste auch Prostituierte. Die Bezirksstadt verwandelte sich während der Messen in ein Sündenbabel für Valuta. Die »Firma« schickte »gebildete, geistig bewegliche, attraktive, kulturvolle Mata Haris zwischen zwanzig und vierzig« auf die Messe. Die Beziehungen zwischen den westlichen Geschäftsleuten und den Prostituierten seien, so berichten Zeitzeugen, freundschaftlich, ja, sogar herzlich gewesen. Sehen Sie, so der Barkeeper eines Devisenhotels, die DDR war ja keine Leistungsgesellschaft, da hatten die Huren noch keine Uhren und küssten ihre Freier.

Leipzig war vor allem die Stadt der Kunst – Thomanerchor, Gewandhaus, das alljährliche Internationale Dokumentarfilmfestival und zahlreiche Kunsthochschulen. Hier entstand die »Leipziger Schule«, eine Epoche der Malerei, die sich erfolgreich dem sozialistischen Realismus und der Tradition verschrieben hatte. Dort wuchsen aber auch Künstler heran, die eine neue, multimediale, interdisziplinäre Kunst machten, deren Anreger nicht Klinger und Beckmann waren, sondern John

Heartfield, die Surrealisten und Filmemacher wie Godard und Kieślowski.

1984 geschah Unerhörtes. Sechs arrivierte Künstler – Dammbeck, Grimmling, Huniat, Firit, Wegewitz und Heinze – hatten es satt, bei Verband und Partei zu fragen, ob sie dürfen. Ob sie was ausstellen dürfen. Sie machten es einfach. Mieteten im Messehaus am Markt auf eigene Kosten tausend Quadratmeter Fläche, wobei sie wie leitende Funktionäre des Künstlerverbandes auftraten. Der Erste Leipziger Herbstsalon nahm seinen Lauf, eine unzensierte, staatlicher Kontrolle entzogene Gruppenausstellung, die den Bruch mit der »Leipziger Schule« demonstrierte und das Austellungsmonopol des Staates in Frage stellte. In aller Öffentlichkeit fuhren die Künstler mitten auf dem Markt mit ihren Werken vor. Der Zeitpunkt – Weihnachtsmarkt, Modelleisenbahn-Ausstellung und Internationales Dokumentarfilmfestival – garantierte höchste Aufmerksamkeit, Künstlerkollegen aus dem ganzen Land wurden eingeladen. Da kündigte die Messeleitung den Künstlern den Vertrag, denn das Unerhörte war zu den entsprechenden Stellen durchgedrungen, wo man von konterrevolutionären Umtrieben sprach, denn die Maler hatten ja nicht gefragt, ob sie dürfen. Sie bestellten einen Anwalt, und Bernhard Heisig, der Verbandspräsident, vermittelte zwischen Partei und Künstlern. Der Herbstsalon blieb im Messehaus, allerdings als »Werkstatt ohne West- und Pressekontakte«, das war der Kompromiss. Drei Wochen lang strömten die Besucher.

Ein einmaliger Vorgang. Für die beteiligten Künstler kam die Aktion zu spät, der Triumph des Eigensinns war das letzte gemeinsame Erlebnis der Gruppe. Die einen gingen in den Westen, die anderen verließen Leipzig auf andere Weise. Der Maler Hans-Hendrik Grimmling: Wenn die Gruppe um den Herbstsalon Bestand gehabt hätte – was wären wir für eine Riesenlegende geworden!

Madleen fuhr jedes Jahr zum Dokumentarfilmfestival nach

Leipzig. Der erste Ort nach ihrer Ankunft war immer die Corso-Konditorei, unten Tanten und Torten, oben Brandy und Boheme. Maler, Grafiker, Schriftsteller. Altes Hotelsilber, grüngold bespannte Wände, alles wie in den Bohemecafés vergangener Zeiten. Hertha, Gisela und Traudte, die Serviererinnen des Corso, ließen ihre Gäste stundenlang bei einer Tasse Kaffee in Ruhe, Stammgäste durften anschreiben oder ihre Uhr als Pfand dalassen. Im Corso sprach man aus, was man dachte, berichten Zeitzeugen, »im Corso hob sich die Brust«. Die Corso-Konditorei glich einer alten Pralinenschachtel, in der nicht Konfekt, sondern Sprengstoff lagerte. In Stasiberichten war die Notiz »Verkehr im Corso« ein Hinweis auf »staatsfeindliches Verhalten«.

Auf der Dokumentarfilmwoche wurden Revolutionen vergöttert und Befreiungsbewegungen, Chile, Nicaragua, El Salvador, Kolumbien – es ging nicht nur um Filme, es ging um die Berührung der Welt. Die »Hoch die internationale Solidarität«-Rufe im Kino Capitol verdeckten das Schweigen über die Konflikte draußen vor der Tür, das Blut der anderen schien wichtiger als der eigene Dreck. Erhobene Fäuste als stimmungsvoller Ersatz für die fehlende Diskussion über die Widersprüche im eigenen Land. In den letzten Jahren hoben sich keine Fäuste mehr, sie ballten sich, heimlich oder offen. Die Auseinandersetzung über einen Film konnte einen grundlegenden Streit über weltanschauliche Standpunkte auslösen, die geistige Erstarrung löste sich für einen Abend oder zwei, manchmal für die ganze Woche des Festivals. In den Hotelhallen vom alten Astoria und später im neuen Hotel Stadt Leipzig standen auf jedem Tisch zehn Weinflaschen, auf einem Sessel fanden bis zu sieben Personen Platz, jedes Sofa eine illegale Zelle. Waren die Filme öde, waren es auch die Nächte, ohne Auseinandersetzung keine Stimmung.

An einem eher langweiligen Abend verbreitete Madleen zusammen mit dem äußerst seriösen Filmwissenschaftler Wolfgang Gersch eine Nachricht: Um ein Uhr nachts findet im Kino Casino eine geheime Vorführung des Films Sacramento I, II und III statt. Der Schweizer Regisseur Gustav Erich Richard Schnur - der Phantasiename war gemacht aus den Buchstaben des Namens Gersch - sei überraschend angereist, ein Sonderling, er wolle sich nicht zu erkennen geben. Kennen Sie Sacramento?, fragte Gersch die in den Foyers flanierenden Regisseure und Kritikerkollegen. Madleen musste stumm bleiben, so sehr saß ihr das Lachen im Hals. Kennen Sie Sacramento? Keiner kannte den Film, nur ein Funktionär vom Defa-Außenhandel behauptete, er habe alle drei Teile gesehen - von einem Film, den es nicht gab!

Die Spannung stieg, Filmleute bauten Scheinwerfer auf, Moderatoren waren gekommen, um den geheimnisvollen Schweizer Regisseur vielleicht doch noch zu interviewen, vor dem Kino Casino drängten sich ab Mitternacht die Enthusiasten. Irgendwann beendeten Madleen und Dr. Gersch das heiße Spiel, Schnur sei plötzlich schwer erkrankt, er habe Durchfall und sei auf dem Weg zurück in die Schweiz, seine Filme habe er mitgenommen. Die Filmschaffenden fläzten, bis der Morgen graute, in den nachgiebigen Sesseln der Hotelhallen. Es wurde spekuliert, warum Sacramento nicht ins offizielle Programm gelangt sei; die Stimmung stieg. Kubanische Regisseure, so hörte man am nächsten Tag, hatten in ihren Hotelzimmern die Telefone aus den Halterungen gezogen und sie als Mikrofone genutzt, in die sie die ganze Nacht La Bamba sangen, Bamba, Bamba, Bamba, Bamba. Yo no soy marinero ... soy capitán, soy capitán. Bamba, bamba. Gibt es kein anderes Lied in Lateinamerika? Venceremos!

Im ganzen Land wirkten Leitfiguren der Boheme. In Erfurt kämpfte die Lyrikerin und Aktionskünstlerin Gabriele Stötzer beharrlich für die Kunst als außerstaatliche Lebensqualität und für die Position der Frauen in der männerdominierten Boheme. In Halle betrieben die Maler Wasja und Moritz Götze widerständige Unterhaltung, und der anarchistische Dichter Matthias Baader, der 1990 in der Berliner Friedrichstraße von einer Straßenbahn überfahren wurde, hatte zeit seines Lebens für Aufsehen gesorgt. Sein größter Wunsch aber war, seinen Eltern »ein eigenes Buch auf den Tisch zu knallen«. In Karl-Marx-Stadt, wo fünf Jahre lang die geheimnisvolle Künstlergruppe »Clara Mosch« gewirkt hatte, lebte auch Klaus Hähner-Springmühl, der Maler mit den Kinderaugen, der die Frauen und den New Yorker Warhol-Galeristen Leo Castelli begeistert haben soll. Hähner-Springmühl starb früh, arm und vereinsamt, Freunde sprechen davon, sein Werk dem Vergessen entreißen zu wollen.

In der renommierten Karl-Marx-Städter Galerie Oben hatte Madleen Fine Kwiatkowski erlebt, eine exzentrische Tänzerin von androgynem Äußeren. Ihr Auftritt war ein Ereignis, ihre ekstatischen Bewegungen Metaphern, ihr Körper ein suggestiver Aufruf zur Veränderung. Die Tänzerin löste Unruhe aus, sie war eine Symbiose aus Komik und Größe. Ich bin in die Leute rein, berichtete sie zwanzig Jahre später, ich habe ihre Taschen genommen, die Taschen aufgemacht, das Buch rausgenommen, aus dem Buch vorgelesen, das Buch wieder reingepackt, ich bin auf die Leute raufgeklettert. Ich habe immer das Gefühl gehabt, bei denen darf ich das. Madleen berichtete nach der Rückkehr aus Karl-Marx-Stadt, dass Fine Kwiatkowski ihren Kollegen K. dazu bringen wollte, Fine auf der Bühne zu lieben, er sich aber geziert habe. Die Kollegen staunten. Und glaubten.

In Leipzig war der gewitzte Judy Lybke fünf Jahre lang Aktmodell für den Studenten Neo Rauch gewesen, es zog ihn nach Berlin: In Berlin lebten unserer Meinung nach die echten Revolutionäre. Wir wollten wie die im Café sitzen, sinnieren, etwas in Hefte schreiben und uns wie in Paris fühlen. Uns hat aber in Berlin keiner beachtet, wir haben sächsisch gesprochen, waren Provinz, würden nie dazugehören … Lybke gründete in Leipzig die Galerie Eigen+Art, der Maler Neo Rauch wurde ein Star. Lybke auch. Ganz ohne den Prenzlauer Berg.

JUGENDSTILMALEREI IM PRENZLAUER BERG, FOTO: SIBYLLE BERGEMANN

Der Prenzlauer Berg war eine Haut

Boheme ist eine Eigenschaft, die tief im Wesen des Menschen wurzelt, die weder erworben oder anerzogen wird noch durch die Veränderung der äußeren Lebenskonstellation verloren gehen kann.

Erich Mühsam

Eine weiße Gardine weht über müdes Mauerwerk, ein Mann im Unterhemd lehnt sich aus dem Fenster und sieht dem Leben in Grau zu, diesem schönen, hässlichen Grau, das ohne Scham ist, ohne Furcht vor der Nähe des Todes. In das Grau vom Prenzlauer Berg sind die Farben des Sozialismus nie vorgedrungen, hier roch es zu sehr nach Vergänglichkeit, nichts deutete auf ewig, denn Grau weiß zu viel vom Verfall. Der Verfall gehörte dem Osten allein, erst Aufbruch und Verfall, dann Stillstand und Verfall: gesperrte Balkons, amputierte Engel, geköpfte Figuren, verrutschte Rollos über geschlossenen Läden, hier war immer Nachkrieg. Die Seelenverwandtschaft zwischen dem Verfall und der Boheme des Ostens war offensichtlich. Der Verfall bot der Boheme Asyl, war ihr Verbündeter beim Einrichten von Freiräumen in den verwahrlosten Altstädten von Dresden, Leipzig, Halle, Karl-Marx-Stadt und Berlin, wo kommende Genies in verkommenen Häusern Unterschlupf fanden. Die Hausflure im Prenzlauer Berg rochen nach Rattengift und Urin, nach Keller und Bratkartoffeln, manchmal nach Bohnerwachs und Westkaffee.

Madleen verbrachte ihr ganzes Leben im Prenzlauer Berg. Als sei er ihre Haut. In den Altbauten mit den Einschusslöchern aus dem Krieg war man nicht allein mit dem erstarrenden Sozialismus, die Geschichte war immer anwesend. Die schnurgeraden Häuserreihen, aufrecht und diszipliniert noch im Hinfälligen, gaben denen, die danach suchten, Halt. Die Geschichte honorierte, dass sie hier nicht verraten worden war, sie blieb nahe, leistete Beistand.

Da waren die verblichenen Schriften: »Kartoffel- und Hering-Niederlage«, »Bollen, Gurken, Obst und Gemüse«, »Spitzen, Seiden, Leinen«, »Liköre, Brandys, Süße Weine«; ach, der Kleinhandel! In den verlassenen Läden hatten Bohemiens ihre Wohnungen, Kunst statt Gemüse! Da war im dreißig Jahre lang nicht renovierten Hausflur die über eine ganze Wand reichende, schwer beschädigte Malerei einer Jugendstilschönheit. Kein Bohemien wäre freiwillig in eine Neubauwohnung gezogen, allein die verwundete Jugendstilfrau im verwahrlosten Treppenhaus war ihm mehr wert als Fahrstuhl und Fernheizung im Plattenbau.

Die Spuren der Vergangenheit sind die Schutzengel der Boheme gewesen, der Verfall füllte ihre nach Bedeutung süchtige Gefühlswelt mit Poesie auf. Das Schöne am Verfall war die Teilnahme der Vergangenheit an der Gegenwart. Wer kein romantisches Verhältnis zum Verfall hatte, zog nach Marzahn oder Hellersdorf, Arbeiter und Angestellte, die sich nach funktionierenden Steigleitungen und zuverlässig warmem Badewasser sehnten, redliche Leute, die auf Dauer keine undichten Dächer ertrugen, wo das Staatsoberhaupt zu aller Misere auch noch gelernter Dachdecker war.

Der Mann im Cape, den der Fotograf Bernd Heyden 1974 in der Greifenhagener Straße fotografiert hat, trägt die Haare lang nach Künstlerart. Dass er vermutlich keine Arme hat, sieht man unter dem Künstlercape nicht. Invalide oder Bohemien – unentschieden. Madleens Prenzlauer Berg war der aus der Heyden-Zeit. Als die Schornsteinfeger noch geküsst, die nackten Schweinehälften auf der Schulter in die Fleischerei getragen wurden. Als die Kohlenträger für das Foto freundlich lachten, obwohl sie schwer schleppten, und alte Frauen mit Kindergesichtern an Kiosken in Bockwürste bissen. Als vor dem Tanzcafé Nord eine geduldige Schlange auf Einlass wartete und man bei Konnopke in der Schönhauser Allee morgens um sechs, wenn die letzte Nachtbar schloss, »indisch essen« ging, also Currywurst.

Bernd Heyden. Dünner Körper, dünne Haare, dünne Haut. Er war ein Kind vom Prenzlauer Berg und wurde ein Mann vom Prenzlauer Berg, zum Bürger hat er es nicht geschafft, aber zum Bohemien. Seine Fotos signierte er mit B. H. und zeichnete zwei kleine Brüste dazu. Er trug gern diese olivgrüne Jacke mit den vielen Taschen, war im Bötzowviertel aufgewachsen, ging bei Schneidermeister Hircher in der Hufelandstraße in die Lehre, arbeitete als Bügler in einer Textilfabrik in der Greifswalder, hatte ein Fotolabor in der Stargarder und starb mit dreiundvierzig an Alkoholsucht in einer Erdgeschosswohnung in der Christburger.

Straßennamen familiär wie Kosenamen. Terrain eines Talents, das sich so nur unter den gegebenen Umständen entfalten konnte, Proletkultzeiten. Als Kraftfahrer an der Kunsthochschule Weißensee lernte er Künstler kennen, auch Fotografen. Berührungsängste gab es nicht, im Gegenteil, die Künstler waren darauf aus, der arbeitenden Klasse nahe zu kommen, sie erkannten Heydens Begabung. Der wartete im Auto auf seinen Chef, hatte viel Leerlauf und lernte dabei, genau zu gucken auf das Leben der anderen, das seins war.

Er fotografierte, was neben ihm war, das, worauf sein Blick fiel, wenn er aus dem Autofenster guckte. Was der dünne Mann mit den hellblauen Augen gesehen hat, ist seltsam, grotesk und rührend menschlich. Verlorenheit, die sich in der Umarmung tröstet. Die Sehnsucht des Menschen nach dem Menschen. Keiner hat den Prenzlauer Berg fotografiert wie Heyden, sagte sein Lehrer Arno Fischer: Der hat die Dreckecken mit Poesie gefüllt, da ist seine Seele drin.

Bernd Heyden ist all das gewesen, was man im Prenzlauer Berg sein konnte. Kind kleiner Leute, Aufsteiger, Künstler, Alkoholiker, Toter. Müllkastenfotografen nannten staatliche Stellen solche Fotografen, Maler dieser Art wurden folgerichtig als Müllkastenmaler bezeichnet.

Der Prenzlauer Berg war eine so pragmatische wie poetische Mischung aus Künstlern, Kriminellen, Intellektuellen, Proletariern und Rentnern. Professoren der Humboldt-Universität und sogenannte Assis lebten als Nachbarn. So nahe kamen sich Arbeiter und Künstler, Künstler und kleine Leute wohl nie. In dieser Mischung zeigte sich der romantische Rest der sozialen Utopie einer Gesellschaft von Gleichen. Die führende Rolle der Arbeiterklasse, an die schon lange keiner mehr glaubte – hier war sie runtergebrochen auf ein realistisches Maß. Hier wurde gesagt, was gedacht wurde, hier wurde die Phrase überführt und lächerlich gemacht, wurde leeres Pathos mit trockenem Witz erledigt. Galgenhumor war der leuchtende Gipfel des Grauens in der Kluft zwischen Ideal und Wirklichkeit.

Die Ostboheme sah den Prenzlauer Berg als Insel der Aufrichtigkeit, was er natürlich nicht gewesen ist. Hier herrschte so viel Ehrlichkeit wie gerade noch ging. Man war ja keen Kamikaze, nee. Aber die Künstler, die sind schon komisch. Stellen ihren Kinderwagen einfach in den Hausflur, was wegen Brandgefahr untersagt ist. Da schütten wir gleich mal ne Schippe Kohlenasche rin, dann werden die den Wagen schon wegnehmen. Und die im Hochparterre haben nicht mal ein anständiges Namensschild, die haben zwei auf Pappe gemalte Vögel im Nest als Schild, wo jibts denn so wat, hab ick gleich abjerissen. Auch Madleens Prenzlauer Berg war nicht geschützt vor Spießern, die gehörten zur Mischung.

Ein paar Funktionäre, noch immer beseelt von der Schnapsidee »Sozialismus gleich Neubau«, hatten in vorletzter Minute den Plan, Teile des Prenzlauer Bergs abzureißen und an ihre Stelle fortschrittliche Plattenbauten zu setzen. Als erstes sollte die Rykestraße drankommen, das Neue sollte über das Alte siegen, zu einer sauberen Gesellschaft gehören saubere Klosetts, alles kann runtergespült werden, ohne dass was verstopft.

So weit kam es nicht, der Prenzlauer Berg hielt stand. Er trug seine Haut nicht zu Markte, diese Haut, die Abwehr bot, Schutz und Trutz. Im Prenzlauer Berg hatte der Staat nicht viel auszurichten, diese Festung war nicht einzunehmen.

Hier riecht es nach Krieg, sagte das Kind, als Madleen und Raphael in die neue Wohnung zogen. Dabei hatte es in allen Häusern, die das Kind kannte, nach Krieg gerochen. Der Prenzlauer Berg war keine Boheme-Idylle wie Worpswede oder Schwabing oder Loschwitz, der Prenzlauer Berg war pures Leben, rau und echt; die Boheme war seine Braut auf Zeit.

KOHLENTRÄGER, FOTO: BERND HEYDEN

Stimmen aus alten Straßen, 1987

*Lutz Paetzold und Werner Jeske, Möbelträger,
alte Brauerei Knaackstraße*
Cordula. Cordula, watt denn? Cordula ohne Nachtkästen, rum, rum, rum! Noch rummer? Mann, is dit n Brummer. Esstisch Nulleinundvierzig plus viermal Stuhl. Wat für Stuhl? Kunstleder braun. Jetzt kommt die Christel. Irre. Ein Bulle. Bully Buhlan. Is dit een Bulle. Haha. Macht der Kaffee. Und die Spritzkuchen. Haste jesehen? Mit eine Hand dit Ding! Weil du n Bulle bist. Ein Stier! Carambazamba. Junge, mir kocht dit Blut! Caramba. Die Verona jetze. Is die komplett? Eckteile is nich. Uff die Füße. Aber nich uff meine. Is dit n schweret Ding hier. Hau rin den Wopper. Haste jesehn, wat ick für n Bulle bin? Geht dit, Werner? Werner! Geht dit? Geht glei los, mein Sohn.

Walentina Hall, Rentnerin, Husemannstraße
Hab ich bei meinem Mann im Geschäft angerufen, ich hätte hier ne Wohnung! Sagte er gleich: Um Gottes willen! Er wollte hier nicht wohnen, der wollte nach Reinickendorf oder Tegel. Immer »der olle Prenzlauer Berg« - dagegen verwahre ich mich. Eingezogen sind wir hier 1939. Wenn man in so ein Haus reingeht, der Baustil und so - ist doch schön. Unser Hausbesitzer war der Wallmann. Seine Mutter hat hier für Ordnung gesorgt, das Messing an der Tür unten, das blitzte nur so. Der war nun wirklich extrem anti, weil er, wir könnens ja offen sagen, er war homosexuell. Der hat keinen gegrüßt, der zu ihm Heil Hitler sagte. Der Wallmann sah gut aus, schick angezogen, schicke Wohnung, ganz toll. Er hatte einen Kreis Leute um sich, fast alles Künstler, die gingen hier ein und aus,

der Ludwig Berger vom Film, Ernst Lubitsch, der Regisseur, der Schlagerdichter Hugo Balz, da hab ich viele kennengelernt, sie sind fast alle emigriert. Bruno Balz schrieb Lieder wie »Kann denn Liebe Sünde sein« und »Der Wind hat mir ein Lied erzählt«. Mein Vater, der war Uhrmacher und Schmuckhändler. Er hat erzählt, wie er mal zu einem Händler in die Wohnung ging, wollte ihm Geld vorbeibringen. Der hat bloß die Hosentasche aufgehalten: Leg rein, Hellmann! An Feiertagen fassten sie kein Geld an. Hier wohnten viele Juden. Wir haben gerade Hopse gespielt, da kam eine Frau und fragte, ob ich ihr ne Kohle anlegen kann, da hab ich einen Groschen für gekriegt. Freitags haben sie nichts angefasst.

Harald Metzkes, Maler, Kollwitzplatz
Das ist ja doch eine herrliche Architektur, wenn man hier runter guckt. Ich steh ja nicht am Straßenrand und seh an der Fassade lang, sondern ich stehe in der Mitte der Straße und gucke wie Ludwig XIV. in Versailles. Alle Linien führen auf mich zu. Ich habe hier einige architektonische Dominanten, den Wasserturm und die Kirche. Und dann diese klassischen Blöcke der Häuser, das ist schon großartig. In der Meisterschülerzeit haben mir Seitz und Cremer das Atelier hier besorgt, das hat auf mich einen unerhört besänftigenden Eindruck gemacht, meine Bilder veränderten sich total. Man kann doch akzeptieren, dass Berlin grau ist, es wird ja viel nobler durch den Dreck. Früher hatte man den Eindruck eines hellen, lichten Grau, die großen breiten Straßen ganz leer, der Ausblick war eine Sache von Kuben aus Schatten und Halbschatten. Jetzt ist das strudelig geworden, man steht am Rande einer ewigen Durchreise.

Paul, Taxifahrer, Oderberger Straße
Kommt ne Frau, die hat vielleicht vor fünf Minuten eene geknallt gekriegt: Fahren Sie mich irgendwohin! Mama, sage ick, du musst doch wissen, wo du hinwillst. Und denn kam dit

Gespräch. Sie hat eben janz schöne Probleme mit ihrn Mann jehabt, und es war so jewesen, dass es denn zur kräftigen Auseinandersetzung kam, und da ist sie abjehauen. Altdeutsches Ballhaus, wollt sie bloß mal gucken gehen. Kommen Sie doch mit! Also, die hat so jebettelt, dit war tödlich. Sie hat da n Drink jenommen, ick n Kaffee, ick hab denn jedrängelt, hab sie vor ihre Tür jefahrn, und die is in ihre Wohnung jegangen und hat vielleicht jeschmust mit dem. Die hat erst mal ihr Herz ausjeschüttet bei mir. Dit is ne ganz normale, saubre Einstellung, wenn ick die n Tipp jebe und sage: Kleene, überleg dir dit noch mal, vielleicht is der doch nich so verkehrt.

Elisabeth Schnitzer, Schaufensterpuppen-Coloristin, Kollwitzstraße
Als ich von der Arbeit nach Hause kam, ging ich in den kleinen Zigarettenladen im Eckhaus, das war etwa 1940. Wie das anfing mit den Lebensmittelmarken, ging es auch los mit Zigarettenmarken. Also, ich kam rein, da wurde gerade eine Frau bedient. Nee, sagte der Händler, Ihre Marken sind noch nicht dran. Ach Gott, sagte die Frau, sind wir ja schon wieder am Ende. Ich kann Ihnen was geben, habe ich ihr angeboten. Ich hatte mit Zigaretten keine Not. Als sie raus war, fragte der Zigarettenhändler: Wissen Sie, wem sie eben Ihre Marken gegeben haben? Nee, sag ich, wem denn? Der Frau Kollwitz. Sie hat nicht die teuerste Marke gekauft, keine Nil und keine Attika, die billigste war die Halbe Fünf, aber die kaufte sie auch nicht. Sie sah bescheiden aus wie alle in der Gegend, aber sie hatte ein Gesicht, das aus dem Rahmen fiel.

Herr Witte, Kohlenhändler, Kollwitzstraße
Dit Leben rauscht an einem vorbei, man kommt nich dazu. Da jehste von die Türe zu die Türe und denn nach die Türe, und die letzte Türe ist die Besenkammer.

Die Fenster zum Hof, Wichertstraße
Die Mila Plow, die arbeitet nich mehr, die hat jetzt n Luden, damit ihr Bescheid wisst, ruft die alte Frau aus dem Seitenflügel links, dritter Stock. Anwort von der Konsumverkäuferin gegenüber: Deine Mila kennt keener mehr, muss in den Zwanzigern gewesen sein, Luden sind außer Mode. Der Fettarsch ausm Jemüsekonsum soll erst mal richtig arbeiten lern, ruft die alte Frau. Sauf nich so ville, wenn de nüscht vaträchst, kontert einer aus dem zweiten Stock. Jemand teilt mit, dass er »sein ganzes Leben noch nie auf die Hygiene« gemusst hätte, und jetzt – eine Schande sei das; eine Frau weint. Das Licht geht aus. Schon wieder die Steigleitungen, und ick muss morgen früh n jebügeltet Hemde anhaben, wenn ick zur Beisetzung jehe. Dit sind wieder die von oben mit ihrn Badeboiler. Stimmt ja nich, wir stellen in den Spitzenzeiten immer ab. Die Alte aus dem Dritten kreischt: Elendsbuchte, keene Zuversicht!

Flucht in die Operette

Dasselbe Land zu lange gesehn / Dieselbe Sprache zu lange gehört. / Zu lange gewartet, zu lange gehofft / Zu lange die alten Männer verehrt. / Ich bin rumgerannt / Zu viel rumgerannt / Zuviel rumgerannt / Und ist doch nichts passiert.

Aus: »Langeweile« der Rockgruppe Pankow, achtziger Jahre

Madleen hatte einen Aufbruch erlebt. In den Sechzigern. Der Glaube war weg, doch sie war getauft. In guten wie in schlechten Zeiten. Bis dass der Tod euch scheidet. Für ewig an der Nabelschnur des Sozialismus, der sich als Fehlgeburt entpuppte. Zur Verwirklichung der Idee hatte sie in dem Land ihrer Jugend einem Pakt mit alten Männern zugestimmt. Eine Abmachung, in der, so stellte sich heraus, die Wirklichkeit vergessen wurde. Schön ist es nur in der Idee – Hegel. Doch Madleen kam nicht los von der existenziellen Bindung an diesen Aufbruch, der längst zur Niederlage geworden war, auch Enttäuschung ist Bindung. Irgendwann beschloss sie, den verleugneten Widerspruch zwischen Ideal und Wirklichkeit nicht nur tragisch, sondern auch komisch zu sehen: Die Menschen im Westen haben keine Ideale mehr, die Menschen im Osten haben ein Ideal – den Westen.

Es herrschte Ruhe im Land. Keine Bewegung, move and you are dead! Anfang der Achtziger bewegte sich was: »Solo Sunny«, der Film. Eine junge Sängerin aus dem Prenzlauer Berg besteht auf ihrer Einzigartigkeit. Eine von uns, eine vom Rand, eine aus dem Künstlermilieu. Madleen hatte ein paar Jahre zuvor ein Interview mit der realen Sunny gemacht, die sie aus der Möwe kannte, das Mädchen mit dem tatarischen Gesicht, Sanije Torka: Ich bin zwar ein Herdenvieh, aber in der Herde mache ich immer Unfrieden. Ich bin in der Herde allein, aber ich kann ohne die Herde nicht leben. Ich hatte immer diesen Drang, extra zu sein. Hab mich immer bemüht, auch extra zu sein, bis ich dann manchmal wirklich extra war, sagt Sanije. Das Porträt der Außenseiterin war dann doch nicht gedruckt worden. In der sozialistischen Wirklichkeit hatten Individuen wie Sanije nichts zu suchen, wo kämen wir denn hin, wenn alle extra sein und in der Herde Unfrieden stiften wollten. Der Film über Sunny vom Hinterhof wurde realisiert, ein dauerhafter Erfolg.

Der Versteinerung des Landes aber war auf Dauer nicht beizukommen, nicht dem Stillstand, nicht der Aussichtslosigkeit. Das Individuum drohte in der Bewegungslosigkeit zu erstarren, Dasein im Halbschlaf. Heiner Müller fand eine Erklärung für die östliche Erfahrung der Stagnation. Zwei Geschwindigkeiten in Ost und West. Müller meinte, dass im Osten eine Verlangsamung von Geschichte stattfand, im Westen dagegen eine Beschleunigung, in der sich das Bewusstsein für Geschichte verlor und allein die pure Gegenwart wahrgenommen wurde. Die östliche Erfahrung der Verlangsamung von Geschichte mache es schwierig, ihre Bewegung überhaupt wahrzunehmen. Man glaubt, dass alles viel schneller geht, und dann merkt man, es dauert länger, als man lebt. Diese Enttäuschung führe zum Widerspruch zwischen der Zeit des Subjekts und der Zeit der Geschichte.

Stagnation und Erstarrung – alles nur Einbildung, während die Geschichte sich doch bewegt, man merkt es nur nicht? Heute habe ich angefangen/Dich zu töten, mein Herz/Jetzt liebe ich/Deinen Leichnam, kritzelte Müller auf eine Serviette im Wiener Café.

Man richtet sich ein in der Wartewelt. Mit Melancholie und Alkohol, mit Spiel und Spott. Hedonistische Resignation. Genuss als Opposition. Ein schmales Ecklokal gegenüber einer Kohlehandlung wird zum Wartezimmer mit Weinbergschnecken und Operettencouplets. Pariser Leben in den Offenbachstuben im Prenzlauer Berg. Jetzt geht's los, ach famos, jetzt geht's los, rettungslos, rettungslos, jetzt geht's los, immer bunter, drauf und drunter. Her mit dem Wein, Stierblut solls sein. »Hoffmanns Erzählungen«, die Schweinefilets »Olympia, Antonia und Giulietta« für Madleen, das Kalbssteak »Prinz von Arkadien« für Raphael. Ein langgestrecktes Lokal, dekoriert mit Requisiten der Komischen Oper. Die Sicht durch die schmale Flucht der in goldenes Licht getauchten Speisesalons nannte Herr König, Chef, Besitzer und Opernliebhaber, den Felsenstein-Blick. Jede Vorstellung muss eine Premiere sein, hatte Walter Felsenstein seinen Sängern abverlangt, daran hielten sich auch die Betreiber der Offenbachstuben. Abend für Abend inszenierten sie, als wäre es das erste Mal, den Zauber der heilen Welt der Operette, die Illusion vom Pariser Leben. Ja, es gibt ein einzig Paradies, es heißt Paris – ja es heißt Paris! Das Paradies, es heißt Paris!

Gleich neben dem Eingang stand der antike Ballettmusik-Automat. Steckte man eine Zwanzigpfennigmünze in den Schlitz, tanzten drei Puppen nach der Musik von irgendwann, und weil ein Spiegel in dem Kasten war, sah es aus, als hüpfe ein ganzes Ballett. Eine Freundin kam an Madleens Tisch vorbei, begleitet von einem proletarisch wirkenden Mann in Jeans und Lederjacke. Ihr denkt, dit is mein Klempner, raunte sie im Vorübergehen. Es war Lothar Bisky, damals Direktor der Filmhochschule Babelsberg.

Das Publikum an den weiß gedeckten kleinen Tischen – ein schillernder Weltenmix. Leonard Bernstein, Countertenor Jochen Kowalski, Chansonnier Jürgen Walter. Die Ständige Vertretung mit Bahr und Bräutigam, die britische Militärmission im Schottenrock, die Exzellenzen der italienischen, französischen, amerikanischen Botschaft. Bibi Johns, Roy Black, Allendes Leibarzt Dr. Bartulín und ein Siegfried vom Zentralrat der FDJ. Alfred Hrdlicka, Günter Grass und die Kessler-Zwillinge, später noch Mitterrand. Dazu Evelyn Künnecke, die homosexuellen Freunde der Kellner, die Bohemegeliebten der Serviererinnen und die Nachbarn aus der Stubbenkammerstraße. Die Utopie von der sozialistischen Menschengemeinschaft im Zwielicht der Verhältnisse. Jetzt geht's los, hemmungslos, rettungslos / Jetzt geht's los, sehr gefährlich, aber herrlich ... Wenn die DDR heute noch existieren würde, wäre, das ist so gut wie sicher, Barack Obama in den Offenbachstuben aufgetaucht, der seeäugige Oberkellner hätte ihm kokett aus dem Mantel geholfen und dem amerikanischen Präsidenten »Orpheus in der Unterwelt« empfohlen, ein Schweinesteak.

Klaus Gütschow aus Bützow in Mecklenburg. Unangefochtener Maître de plaisir, blond, smart, im dunkelroten Smoking mit Kummerbund. Die Offenbachstuben waren seine allabendliche Bühne, die Operette sein Fach. Er amüsierte, flambierte, filettierte, poussierte, exaltierte. Gütschow ließ bei all seinen Dienstleistungen eine kecke Übertriebenheit walten, eine parodistische Extravaganz. Einmal forderte Madleen ihn zu später Stunde und nach einigen Wodkas auf, mit ihr zu tanzen, auch diesem Wunsch entsprach er. Nach ein paar Runden richtete er seine blitzblauen Augen bedauernd auf sie: »Frau Bahl, jetzt muss ich aber abkassieren«. Irgendwann ein Mord. Gütschows Lebensgefährte Bernd, auch er Kellner bei Offenbach, wurde in der gemeinsamen Wohnung in der Immanuelkirchstraße mit siebenunddreißig Messerstichen getötet, während sein Freund bei der Armee war. Das Dunkle fand seinen Weg auch in die heile Welt der Offenbachstuben.

Es ging darum, die DDR zu vergessen und doch bei ihr zu bleiben. Es ging darum, so gut wie möglich zu leben, heute, nicht morgen. Lieber mit achtzig Freunden bei Offenbach ausschweifend Geburtstag feiern, anstatt eine Schrankwand anschaffen, immerhin waren sie noch da, die achtzig Freunde. Es ging darum, in der Erstarrung die Bewegung nicht zu verlernen. Zu überleben. Zu tanzen auf den Trümmern der Ideale. Es ging darum, wach zu bleiben. »Grönland« zu entkommen, dem kalten.

Die Boheme war eine Braut auf Zeit

Die folgenden Selbstauskünfte sind dem Band »Durchgangszimmer Prenzlauer Berg« von Barbara Felsmann und Annett Gröschner entnommen. Die Zitate stammen von Mario Achsnick, Frank Böttcher, Tina Bara, Peter Brasch, Lothar Feix, Klaus Gendreizig, Sergej Gladkich, Gerhard Hillich, Burkhard Kleinert, Wolfgang Krause, Günther Lindner, Wilfriede Maaß, Heiner Sylvester, Peter Wawerzinek.

»Es gab studierte Hausmeister, Punkkonzerte auf Dachböden oder in Hausfluren, christliche Hauskonzerte, Parteisekretäre im Widerstand, spitzelnde oppositionelle Dichter, Familien mit sechs Kindern, wilde Gelage in den Ateliers von meist melancholischen Malern, ja, es gab sogar noch Pferdefuhrwerke. Es gab eine proppevolle Kneipe, das große Bier kostete neunzig Pfennige, dort wurde man von der Kellnerin rausgeworfen, falls das Glas nicht leer war, wenn sie das nächste brachte. Es gab zu wenig Kneipen. Ging abends bei den Festen das Bier aus, holte man sich mit einem Wassereimer aus der nächsten Kneipe neues. Der Wein war mäßig und teuer, oft trank man Schnaps.«

»Am Anfang war ausschlaggebend, dass es hier billig war (…), dass man es sich hier durchaus leisten konnte, keine Vorhänge zu haben. Es ging ja um so einfache Sachen wie die Wände weiß streichen zu können, keine Teppiche zu haben, auf der Matratze auf der Erde zu schlafen, um so was alles.«

»Was es kaum gab, waren Telefone. Um trotzdem zueinander zu finden, schickte man sich Telegramme für 2,25 Mark das Stück oder hinterließ Nachrichten auf den Zetteln, die jeder

Bewohner eigens zu diesem Zweck an seiner Tür angebracht hatte.«

»Ich fuhr Motorrad – eine alte BMW – und trug eine abgeschabte Lederjacke (…) Außerdem war ich ein schwerer ›Russenfreund‹, hatte also auch eine russische Uniform an, das fiel auf.«

»Man ist zusammen aufgestanden, hat gefrühstückt und so in den Tag hinein gelebt. Es wurde viel geredet, getrunken, und es gab immer wieder Feste zu feiern. Ich dachte, Gesellschaftsformationen hin und her, ich bin Anfang zwanzig, ich will leben und was von der Welt sehen. Ich fürchtete mich vor einem fremdbestimmten Leben, wo du früh um sechs aufstehst, um sieben an deinem Schreibtisch sitzt und um fünf wieder nach Hause gehst.«

»Abends sind wir viel zu Feten gegangen. Man fragte jemanden, wo eine Feier ist, und dann ist man immer bis tief in die Nacht dort gewesen. Es haben sich die verrücktesten Gesellschaften ergeben. Wir waren auch oft im Wiener Café oder im Fengler in der Lychener Straße (…) da haben wir uns richtig zurechtgemacht, Brokatkleider aus dem An- und Verkauf, mit dicken, schwarzen Gürteln, oder schwarze Lederjacken. Ich hatte eine Kollektion von Pelzmänteln, sechs oder sieben Stück, wovon jeder zwischen zehn und zwanzig Mark gekostet hatte. Die habe ich alle dalassen müssen, als ich weggegangen bin.«

»Dieses ganze Verfallene vom Prenzlauer Berg ist mir ziemlich in die Seele gekrochen (…) Die Kehrseite des mitunter auch romantisch-verklärten Prenzlauer-Berg-Lebens der achtziger Jahre erzeugte, nicht nur bei mir, starke Depressionen. Dieses ewige Reiben im kleinen Kreis hat die Sicht auch eingeengt und vernebelt.«

»Es war eine kleine Anderthalbzimmerwohnung im vierten Stock, eine richtige Absteige. Es gab kein Bad, der größte Luxus war ein Innenklo. Ein- oder zweimal feierte ich dort Geburtstag, da war die Hütte voll. Das Spiel hieß, wie viel Leute kann ich in ein zwanzig Quadratmeter großes Zimmer packen? Später feierte ich lieber in einer Kneipe oder gleich bei Konnopke unter der U-Bahn Schönhauser Allee.«

»Ich halte nichts von der Heroisierung im Nachhinein. Und auch unter Boheme stelle ich mir was anderes vor. Das war kein lustiges Leben, denn jeder einzelne war auf irgendeine Art und Weise integriert in diesen Laden DDR. Es gab keine richtige Boheme. Alle haben versucht, irgendwie unterzukommen, es ging nicht darum, völlig ungebunden zu sein.«

»Es gab auch Leute, mit denen ich im ständigen Austausch war, einfach auch durch die örtliche Nähe, zum Beispiel mit Uwe Kolbe eine Zeitlang, und dann kamen Anthologien wie ›Berührung ist nur eine Randerscheinung‹ oder ›Abschnapp Universum‹, wo wir uns alle wiedergefunden hatten.«

»Wenn man hier lebte, kriegte man gar nicht mit, wie trist es außerhalb war. Hier war der Westen im Osten.«

»Nach und nach entwickelte diese Gegend eine riesengroße Anziehungskraft, und viele aus der Provinz zogen her. Es gab unheimlich viele leer stehende Wohnungen, die sie einfach besetzten. Wenn man keine Lust hat, ordentlich arbeiten zu gehen, muss man nach außen hin seine Existenz in einer anderen Form legitimieren. Da ist das Dasein als Schriftsteller immer noch am angenehmsten. Ich selbst würde mich als langzeitarbeitslosen Gelegenheitsautor bezeichnen.«

»Aus irgendwelchen Gründen versuchen alle Leute, Kunst zu machen, wenn sie nichts anderes zu tun haben, was eine sehr lästige Angelegenheit ist, weil man mit sogenannter Kunst permanent bombardiert wird und man den Eindruck gewinnt, dass Kunst nur eine Ausrede für schlechtes Benehmen ist.«

»Es gab nur wenig Leute, die sich in beiden Welten bewegten, und das war natürlich eine seltsame Existenz: In der normalen Welt wurde man für ein subkulturelles Arschloch gehalten, und in der subkulturellen Welt wurde man als zwielichtiges Individuum eingeschätzt.«

»Es gab Musiker, Dichter, Schriftsteller, Schauspieler, Maler, Grafiker. Sie waren im engeren Kreis durchaus bekannt, manchmal auch darüber hinaus. Sie hatten nicht immer die Möglichkeiten, auszustellen, aufzutreten oder zu publizieren. Um sie herum entstand jedoch eine Art Fangemeinschaft oder fast schon eine Fangemeinde. Diese Gemeinde hat dann eben die Szene fabriziert.«

»Und es gab das Wiener Café, was ja damals was Nobles war (…) Da traf sich die sogenannte Szene. Das sind ja immer Leute gewesen, die darüber berichtet haben, dass sie den und den oder die und die kennen, die gerade das und das machen, und da habe ich doch mal mit dem und dem gesprochen (…) aber niemals hätten Elke Erb oder Edi Endler gesagt, wir sind die Szene.«

»In die Cafés, wo man die sogenannte Szene angetroffen hat, nämlich immer die Menschen, die jemanden kannten, der jemanden kannte, der jemand kannte, und die behaupteten, authentische Überbringer von Botschaften zu sein, bin ich immer weniger gegangen. Das war mir zu fad, und ich hasste dieses schon in meiner Moskauer Zeit und hasse es nach wie vor. Es waren immer Informationen aus zweiter beziehungsweise dritter Hand. Die erste Hand war für mich auch Papenfuß, das war Anderson, das war sogar jemand, dessen Namen zu nennen man sich heute fast schon schämen müsste, also Lutz Rathenow, es war Döring (…) ich brauchte die zweite Hand nicht.«

»Also vor zehn wachte man nicht auf und nahm auch keinen Telefonhörer ab. Das wussten die Freunde, niemand rief vor zehn an, und wer anrief, war selber schuld (…) Das heißt, von einem präzisen Tagesablauf konnte nicht die Rede sein.«

»Wie aber dieses Image vom Prenzlauer Berg entstanden ist, verstehe ich nicht. Die Künstlerkreise zum Beispiel sind ja nicht nur hier zusammengekommen, vieles lief auch über den Künstlerverband. Es gab zweihundert registrierte Maler allein in Berlin, und man kannte sich. Jeden Mittwoch gab es im Verband in der Karl-Liebknecht-Straße einen Jour fix, dort traf man sich und trank viel Rotwein. Der neue Fußbodenbelag hatte lauter Flecke, deshalb verkauften sie zeitweise nur noch Weißwein. Zum Schluss stolperten alle besoffen die Treppe runter, hatten aber einen schönen Abend gehabt.«

»Hinzu kam, dass in den Szenekneipen auch sehr viele normale Bürger saßen, es war ja kein exklusiver Verein, der sich da traf. Man hatte einen Tisch, da saßen die, die man Szene nennen könnte, und an den anderen Tischen saßen die anderen. Man war mehr oder weniger geduldet. Eine Vermischung der Tische hat selten stattgefunden.«

»Ich wollte nicht anfangen zu denken, wie kann ich mit diesem oder jenem Auftrag Geld an Land ziehen. Für mich war Kunst etwas ziemlich Heiliges.«

»Einmal besuchte uns der Schauspieler Hermann Beyer (…). Wir hatten gerade eine Arbeitsbesprechung, plötzlich ging die Tür auf, und er kam ganz bescheiden herein: Guten Tag, ich möchte euch nicht stören, ich möchte euch nur einen Brief übergeben. Wir waren baff. Wir verehrten ihn alle, er ist ja ein toller Mann und ein grandioser Schauspieler. Jedenfalls stand in dem Brief eine einzige Liebeserklärung an uns. Er ermunterte uns, weiterzumachen, und schrieb, dass er selbst oft an sich zweifelt. Wir waren völlig von den Socken!

Die Zinnoberzeit hat uns alle sehr stark geprägt. Wir wussten schon, dass wir etwas ziemlich Ausgefallenes und Exotisches machen. Das gab uns das Bewusstsein des Abgehobenen, Besonderen (…) Wir wollten unabhängig vom Offiziellen, vom vorgeschriebenen Kultur- und Kunstverständnis unser Experiment betreiben und auch unsere Irrtümer begehen. Wir haben uns das geleistet und dabei die positiven wie die negativen Seiten eingesteckt.«

»Zu den Lesungen wurde immer auch die ältere Generation eingeladen, Heiner Müller saß oft bei uns, Rainer Kirsch, von den Wolfs beide oder einer (…). Die Anwesenheit von Älteren,

Prominenteren war auch wichtig, um sich abzusichern, damit nicht der ganze Laden von der Stasi geräumt wurde. Aber es hatte auch wirklich damit zu tun, dass sich zum Beispiel Gerhard Wolf um die junge Generation sehr bemühte und versuchte, sie in die Öffentlichkeit zu bringen. Die Dichter brachten meist Freunde und Kumpel mit, die ebenfalls schrieben oder malten, bildende Künstler wie Sabine Grzimek, Anatol Erdmann und Hans Scheib beispielsweise (…) Adolf Endler war oft zu Gast und hatte manchmal ein Netz voll Bierflaschen bei sich.«

»Uns war eigentlich klar, dass die Stasi genau Bescheid wusste. Oft waren die Bullen da, wenn wir hier Feten machten. Einmal haben wir die Bullen sogar geholt. Da gab es eine Prügelei mit dem Dieter Schulze. Der war, wenn er getrunken hatte, sehr aggressiv, und an diesem Abend war er seinen Druck einfach nicht losgeworden und wollte Ekke zusammenschlagen. Wir hatten ihn gemeinsam niedergerungen (…) Die Bullen nahmen ihn mit, und morgens um sieben kam er von denen zu uns zum Frühstück.«

»Für die meisten Schreiberlinge hier im Prenzlauer Berg gab es schon 1987, als man anfing, die Luft rauszulassen, keine Passprobleme mehr.«

»Es wurde unendlich und viel gesoffen. Völlig sinnlos (…) Ein Totschlagen von Zeit, ein bloßes Ausagieren von Kräften und Emotionen. Es war eine geballte Sehnsucht nach Leben, nach Erleben. Wir haben nie wieder so viel Zeit gehabt wie damals, weil wir nicht wussten, wo wir die Dinge, die wir im Kopf hatten, anbringen sollten. Wir haben viel Zeit in Kneipen versessen. Alkohol und Sex waren prägende Elemente dieses Alltags. Und dazwischen dauernd die Projektionen, die Sehnsüchte und Träume, was man machen müsste, was verhindert wird, und wie man es vielleicht doch machen könnte (…) diese dauernde Verhinderung, die uns einte und die auch ein bisschen den Mythos vom großen Zusammenhalt hat entstehen lassen.«

»Ich weiß noch, wie Uwe Kolbe, der ganz gut Mundharmonika spielte, früh um drei beim Laufen seinen Blues spielte und wie der in diesen Häuserzügen widerhallte. Das klang schon wunderbar und gab einem das Gefühl, an einem besonderen Ort zu sein, in einer Welt, die nur noch entfernt etwas mit DDR zu tun hatte.«

»Bestimmt waren auch nervige Langweiler dabei, aber man konnte die Zeit so wundervoll verplempern. War ja außer Zeit kaum noch was anderes da zum Verplempern. Dieses dauernde Miteinander-im-Gespräch-Sein war, glaube ich, eine der Errungenschaften vom Prenzlauer Berg gewesen.«

»Ich habe niemals groß nachgedacht, ob jemand von der Stasi ist (…) Ich bin auch selbst verdächtigt worden. Das gehörte zu den Spielregeln am Prenzlauer Berg einfach dazu, dass man verdächtigt wurde, für die Stasi zu arbeiten (…) diese gewisse Paranoia, die sie alle hatten, gehörte eben dazu.«

»Das war ein richtiges Sterben im Prenzlauer Berg. Du gingst durch die Straßen und hast dich gewundert, wie viele Leute du hier gekannt hattest, die jetzt alle nicht mehr da waren, einen Kilometer Luftlinie weiter wohnten, und das war für uns absolut weit weg.«

»Das Schlimmste war, dass diejenigen, die weg wollten, schon weg waren, wenn sie noch hier waren.«

HOFFEST, FOTO: HARALD HAUSWALD

Der Weg aus der Ordnung

Wie still die Straßen, wie leer. Wie grau der Asphalt, wie grau die Fassaden. Madleen war das Grau vom Prenzlauer Berg immer tröstlich erschienen. Es forderte keine Teilnahme. Man konnte sich in die Geborgenheit Gleichgesinnter kuscheln, in eine Wohnung mit blauen Vorhängen und altem Ledersofa, über dem ein Poster von Che Guevara und eins von Tom Waits hingen. Wo eigene Gedichte vorgetragen wurden und todestrunkene Texte von Heiner Müller. Wo man Wand an Wand lebte mit alten Leuten, die schimpften, wenn die Feten zu laut wurden, und sich freuten, wenn ihnen so ein junger Dichter die Kohlen, die auf die Straße gekippt worden waren, in die Wohnung hochtrug.

»Der Weg aus der Ordnung« heißt der Film über drei Dichter im Prenzlauer Berg, den der Kameramann Heiner Sylvester 1983 heimlich drehte. Ein Abschiedsfilm kurz vor seiner Ausreise, ein Heimatfilm mit vertrauten Tönen. In den frühen Morgenstunden nahm Sylvester die Geräusche in Straßen, Kellern und Höfen, auf Dächern und in Wohnungen auf. Abschied, das Grundthema jener Zeit, der unendliche Abschied. Die Kopie des Films, die Madleen dreißig Jahre später sah, war verschrammt und fehlerhaft, sie hatte sich dem Filmthema anverwandelt: Subversion.

Drei junge Dichter standen vor Kachelöfen und lasen Texte. Jürgen Hultenreich, Bernd Wagner, Uwe Kolbe. Der Wille, Mut zu beweisen, bestimmte ihre Haltung vor der Kamera. Die drei Dichter sprachen über das Schreiben ohne Resonanz, es fielen Sätze wie »Der Weg aus der Ordnung führt zu sich selber«, »Mit geschlossenen Augen ein Gläubiger bleiben«, »Das lachen wir kaputt«. Bernd Wagner, Jürgen Hultenreich und Uwe Kolbe verließen wenige Jahre später die DDR.

Adolf Endler gibt in seinem Buch »Tarzan am Prenzlauer Berg« eine Kuriosität wieder, die ihm der Kameramann berichtet hatte: »Plötzlich tritt aus der halben Dunkelheit ein strammer jüngerer Mann auf den einmal in diese, einmal in jene Richtung horchenden Sylvester zu, hebt brav die Hand an die Schläfe und äußert beflissen: Melde: Keine besonderen Vorkommnisse im Mittelabschnitt der Dunckerstraße! Sylvester, nach seinen eigenen Angaben schlagfertig wie noch nie, nickt und antwortet prompt: Danke, Genosse! Weitermachen!«

Neu am alten Prenzlauer Berg war die Husemannstraße, genauer gesagt, die halbe Husemannstraße. Eine Schnapsidee des Berliner Parteichefs Konrad Naumann. Der kam da mal vorbei, sah die Straße und erinnerte sich an seine Tante, die er als Kind dort besucht hatte. Alles soll wieder werden wie um 1900, befahl der Fürst in suffseliger Sentimentalität. Und es wurde wieder wie um 1900. Kleine Läden, goldene Wiegeschalen, eine Registrierkasse mit Kurbel und Schublade, Verkäuferinnen in gestärkten weißen Schürzen. Und der Clou: Sie waren – höchst untypisch für die volkseigene Handelsorganisation HO – freundlich. Jedenfalls die erste Zeit. Das Geld reichte wie gesagt nur für die halbe Husemannstraße, die andere Hälfte verharrte im Nachkrieg. Die Künstler und Intellektuellen des Viertels spotteten über das neue Disneyland und sprachen von Verrat an den Spuren, weil die Einschusslöcher des Krieges zugeputzt worden waren. Es war die zweite Hälfte der achtziger Jahre, über dem Prenzlauer Berg lag schon das Leichentuch.

Die Generation der heute Dreißigjährigen in der DDR hat den Sozialismus nicht als Hoffnung auf das Andere erfahren, sondern als deformierte Realität. Nicht das Drama des Zweiten Weltkriegs, sondern die Farce der Stellvertreterkriege (...) Nicht die große Literatur des Sozialismus, sondern die Grimasse der Kulturpolitik.

Heiner Müller

Sie standen Rücken an Rücken im »1900«, dem schicken neuen Treffpunkt der Boheme, der älteren und der jüngeren. Letztere mochte sich nicht als Boheme verstehen, weil es ihr bitterernst war mit dem Künstlertum, sie sahen sich als Avantgarde. Düstere Jungs, Melancholie und Misstrauen in trotzigen Gesichtern. Verdacht. Wer fest angestellt war, könnte staatsnah sein. Wer staatsnah war, könnte ein Spitzel sein. Der Verdacht schuf Abstand auf engstem Raum. Schuf Distinktion: Wir sind anders! Schuf Abgewandtheit. Feindschaft fast. Die Berührung war unvermeidbar, das 1900 überfüllt, die Wirtsleute mussten den Eingang mit einer Kette absperren.

Alte Boheme, junge Boheme – sie standen Rücken an Rücken, ohne sich zu berühren. Kalte Blicke. Irritierte Blicke. »Berührung ist nur eine Randerscheinung«. Die Poesie des Untergrunds war die Poesie der verlorenen Kinder. Sie waren in der Erstarrung aufgewachsen, hatten niemals einen Aufbruch erlebt. Ihre Werke wurden kaum gedruckt, weil das System ihnen übelnahm, dass sie sich nicht für das System interessierten. Sie ließen den Staat ihre Verachtung spüren, dafür schloss er sie aus und observierte sie, seine Angst vor der Unkontrollierbarkeit der jungen Künstler war ein Zeichen für seine Schwäche. Anweisung an die FDJ-Ordnungsgruppen: »Wir haben drei Hauptfeinde: die Kirche, die Künstler, die Assis.«

Madleen hatte permanent ein schlechtes Gewissen, weil sie selbst zu wenig getan hatte für die Änderung der Verhältnisse in dem Land, das ihr mal ein gutes schien. Sie schleppte den gestoppten Aufbruch ein Leben lang mit sich herum und ewig die irre Hoffnung auf Veränderung. Sie hielt die düsteren Jungs am schwarzen Spiegeltresen des 1900 für die besseren Menschen, wenn nicht für Märtyrer. Sie überschätzte deren revolutionäres Potenzial. Später erkannte sie, dass die »edlen Wilden« sich auch nur um sich selber gekümmert hatten. Eine verständliche Reaktion in Anbetracht der Tatsache, dass sie durch Bevormundung und Entmündigung auf sich selber zurückgeworfen waren und sich wie kranke Kaninchen um die eigene Achse drehten. Die Gesellschaft wollte sie nicht, und sie wollten die Gesellschaft nicht. Jünglinge stehn in Universitäten und Söhne auf, die ihre Väter hassen ... Greise stehn in der Parteiversammlung und Väter auf, die ihre Söhne hassen. Es ereignete sich, dass Elke Erb, Eberhard Häfner und Bert Papenfuß vierzig Mal ihre eigenen Texte abschrieben, um sie öffentlich zu machen; dagegen konnte die Staatssicherheit nicht vorgehen, es wurde ja keine Druckerlaubnis umgangen.

Die jungen Dichter waren nicht allein in der kalten Welt. Christa Wolf, Heiner Müller, Franz Fühmann, Volker Braun, Adolf Endler und Rainer Kirsch gaben ihnen moralische und materielle Unterstützung, Christa Wolf zahlte Dieter Schulze, dem genialischen Heimkind, zweihundert Mark monatlich, Heiner Müller bot ihm zehn Mark für jede Zeile, die er schreiben würde, als Ermutigung. Nach '89 faxte der jähzornige Dichter an alle wichtigen Zeitungen Müllers Decknamen bei der Staatssicherheit. Später bat er seine Vaterfigur um Vergebung.

In der aufgeladenen Atmosphäre des 1900 hatte man das Vorbeben einer Zeitenwende gespürt, die Ahnung einer Revolution, die niemals kommen würde. Die Platanen draußen vor der Tür rauschten im Wind, Platanen, so heißt es, verfügen über eine überdurchschnittliche Widerstandsfähigkeit. Vita somnium breve – das Leben ist ein kurzer Traum, deklamierte der Bildhauer Reinhard Jacob in seinem langen, goldbraunen Ledermantel, den er den ganzen Abend nicht auszog und von dem er sagte, es sei der Reisemantel des Zauberers Maru. Das 1900 war auch das Lokal der Westkorrespondenten, sie zählten zu den Stammgästen und wurden immer mehr. »Wir saßen ohne Illusionen am Prenzlauer Berg wie in einem Transitraum. Die einen wollten weg, per Ausreiseantrag (...) sie verstanden Westdeutschland als Tor zum Amazonas. Und die anderen wollten unbedingt dableiben, den Arsch am Prenzlauer Berg und im Kopf Utopia«, hat Frank Castorf später festgestellt.

Die kleine Liebe einer Freundin brachte Madleen einen der Untergrund-Dichter näher. Sie hatten zu viert gesessen und geredet. Der Dichter trug die Haare lang und blond, las ein Gedicht vor, lächelte und fror. Beim nächsten Mal brachte Madleen ihm einen Mantel mit, der Raphael nicht passte. Ein langer, taillierter Mantel, kamelhaarfarben, ein Mantel wie in »Spiel mir das Lied vom Tod«. Der Dichter ist später ausgereist.

Madleen kramt in ihrer Erinnerung die wenigen Begegnungen mit den jungen Dichtern zusammen. Sie waren ihr fremd geblieben. Einmal hatte einer zu ihr gesagt: »Sie sind Untergrund, Frau Bahl.« Die Bemerkung bezog sich auf einen ihrer Sonntag-Artikel, in dem die Realität vorkam. Die Beschreibung eines Stücks Wirklichkeit hob sie einen Moment lang hinauf in den Untergrund.

Lebenshungrige junge Provinzler waren in die »Hauptstadt der DDR« eingewandert, möglichst in den Prenzlauer Berg, wo man »die Freiheit schon riechen konnte«. Einer von ihnen war der Rocker und Fotograf Harald Hauswald aus Radebeul in Sachsen. Ende der siebziger Jahre war er, das Haar bis zur Taille, wild entschlossen, sich die Wirklichkeit nicht verbieten zu lassen, in den Prenzlauer Berg gezogen. Er fand in einem der heruntergekommenen Häuser eine Wohnung. Hinterhof, Außentoilette, Ofenheizung, tropfender Wasserhahn über eisernem Ausguss, fünfundzwanzig Mark Monatsmiete, so ähnlich dürfte es gewesen sein. Als gut verdienender Telegrammbote radelte er durch die Straßen und fotografierte die alten Kneipen und die alten Männer, die Rocker, Säufer, Grufties, Punks und Alternativen – der Fotoapparat war die Eintrittskarte in die sozialistischen Unterwelten. Der Rand der Gesellschaft galt ihm als Beharren auf das Menschliche. Das Staatliche, Offizielle und Fahnenschwenkende dagegen entdeckte er in seinen Fotos als das wahrhaft Asoziale. »Der OV Radfahrer trat aus dem Gebäude Kastanienallee 11, kaufte 2 Beutel Milch, 1 Glas Marmelade und fotografierte eine männliche Person, die auf einer Parkbank gegenüber der HO-Gaststätte Bierstube saß«, notierte die Staatssicherheit und diagnostizierte »ein entstellendes Bild der Hauptstadt« und dass der Fotograf ausdrücken wolle, wie fremd und gleichgültig alles Staatliche dem Menschen sei.

Der Staat widmete einem Aufmerksamkeit, sagte Hauswald, da wusste man, dass man anders war. Im Nachhinein müsse er sich bei der DDR bedanken, dass er zwölf Jahre lang das Leben studieren konnte, ohne damit seinen Lebensunterhalt bestreiten zu müssen.

Der Luxus der Boheme des Ostens waren nicht Geld und Erfolg, sondern die Freiheit der Lebensgestaltung. Zur Freiheit der Lebensgestaltung gehörten die Feste in den Wohnungen der Berliner Hinterhöfe, den Ateliers in Dresden, Leipzig, Halle, Jena und Karl-Marx-Stadt, spontan oder geplant, in der Woche und am Wochenende. Das Fest als Erlösung aus der Einsamkeit.

Für kürzere oder längere Zeit, so die Fotografin Barbara Berthold, habe man sich so wohl gefühlt, so jung und auch den anderen so nahe. Stichworte genügten, wenn man sich zehn Jahre kenne. Das Bezugssystem sei klar – eine sichere emotionale Basis, nichts Böses könne passieren in dieser Nacht. Es gelte sich zu wehren »gegen das übermächtige, expandierende Grau jedes einzelnen Tages«. Nicht immer ließe sich die Ausgelassenheit gegen den Strich durchhalten: »Private Probleme fallen über den Einzelnen her, mit wachsendem Alkoholkonsum von innen heraus. Vielleicht ist es dann immer noch besser, in einer feiernden Menge aufgehoben, getröstet zu sein, als allein in den gefürchteten vier Wänden.« Zur Freiheit der Lebensgestaltung gehörten das Warten und der Abschied. Und der regelmäßige Aufenthalt in den Cafés Mosaik und Wiener Café.

Das Wiener Café 1985 – schon vergessen?

Erinnerungen von Immo Sennewald, erschienen als Blogbeitrag, 2010

Das Café liegt an der Schönhauser, auf halber Strecke zwischen Buchholzer und Stargarder Straße. Bei Stammkunden heißt es »WC«, und das kommt der Wirklichkeit näher als »Wiener Café«, denn es riecht hier nach Trieb und Hoffnungslosigkeit, es ist ein Ab-Ort, ein Ort von Abseitigen und Abseitigem, eine ungeliebte, aber unvermeidliche Stelle. Man hat längst keine Lust, dort hinzugehen, aber es bleibt einem gelegentlich nichts anderes übrig. Fast jeder, der hierherkommt, muss etwas loswerden, mancher gar in exhibitionistischer Pose; Abprodukte geistigen und psychischen Stoffwechsels werden entladen, Frust heißt das und wird weg- und hinuntergespült und gärt und reagiert weiter im Zusammenströmen, bildet kurzlebige Verbindungen, schillernd, quellend, Blasen platzen. Je nach Tageszeit fließen Rinnsale oder Ströme von Kunden zu, verlaufen sich im Unterirdischen der Großstadt, wenn um Mitternacht Schluss geboten wird.

Die Fotoreproduktion eines Merian-Stichs vom alten Wien bedeckt eine Wand; den Schmutzablagerungen nach ist sie zur Entstehungszeit des Originals angeklebt worden. Das Mobiliar ist von vollendeter DDR-Tristesse, der Kaffee verdient seinen Namen so wenig wie das ganze Lokal, das Bedienungspersonal hat Wienerisches nur, wenn es raunzt oder grantelt: preußischer Charme und Wiener Ordnungsliebe. Kein Pianist bedient den alten Flügel unterm geräucherten Fotopanorama, kein Stehgeiger fiedelt sich durch. Wenn jemand – geübt oder ungeübt – in die Tasten greift, wird ihm das vom Personal ebenso harsch verwiesen wie das Umstellen von Stühlen. Mineralwasser wird aus Geschäftsinteresse nicht serviert, ebenso wenig Schoppen preiswerter Weine. Der Laden ist immer aufs Ekelhafteste verqualmt, im Sommer stickig, im Winter zugig, weil doch ab und zu einer ein Fenster öffnen muss, damit er es bis zum Feierabend aushält, kurz: Der Ort ist elend, trist und ungemütlich, das Angebot erbärmlich, der Name ein schlechter Witz – aber es ist fast immer brechend voll.

Weshalb kommen die Leute hierher? Wegen der Leute. Die bunten Frauen wegen der verkannten Genies, die verkannten Genies wegen der bunten Frauen oder die bunten Frauen wegen der bunten Frauen – aber niemals die Genies wegen der Genies. Es gibt da einen vom Alkohol furchtbar zugerichteten Architekten, er war ganz oben, als die Stalinallee die neue Ära sozialistischer Baukunst markieren sollte; jetzt unterhält er, sich von Tisch zu Tisch hangelnd, mit alkoholischen Wirrsalen Punks und schwarzes Leder, Mädchen in uralten Fräcken oder Bratenröcken, Tätowierte oder haarkünstlerischen Exzessen verfallene Paradiesvögel, trübe Weltverbesserer, smarte Schwule, Dichter so dünnhäutig wie unbekannt (…) Trotz des scheinbar duldsamen Nebeneinanders so vieler unterschiedlicher Typen, Charaktere und nur ihrem Äußeren nach zusammengehöriger Gruppen gibt es hier viel gegenseitige Geringschätzung. Führt auch der warme WC-Mief die Außenseiter und im Realsozialismus zu kurz Gekommenen zusammen: schnell, wie ein Lidreflex von außen schützend, fällt Eisig-Feindliches innen vors Auge, wenn ein herzlich unwillkommener Bekannter erkannt und abgetan wird. Oh deutsche Sehnsucht nach Erlösung in Konformität, konform noch in den Formen des Nonkonformismus. Dazwischen ein verirrter Bürger mit Bügelfalten.

»Was will'n der hier?«

»Stasi.«

»Quatsch, schwul.«

»Stasi und schwul!«

Irgendwann kommt der Tag, wo die Tür krachend aufschlägt. Dann schwebt die Schneekönigin in weißem Tüll herein, einen Zylinder aus Frost sprühenden Kristallen im himmelblauen Haar. Eisiger Nebel ist um sie herum, ihre Schritte knirschen Raureif ins abgelatschte Linoleum, winzige Füßchen in gläsernen Sandaletten, ihre Augen: schmelzendes Eis in einem See siebentausend Meter überm Meer, Brillantsplitter auf den Wimpern, ihre Brauen die Grate des Eisgebirges, auf der Stirn schlummert ein Wintergewitter. Ihr Mund schwillt hellrot vom Herzblut der Opfer mitten in der arktischen Landschaft. Der Bürger spürt das Stahlrohr des Tischs magnetisch werden vor Kälte (…).

Das »WC« ist geschlossen. Es wird rekonstruiert, die schmuddelige Gemütlichkeit von nobler, neureicher Langeweile vertrieben. Die Legende sagt, dass das Verhältnis zwischen Gästen und Personal in den letzten Tagen voll wehmütiger Freundlichkeit gewesen sei, und am letzten Abend haben alle auf Treppen und Fußboden gesessen und zur Musik vom alten Flügel gesungen und getanzt.

Zeitansage 7
Katja Lange-Müller trinkt Cola
Ein altes Haus in der Nähe vom Leopoldplatz im Wedding. Die Wohnung liegt im vierten Stock. Fenster und Türen sind weit offen, es ist sehr heiß an diesem Julitag, unerträglich schwül. Als würde gleich ein Gewitter losbrechen. Wir trinken Cola mit Eiswürfeln. Ich komme als Diebin, ich stehle ihr die Zeit, die sie dringend für ihre Arbeit braucht, denn sie hat gerade sehr viel zu tun.

Ich bin ja '84 weg, sagt sie, das ist verdammt lange her, sie habe inzwischen dreißig Jahre ihres Lebens in ganz anderen Zusammenhängen verbracht. Als ich weg war, ist ja auch erstmal Funkstille gewesen. Als die Mauer fiel, traf ich im Posthorn in der Rathausstraße den Maler Volker Henze. Ich streckte ihm die Hand hin, und er sagte: Eigentlich waren wir füreinander gestorben. Der Satz ging mir lange nach.

Wie erinnern Sie sich mit dem Abstand von heute an die Prenzlauer-Berg-Szene von damals?

Es war ja nicht nur eine, es waren verschiedene Szenen, die

einander nicht immer grün waren. Manche kamen aus Sachsen wie Anderson, mit dem das Trio Kolbe, Trolle, Wagner gar nichts am Hut hatte. Es waren Gruppen und Grüppchen, die einander eifersüchtig beäugten. Gut, man ging in ähnliche Lokale, bedachte sich mit Spott und Bewunderung oder sonst was. Die Kneipen waren der Ersatz für die fehlenden Telefone. Du gingst dahin und konntest davon ausgehen, wenn der und der nicht da war, dass dann wenigstens ein Freund von dem da war, dem konntest du Bescheid sagen. Oder man ging gleich zu jemandem nach Hause und warf einen Zettel durch den Briefschlitz: 19 Uhr Fengler. Oder Trümmerkutte.

Schweigen in Schwüle und Stille, begleitet vom Klicken ihres Feuerzeugs.

Haben sich arrivierte Leute um die jungen Dichter gekümmert?

Gekümmert? Nein. Vielleicht um Dieter Schulze, der hat ja dann seinen Kümmerer Heiner Müller ordentlich in die Pfanne gehauen.

Franz Fühmann hat sich um Uwe Kolbe gekümmert ...

Das Wort kümmern gefällt mir nicht, Künstler haben kein Helfersyndrom. Vielleicht hat sich ja Kolbe eher um Fühmann gekümmert, als der krank war.

Gab es eigentlich auch Heiterkeit in der Szene?

Wir hatten nichts zu lachen. Da waren Menschen, die glaubten, dass sie Künstler sind und als solche auch leben wollten, und das durften sie nicht. Jemand, der immer wieder versuchte, alle zusammenzubringen und wie ein Schäferhund um alle herumrannte, war der Bildhauer Hans Scheib. Der versuchte, das alles zu bündeln und alle in seine Hütte zu zotteln, zu Lesungen und gemeinsamem Essen an einer langen Tafel. Scheib hatte Schriftsetzer gelernt, ich auch. Die Betriebsberufsschule Rudi Arndt war ja eine Kaderschmiede der ganz anderen Art. Fast alle, die da Lehrling waren, wollten in eine künstlerische Richtung. Ich wusste damals noch nicht, dass ich schreiben würde, ich konnte auch sehr gut zeichnen. Es gab auch ein paar heitere Exemplare in der Szene, Mozart, der war Fahrkartenkontrolleur bei der Bahn, Jane Holtfreter, seine Frau. Es ging ja auch viel um Beziehungen, wir waren alle jung und hatten noch andere Interessen als politische und künstlerische.

Es gibt ein Foto, da sitzen Sie neben Uwe Kolbe an einer langen Tafel. Er schwärmt sie an, das sieht man deutlich ...

Das war so ein Fest bei Scheib, eine Ausstellung mit Lesungen und Schnaps.

Was für Schnaps?

Nordhäuser Doppelkorn.

Über der gedeckten Tafel hängt ein Lampion, gefaltet aus dem Neuen Deutschland, wer hat den gefaltet?

Ich weiß es nicht. Ich - weiß - es - nicht! Es ist so lange her, was verlangen Sie von mir? Solche Abende waren meistens ganz schön, Scheib nannte so was später Betriebsweihnachtsfeier. Scheib hatte ein slawisches Gesicht und einen Dreitagebart, der war auch ein eher grimmiger Geselle, keine Frohnatur. Aber er war kein Einzeltäter, er hat sich um Anatol Erdmann bemüht, um Stefan Reichmann und Helge Leiberg, er hat immer den Kontakt zu anderen Bildhauern und Künstlern gesucht. Wir haben ja auch viel zusammen gemacht. Die Texte, wenn sie in Tateinheit mit Grafik vorkamen, bedurften ja keiner speziellen Druckgenehmigung, deshalb gab es so unendlich viele grafische Blätter mit Texten. Warum geht es Ihnen denn so um die Heiterkeit, ich versteh das nicht. Da war eine große Ernsthaftigkeit, ohne die man keine Kunst machen kann. Und dann die Gesamtlage. Es wurde ja finsterer und finsterer.

Sie raucht und raucht, wischt penibel einen Fleck von der Tischplatte und fährt fort.

Nee, man muss das schon ernst nehmen. Das waren keine Künstler-Darsteller, die meisten von denen waren Künstler und sind es bis heute. Es war der Versuch, dem Talent und der Neigung zu leben.

Also nicht die Sehnsucht nach einem anderen Lebensgefühl?

Nein. Im Vordergrund stand das Schöpferische, nicht das Leben. Die Bemühung, Kunst zu machen, war das Wesentliche. Es ging nicht um ein Lebensgefühl, es ging um Kunstausübung. Aber kein Mensch, der Kunst macht, kann ohne Reflexion leben, ohne dass jemand ihm was zu seinen Sachen sagt, entweder: Was ist denn das für ein Mist oder: Das ist ja großartig. Auch das war ein Grund dafür, dass man sich in Gruppen zusammentat. Mit Menschen, die sich ebenfalls mit Kunst beschäftigten, das mussten keine Gleichgesinnten sein. Die Stasi hat das sehr wohl bemerkt und genutzt. Wie gesagt: Es gab Spannungen, es gab Animositäten - das Privileg zur mehrmaligen Ein- und Ausreise für die einen, für die anderen nicht - das war der Keil, es gab Missgunst und Neid. Ich habe wahnsinnig viel zu tun, machen wir weiter!

Was wäre gewesen, wenn man Ihre Sachen gedruckt hätte?

Vollkommen ausgeschlossen. Diese »düsteren Lebensentwürfe, dieses semiexpressionistische Geschreibsel« könne keiner gebrauchen, meinte einer vom Mitteldeutschen Verlag. Ich hatte das nur probiert, um mal einen Brief von denen zu kriegen, wo so was drinsteht. Damit man eine Bestätigung dafür hatte, dass man sich nicht weiter zu bemühen brauchte.

War die Dichterszene für einige nicht auch ein gutes Versteck für mangelndes Talent?

Es waren schon ein paar darunter, deren Talent bescheiden war, Dünnbrettbohrer, die nur schrieben, weil sie meinten, man müsse schreiben, um irgendwie dazuzugehören. Es war ein großer Topf, in dem allerlei Gemüse zusammenkam.

In der Szene fanden sich viele Funktionärskinder ...

Darüber habe ich auch schon nachgedacht. Die Brasch-Brüder, Kolbe, ich, Papenfuß, sein Vater war, glaube ich, General. Der Vater von Aljoscha Rompe von »Feeling B« war Kernphysiker und saß im ZK der SED. Lauter Eltern, die auf die

Einwürfe ihrer Kinder antworteten: Das glaube ich nicht. Das Opponieren gegen die Eltern wurde dann zu einer Opposition gegen den Staat. Die Eltern verkörperten den Staat. Wenn du den Staat in deinen eigenen vier Wänden hast, potenziert sich das noch. Die Funktionärskinder wurden in Wochenkrippen und Internate geschickt, weil die Alten ja mit dem Kampf um den Weltfrieden zu tun hatten. Die Väter anderer Kinder waren Spätheimkehrer aus der sowjetischen Gefangenschaft und traumatisiert. Sie saßen in der Ecke und lauschten mit nach innen gewandten Sinnen den Granatsplittern, die sich nicht aus ihnen herausoperieren ließen. Die kriegten die Zähne nicht auseinander. Wir waren ja Nachkriegskinder.

Wenn Sie an die Zeit zurückdenken, was war das Bestimmende?

Besäufnisse, Affären auch. Der Alkohol gehörte zur DDR. Auf dem Gebiet war die Boheme konform mit dem Rest der Bevölkerung. Ich denke nicht besonders gern an diese Zeit.

Warum nicht?

Ich habe damals schon manchmal gedacht, ich ziehe in die Schilkin-Flasche und bezahle die Miete an VEB Bärensiegel. Es war eine mühsame, traurige, finstere Zeit. Es war eine frustrierende Zeit mit allerlei Gezänk, allerlei Liebeshändel, mit Geldnöten, schlechten Wohnbedingungen, mit mühsamer Alltäglichkeit, da halfen auch die Besäufnisse nicht weiter. Wenn es Spaß gemacht hätte, hätten die Leute ja nicht reihenweise Ausreiseanträge gestellt. Es kam eine Menge zusammen. Es ging um Selbstverwirklichung – das Selbst war da, die Verwirklichung fehlte!

Dass Sie es so finster erlebt haben! Humor ist, wenn man trotzdem lacht, heißt es ...

Ich war Hilfspflegerin in der Psychiatrie! Ich habe in der Psychiatrie im Schichtdienst gearbeitet! Wir hatten nie Geld!

Billige Mieten, billige Lebensmittel, billiger Schnaps, und man hat sich doch untereinander ausgeholfen, Geld geborgt ...

Ja, wenn aber Leute drei Jahre auf ihre Ausreise warten und kein Geld verdienen und kommen dann in die Kneipe, da guckst du in die andere Richtung. Irgendwann habe ich meine paar Texte zusammengerafft, habe mich am Literaturinstitut in Leipzig beworben und wurde genommen. In Leipzig habe ich keine Kontakte zu irgendeiner Szene gesucht. Ich habe nur gelesen, ich hatte einen Giftschein, konnte lesen, was ich wollte, wie alle Studenten am Literaturinstitut. Das war ein Privileg.

Es gab wenige Frauen in der Szene.

Models und Schauspielerinnen, die gab es schon. Aber auch Frauen wie Conny Schleime. Die war eine Erscheinung in der Landschaft. Wilfriede Maaß auch, die hatte so eine Ruhe und Verhaltenheit. Aber es stimmt schon, die meisten waren Männer. Ostmänner. Also Feministen waren das keene. Die hatten schon eine ganz eigene Dominanz.

Vorstellbar, dass es viel Leerlauf gab.

Gestern ist mir passiert, dass mal wieder nichts passiert ist. Redundanz, Lustlosigkeit, Vergeblichkeit der eigenen Bemühungen. »Wo wir sind, klappt nichts mehr, aber leider können wir nicht überall sein«, das war so ein typischer Spruch. Wenn man so lebt, jeden Tag um zwölf am Mittag mit nem dicken Kopf aufwacht, was willste da noch viel bewirken. Der ständige Kampf gegen das Sich-gehen-Lassen, die Resignation. Thomas Brasch hat mal geschrieben: »Welchen Namen hat dieses Loch, in dem wir einer nach dem anderen verschwinden?« Es sind viele verschwunden. Manche haben sich dem Suff ergeben, andere sind auf der Strecke geblieben. Es gibt ja doch so einige, die es eben nicht gepackt haben. Das war ein Leben wie im Betonmischer, schrecklich. Bei mir liefen immer viele auf, ich musste mich wirklich kümmern. Ich war Hilfsschwester, habe gekocht, mich gekümmert, getröstet.

Die Eiswürfel in den Colagläsern klingeln fröhlich, das Feuerzeug klickt unermüdlich. Klingeln und Klicken – helle Ermutigung an einem dunklen, regenschweren Nachmittag.

Gibt es Momente, an die Sie sich gern erinnern?

Ja, schon. Als die noch alle in Dresden studierten, Hans Scheib und Peter Herrmann und Helge Leiberg. Die machten Feste in Dresden, schöne Feste. Die Ausgelassenheit, das Zusammensein, das Tanzen, die Musik, das Essen. Das war schön, ohne Zweifel. Oder so Momente mit Uwe Kolbe im Zug, wo man sich heiß redete und das Gefühl hatte, dass man was rausgefunden hatte. Oder mit Bernd Wagner in irgendeiner Kneipe in Weißensee zu sitzen. Momente mit viel Sympathie füreinander. Es gab schon ein paar gute Momente, aber immer nur Momente.

War ja ein schöner Mann – Uwe Kolbe!

Er war ja auch everybody's darling. Jetzt sind wir alle über sechzig.

Sie sind nach der Wende ein paar Mal im Lampion gewesen.

Nein, den Lampion habe ich gemieden, ich wollte mit diesem ganzen nostalgischen Zeug nichts zu tun haben. Ich war, denke ich, nur einmal da, ich hatte das Gefühl, das liegt hinter mir. Das ist, als ob du eine Straße entlangfährst, und die Bäume, die du schon hinter dir gelassen hattest, kommen dir plötzlich wieder entgegen. Da halte ich es eher mit den Beatles. Es führt kein Weg zurück nach Liverpool, hat Ringo mal gesagt. Wenn ich nicht weggegangen wäre, hätte ich den Lampion vermutlich auch gut gefunden.

Ich habe Hunger, sagt sie abrupt, ich habe den ganzen Tag schwer gearbeitet, wirklich! Sie können ja mitkommen.

Wir gehen ins Restaurant Schrader. Wir sitzen draußen, die Tische sind regennass. Sie isst einen Burger und trinkt dazu eine Weiße mit Schuss, rot, Himbeer.

Sie müssten doch in meinem Alter sein, sagt sie.

Ich bin älter.

Nein.

Doch.

PIETÀ, DARGESTELLT VON SVEN MARQUARDT UND ROBERT PARIS. FOTO: SVEN MARQUARDT

Zeitansage 8
Robert, Seelenkamerad
An einem späten Vormittag in den Achtzigern erschienen Robert Paris und Sven Marquardt in vollem Punkputz mit hohen Hahnenkämmen in der Redaktion des Sonntag, épater le bourgeois! So etwas hatte man in der Redaktion noch nicht gesehen. Sie brachten auf Madleens Bitte Fotos für die Illustration eines bestimmten Themas, ließen sich unschuldig in die abgeranzten Sessel fallen, und Madleen dachte nur: Wenn jetzt bloß nicht der Chefredakteur reinkommt! Der hätte beim Anblick der Paradiesvögel den sofortigen Untergang des Sozialismus gefürchtet. Legt die Bilder auf den Schreibtisch und haut so schnell wie möglich wieder ab! Wenn Jacobus euch sieht, kann ich die Fotos nicht drucken. Die beiden verstanden und verschwanden. Ihre Fotos erschienen.

Wir hatten nichts gegen die, also gegen den Staat. Die hatten was gegen uns, bemerkt Robert lässig, das normale Leben war trist, wir mussten es mit Extravaganz auffüllen. Robert ist inzwischen ein Mann in den besten Jahren, ein bisschen schwerer als früher, aber blond wie früher, als er Model war, frivol und unschuldig. Ein Jüngling mit weit geöffnetem Ozelotjäckchen, gekreuzte Dornen über der nackten Brust, unter den Augen Schatten aus schwarzem Kajalstift, der Blick so schüchtern wie herausfordernd, die Erotik androgyn – wenn man das Foto ansieht, wundert man sich noch ein Vierteljahrhundert danach, dass so was in einer DDR-Zeitschrift erscheinen konnte. Man schrieb das neununddreißigste Jahr der Deutschen Demokratischen Republik, das Modejournal hieß Sibylle. Ein ambivalentes Spiel mit der Dekadenz, Sozialismus, wo waren deine Wächter.

Wie ist das, wenn du diese Bilder heute siehst?

Wenn ich jetzt noch mal zwanzig wäre, würde ich dasselbe noch mal machen, aber mit fünfzig …

Warst du mal ein anderer?

Ich war ich.

Roberts bester Freund war Sven Marquardt, ihre Freundschaft zog sich durch die frühen Jahre, eine Nabelschnur, die sie mit dem verband, was sie sich unter dem Leben vorstellten. Als Marquardt das erste Mal zum Frühstück in die Wohnung von Roberts Mutter Helga Paris eingeladen wurde, war er überwältigt, »ein unerwarteter Hauch von Freiheit wehte hier, hundertzwanzig Quadratmeter, Stuck, Parkett, Gemälde. Ich dachte, das kann doch nicht wahr sein. Das war das andere Leben, nicht das Schrankwand-Dasein, das er kannte, es war sein Eintritt in die Boheme: Und da lag ein Foto von Robert, im Bademantel, mit der Katze seiner Mutter im Arm, schwarz ummalte Augen. Kokett.

Sie sind zusammen rumgezogen, haben Fotos gemacht, in Ruinen, leerstehenden Gebäuden, auf Friedhöfen. Das war nichts Erotisches zwischen uns, sagt Robert, das war Seelenverwandtschaft. Eine Freundschaft zwischen zwei Jungs, die am Anfang ihres Lebens standen und ein leidenschaftliches Interesse für Fotografie hatten. Sven Marquardt, der heute bekannte Türsteher vom »Berghain«, hat seine Memoiren geschrieben, seine Äußerungen über Robert sind Liebeserklärungen: »Mit Robert fing ich an, Berlin anders zu sehen. Mit seinen Augen.« Sven fotografierte die Menschen, Robert die Stadt Berlin in ihren historischen Schichten. Verfall und Schönheit – in dieser Stimmung trafen sie sich, der blonde Dünne und der dunkle Dicke.

»Wir sind Anfang zwanzig«, schrieb Marquardt über jene Zeit, »wir kennen uns erst ein Jahr, aber dieses eine wiegt wie hundert. In dem Jahr sind wir zu Seelenkameraden geworden. Wir sind Punks, wir sind schwul, wir gehen keiner geregelten Arbeit nach. Wir sehnen uns nach Liebe, nach Anerkennung und Selbstverwirklichung. Und wir leben in einem Staat, der Leute wie uns weghaben will.«

Verhaftungen gehörten zum Leben, die Clique erlebte so

was häufig, mal wegen ihrer Punkmähnen, mal wegen ihrer Hosen aus rosa gestreiftem Inletstoff. Einmal wurde Robert nackt verhaftet. »Bin auf dem Dach«, hatte er auf den Zettel an seiner Wohnungstür geschrieben. Also kletterte die Polizei aufs Dach, wo sie den Delinquenten beim FKK-Sonnenbad zwischen Blumen und einer mit kaltem Wasser gefüllten Badewanne antrafen. Sie nahmen ihn mit wegen »Verdacht auf Widerstand gegen die Sprengung der Gasometer«, er hatte Flyer verteilt, auf denen stand: »Gasometer sprengt man nicht«. Und hatte sie auch fotografiert.

Die Freunde verbrachten halbe Tage und lange Abende im Café. Im Mosaik oder bei Fengler oder im Burgfrieden, auch im Wiener Café, das mochten wir aber nicht so, da saßen die Dichterlinge und die Frauen mit den langen, dünnen Beinen. Im Café Flair in der Stargarder Straße haben sie Gin Tonic getrunken. Setzt euch hinten hin, da fallt ihr nicht so auf, empfahl die Serviererin, eine Rothaarige von blasser Durchsichtigkeit. Woanders wurden sie gar nicht erst reingelassen.

Wir haben immer das getan, was uns Spaß machte, ich habe nie eine Arbeit gemacht, wo man schon morgens beim Aufstehen schlechte Laune kriegt. Selbst die Tischlerlehre war gut, erzählt Robert, der Meister war zwar Sargtischler, dabei wollte Robert Möbeltischler lernen, das hat der Meister ihm auch beigebracht: In den Särgen konnte man wunderbar schlafen, wenn man nachts zu viel gefeiert hatte. Sie haben ein Leben geführt, über das Robert heute sagt, dass es ein freies Leben war: Wir haben es uns einfach schön gemacht. Jeden Freitag genossen sie eine kostenlose, fotografische Zusatzausbildung bei der Defa in Babelsberg - »am Freitag steht die Boheme früh auf« - Robert grinst. Die anderen sechs Tage der Woche wurden mit der Clique in irgendeiner Wohnung verklönt, man hat Nonsens erzählt und sich totgelacht. Hat Fotobände durchgeguckt und Berlingeschichte gelesen wie einen Roman. Pläne und Ideen hin und her geschaukelt, manche davon verwirklicht.

Sven Marquardt machte morbide Modefotos, Robert Paris fotografierte den Asphalt, die Lücken, die Provisorien. Bilder von einer verletzten Stadt, in deren vernachlässigten Wunden die Seelen der Ahnen hausten. Das Buch seiner Jugend ist ein Vierteljahrhundert später unter dem Titel »Entschwundene Stadt« erschienen – Straßen und Häuser, satt von Geschichte. Orte einer ambivalenten Sehnsucht des Fotografen Robert Paris, einer Sehnsucht, die er vor dem Vergessen bewahren wollte, obwohl die Zeit, die er dem Vergessen entrissen hat, böse war, böse und gut. Boheme heißt auch Sehnsucht: Wir haben uns immer wieder bestimmte Filme angesehen, in der Camera in der Friedrichstraße. »Es war einmal in Amerika« von Sergio Leone, »Stalker« von Andrej Tarkowski, »Cabaret«. Wenn wir vor die Tür des Kinos traten, ging das Leinwandleben weiter, die Stadtlandschaft passte immer zum Film, die Straßen, auch die Leute, da konnte man so schön exilieren. Wir fühlten uns wie in den zwanziger oder dreißiger Jahren, obwohl wir ja in den Achtzigern lebten. Wir hatten viel freie Zeit, das Geld reichte für den Tank und den Sekt und das Glas Bier für fünfzig Pfennige.

Man müsse bedenken, dass sie keine Existenzängste gehabt hatten, nie überlegen mussten, wovon sie Miete und Krankenkasse bezahlen: Wir konnten unsere Ideen ausleben, weil kein finanzieller Druck da war. Und dann kamen auch noch die Fotoaufträge, für mich von der Denkmalspflege, für Sven von der Sibylle. Ende der Achtziger wurden wir sogar in den Verband Bildender Künstler aufgenommen.

Du kanntest die Busfahrpläne von Westberlin auswendig, mit allen Haltestellen und Abfahrtszeiten.

Natürlich wollten wir raus, wenigstens mal ans Fenster treten und gucken, wie es nebenan aussieht. Wir wussten alles vom Westen, wir hatten wache Antennen für jedes Detail von drüben. Die Typen aus Westberlin kamen ja dauernd zu uns, die haben sich gewundert, dass es so was wie uns im Osten gab, die dachten, hier sind überall Russen und Stacheldraht, und es gibt nichts zu essen. Die staunten, die fanden es bei sich drüben langweilig und bei uns toll. Wir hatten auch Kontakt zu den Diplomatenkindern, deren Eltern in der Ständigen Vertretung und in den Botschaften arbeiteten; die brachten zu den Dachfeten im Prenzlauer Berg Bunte Platten aus dem KaDeWe mit.

Du bist eine Scheinehe eingegangen, um in den Westen zu kommen.

Ja, mit Dieke aus Holland, fast jeder aus unserer Clique ist eine Scheinehe eingegangen, damit er zu Besuch rüber in den Osten kommen konnte, es hätte ja nicht viel genutzt, drüben wieder vor einer Mauer zu stehen.

Und dann fiel die Mauer ... Der enge Kokon wurde aufgebrochen, die Küken konnten schlüpfen. Robert arbeitete zwölf Jahre lang als Kellner im Chamäleon am Hackeschen Markt, ein Teil des Mob, wie sich die Clique nannte, hatte nach 1989 diesen Traum von Varieté mitinitiiert. Dann reiste er fünf Jahre lang durch die Welt. Nach London, nach Hongkong, nach Tonga, nach Indien. Indien hat sein Leben verändert: Die Leute dort sind arm und teilen das Letzte, warum sind die so?, fragte er sich. In einem engen, vollen Zug machte er die Bekanntschaft eines jungen Inders und führte mit ihm nächtelange Gespräche über den Sinn des Lebens, eine Offenbarung sei das gewesen. Als er wieder in Deutschland war, trat er zum Islam über. Dann fuhr er noch einmal nach Indien, heiratete eine indische Frau und bekam mit ihr eine Tochter. Er lebt seit Jahren zwischen Kerala und Berlin, wo er jedes Jahr ein paar Monate arbeitet, um Geld für das Leben in Indien zu verdienen.

Es gibt in Kerala ein tropisches Hartholz, ähnlich dem der Rotbuche, sagt Robert, wenn man es sägt oder erhitzt, entsteht ein Rauch, der riecht wie damals die Bahnhöfe der U-Bahn-Linie A. Wenn ich die Augen schließe, bin ich für ein paar Augenblicke wieder in Berlin.

Seinen Freund Sven hatte er sechzehn Jahre lang aus den

Augen verloren, sie hatten sich voneinander abgenabelt. Eines Tages trafen sie sich zufällig wieder, in Berlin, bei ihrem alten Zahnarzt. Sie verabredeten sich auf dem Nikolai-Friedhof, da, wo sie vor zwanzig Jahren Fotos gemacht hatten. Sie liefen zwanzig Mal um den Friedhof und erzählten sich vier Stunden lang ihr neues Leben. Ohne Barrieren, es war wie früher.

Dass Marquardt nun Türsteher ist!, wundere ich mich.

Sven ist ja nicht Türsteher in dem Sinne, klärt Robert mich auf, Sven ist das Auge vom »Berghain«, das andere machen seine Kollegen, er ist Fotograf, er ist das Auge.

Beim Abschied vor dem »Anita Wronski«, einem Café aus der frühen Wendezeit, das man damals, so will es die Legende, nach der russischen Erfinderin des Büstenhalters benannt hatte, sagt Robert den Satz: Ein Tiger, der im Käfig eingeschlossen ist, ist wilder als ein Tiger in freier Wildbahn.

Zeitansage 9
OL guckt, wo keine Gardinen dran sind

Im Schaufenster des Ladens um die Ecke hängt eine gerahmte Zeichnung von OL. Ein See, in dem Autos parken, Autofahrer in Badehose steigen aus: »Vorda Wende durfte man nur bis ran fahrn« steht drunter. Lakonie pur. OL ist so was wie der Toulouse-Lautrec des Bionade-Biedermeiers, seine Serie »Die Mütter vom Kollwitzplatz« Kult. Wir sitzen vor dem Café Gagarin, von drinnen weht die Stimme von Charles Aznavour nach draußen. La boheme, la boheme – es ist Frühling, der Flieder blüht, du bist jung, und ein Genie bist du sowieso. Vielleicht kein Genie, sagt OL, aber wat Besondret.

Da geht meine Exfrau – OL zeigt in Richtung Rykestraße – da, die Dunkle, in die Ryke 5 geht sie! Mit der habe ich Anfang der Neunziger ein Jahr in Brighton gelebt, ich wäre da ewig geblieben, aber sie wollte zurück. OLs Augen sind hell, der Mund schmal, die Gestalt athletisch. Er wirkt offen und zugleich schüchtern, auf eine Art, wie sie bei Menschen vorkommt, die für ihre Fröhlichkeit nicht garantieren können. Sein schnelle Nähe herstellendes Berliner Idiom wird begleitet von einem bei dieser Mundart häufig vorkommenden sanft nölenden Unterton, der dem Weltschmerz alltägliche Fasson gibt. Das Tragische sitzt dem Komischen im Nacken.

OLs Mutter Susanne nahm sich mit zwanzig das Leben, da war ihr Sohn drei Jahre alt. OLs Vater, ein Schuldirektor, hatte sich in Susanne, seine Schülerin, verliebt, die war fünfundzwanzig Jahre jünger als er. Sie flogen beide von der Schule, ein Jahr lang lebten sie zusammen. Als Susannes Bruder im Zusammenhang mit dem Prager Frühling ins Gefängnis kam, ihr Vater gestorben und sie wieder schwanger gewesen ist, war das Maß der Verzweiflung voll. Ihr neuer Freund hatte an jenem Tag gesagt, er käme in drei Stunden nach Hause, darauf hatte sie sich verlassen bei der Inszenierung ihres Selbstmords. Er kam zu spät.

Über dem Leben von OL, dem Lustigen, liegt ein Schatten, und wenn die Sonne noch so scheint. So wie auf seinen Comics moralischer Anstand waltet, und wenn die Figuren noch so unerschrocken bunt und ihre Ansichten noch so verwegen sind. Es gibt über ihn zwei Sätze von Max Goldt: »OL hat ein normales Herrengesäß, das gut zu seinen langen Beinen und zu seinem frechen Gesicht passt.« Und: »OL ist so nett und lieb, dass man ihn am liebsten von morgens bis abends an den Hüften packen und an die Decke hieven möchte, damit er dort die Glühlampen auswechselt.« Über solche Sätze kann man lange nachdenken.

Wir waren uns in der »Rumbalotte« begegnet, der Kneipe des Dichters Papenfuß. Du musst am Donnerstag zu der Vernissage von Hans Scheib kommen, hatte OL am Ende des Abends gesagt, Scheib ist gut! Und ich war hingegangen zur Galerie Parterre auf dem Terrain der gesprengten Gasometer, wo er seine Kaltnadelradierungen ausstellte und einen Preis entgegennahm, Scheib, wild entschlossener Protagonist der einstigen Prenzlauer-Berg-Connection, der nun schon sein halbes Leben in Charlottenburg verbringt. Gekommen war alles, was im Prenzlauer Berg malt, zeichnet, bildhauert, ob einst zur Szene gehörend oder nicht, spielt heute keine Rolle mehr. Die ganze alte Künstlergarde, so ein Wiedersehen gibt es sonst nur auf Beerdigungen. Die Sonne schien heftig.

OL hatte die Szene damals nur am Rande berührt, als Drucker und Punk. In einer Zeitung stand, er hätte seine Jugendjahre am äußersten Rand der Gesellschaft verbracht. Das sei übertrieben, sagt OL, wir waren nicht außen vor, wir waren die Gesellschaft. Er sei kein Bohemien gewesen, eher ein Prolet, obwohl er in einer Künstlerfamilie aufgewachsen war. Er sei der Einzige in seinem Freundeskreis gewesen, der arbeitete, die anderen warteten alle auf ihre Ausreise, es sei eine seltsame Zeit gewesen, ein einziger großer Wartesaal, besetzt mit Reisenden, die sich die Zeit ihres Aufenthalts mit Bier und Spielen vertrieben. Wegen seines »dekadenten Äußeren« ist er öfter »zugeführt« worden. Mal waren es lange Haare, mal eine Glatze, mal der Schwerter-zu-Pflugscharen-Aufnäher. Ein Polizist fummelte so lange an Olaf Schwarzbachs Passfoto rum, bis es sich lockerte, und befand dann: »Bürger, Sie müssen einen neuen Ausweis beantragen.« Um die Vopos zu reizen, haben die Punks Bierschinkenscheiben in ihre Ausweise gelegt. Das Räuber-und-Gendarm-Spiel mit der Transportpolizei war relativ ungefährlich, sagt OL, die hatten keine Revolver wie die Polizei im Westen.

Seine frühe Jugend verbrachte Olaf Schwarzbach in Potsdam. Er war Drucker bei der Märkischen Volksstimme, seine Freizeit verging mit Paddeln und Rumsitzen im Künstlercafé Heider, von dem man später hörte, dass es verwanzt war wie ein Flüchtlingsheim nach dem Zweiten Weltkrieg. 1986 zog er in den Prenzlauer Berg und guckte, wo keine Gardinen dran waren oder die Fenster über mehrere Tage geschlossen blieben. Schließlich besetzte er eine Wohnung in der Schliemannstraße

16 am Helmholtzplatz, 1. Hof, Seitenflügel, eine einfache Bude, egal, es war ein cooles Haus voller Punks, jede dritte Woche ne Razzia, da konnte man so schön mit den Bullen spielen.

Das Beste in dieser Zeit, sagt er, sei die Arbeit als Kupferdrucker in der Druckerei des Kunsthandels in der Greifenhagener Straße gewesen, da kamen alle wichtigen Künstler hin. Hussel, Böhme, Vent, Nuria Quevedo, Barbara Henninger, Sabine Grzimek, Hrdlicka. Einige von denen hatte er schon als Kind gekannt von den Festen auf dem Land, die in den siebziger Jahren nach Hippie-Art in verlassenen Bauernhäusern Brandenburgs gefeiert wurden. Vernissagen, Eröffnungsreden, Kunstgespräche, die sich langweilenden Kinder immer dabei.

In der Kupferdruckerei, erzählt OL, wurde schon am Vormittag eine Menge Stierblut getrunken und geredet und geraucht, ein Frisiersalon für Künstler war das, wo Friseur und Kunden sich über die Welt und den Staat austauschen. Während die dasaßen und quatschten, erinnert sich OL, musste er seine Arbeit schaffen, Sonderschichten, Kataloge für den Westen. Er hat in diesen zwei Jahren so viel Geld verdient, er wusste gar nicht, wohin damit. Und die Nacht war auch nicht nur zum Schlafen da, da zogen sie durch die Kneipen: Das Wiener Café war besetzt von alten Säcken und ihren Sprüchen, Mosaik war auch nicht unser, da gab es Toast Hawaii. Im Posthorn am Alex trafen sich die Lehrlinge von der Betriebsberufsschule Rudi Arndt, die fühlten sich als Künstler, weil ihre Eltern Künstler waren, von denen ist keiner wirklich Drucker oder Setzer geworden, das war nur zum Zwischenparken.

Besser gefiel es uns bei Elli in der Dunckerstraße, da gab es Buletten, der Feuertopf im Keglerheim Fengler war auch nicht schlecht. Am besten war die Kantine des Möbellagers auf dem Gelände der heutigen Kulturbrauerei, da konnte man vom Hackepeter aus durchlaufen bis zu der kleinen Tür, wo Boxclub dranstand, die Kellner ließen uns ohne Ansehn der Person rein, und man konnte man bis Mitternacht Schnitzel essen.

Woanders lief es anders: Karneval ist im Herbst, keifte die Wirtin vom Oderkahn und schlug uns die Tür vor der Nase zu.

Guck mal, die kleine Dunkle da auf dem Fahrrad, die ist Kinderärztin, die hat sechs Kinder. Was heute so alles unterwegs ist! – OL nimmt am Leben teil, das ist sein Beruf. Wir wollten nicht zur Szene gehören, das war für uns ein Schimpfwort wie jetzt Hipster, wir waren eher so die Suffkes. Seine Freunde, die Punks, kamen aus Sachsen, aus Thüringen, aus der ganzen Provinz, die haben sich in Berlin ausgetobt, hier fühlten sie sich endlich frei, die Kontrollen waren lockerer als »in der Republik«, für sie war Prenzlauer Berg der Westen: Da waren Häuser, in denen du anonym leben konntest. Häuser auf Abriss, wo viele ausgezogen oder ausgereist waren. Da wurde alternativ gelebt, was ausprobiert, auch künstlerisch. Es gab Leute, die machten in ihrer Wohnung einfach eine Bar auf.

Eine endlose Abschiedsparty war das, sagt OL, Euphorie oder Trauer, rauf oder runter, eine manisch-depressive Stimmungslage, die Jahre kurz vor dem Umbruch, wo man spürte, dass die Erde bebte: Einer hieß Klaus Maus, er war Techniker an der Volksbühne, heute würde er als Irrer gelten, so exzentrisch war der. Milan Peschel sagte später mal voller Bewunderung: Du kanntest Klaus Maus? Der war mein großes Vorbild! Maus ist ausgereist. Drogen, Arbeitslosigkeit, Absturz, das soziale Umfeld weg. Heute verbringt er seine Tage im »Betreuten Wohnen«. So ist das ja öfter abgelaufen. Eine Indienreise, ein paar Tage Italien, das wars, die großen Träume verwehten auf den Fluren der Sozialämter.

Er habe sich eigentlich ziemlich gut gefühlt in diesen letzten zwei Jahren DDR, sagt OL, das Einzige, was ihn bedroht habe, sei die Armee gewesen, und der Knast, wo es darum ging, Menschen zu brechen. OL hat erst hinterher erfahren, dass ab 1985 gar keiner mehr wegen Wehrdienstverweigerung verurteilt wurde. Er hatte angefangen, Comics zu zeichnen, auf denen »der ganze Ostfrust« abgebildet war – »Bullen, Stasi,

Reiseverbote. Perestrojka, Glasnost, Gorbatschow«. Alles autobiographisch, nur für ihn und seine Freunde gedacht. Doch dann machten sie mit den Comics eine illegale Wohnungsausstellung, ein lustiges Kostümfest, eine Art Gegenprogramm zur offiziellen 750-Jahr-Feier Berlins, die feierten ihre Feste, wir unsere.

Plötzlich interessierte sich die Stasi für ihn, seine Wohnung wurde durchsucht, seine Zeichnungen beschlagnahmt. Er erkundigte sich bei einem Anwalt und erfuhr, dass er wegen »Herabwürdigung der Staatsmacht und illegaler Vervielfältigung« dreieinhalb Jahre Haft kriegen könnte. OL bekam Angst: Ich hätte einen prima Spitzel abgeben können mit meinen Kontakten, die ich als Kupferdrucker zu den Künstlern hatte. Wenn die Stasi gesagt hätte, entweder du arbeitest mit uns zusammen, oder du gehst in den Knast, was hätte ich dann gemacht? Da wusste ich: Jetzt hau ich ab. OL flüchtete im August '89 über Ungarn und Österreich nach München.

Er kam wieder und zeichnete sich in die erste Reihe. Zunächst allerdings wurde er verkannt. Eine Redaktion korrigierte seine Rechtschreibung, die dachten, dieser Zeichner ist lustig, aber doof, sie verwechselten den Schöpfer mit seinen Figuren. Das hat sich gegeben. OL ist berühmt.

Zeitansage 10
Papenfuß Rebell

> *Ermordet bin ich worden & noch immer nicht gestorben /*
> *an mir solls nicht liegen / ich bin nicht totzukriegen.*
> Bert Papenfuß

Kannst dir auch ausdenken, was ich gesagt habe, schlägt Papenfuß vor, als das neue Aufnahmegerät sich als undurchschaubar erweist und ich dem Dichter meine technische Unbeholfenheit anvertraue, in der Hoffnung, er als ehemaliger Elektronikfacharbeiter könne Abhilfe schaffen. Kann er nicht. Er kann Wörter zu Geschossen machen, den Aufruhr der Grammatik anzetteln, mit Worten den Alarm der Stunde schlagen, mit seiner Lyrik in ein übermütiges Gefecht ziehen. Er kann seine Kneipe im Gedenken an einen schweinischen Witz »Rumbalotte« nennen, kann in dieser seiner »Kulturspelunke« Konzerte, Literaturabende und Diskussionen veranstalten und als Tresenkraft den Wein weit über den Eichstrich eingießen. Er kann den renitenten Rest aus Ost und West um sich sammeln in der Metzer Straße am Prenzlauer Berg, weit weg vom »Prenzlberg« jenseits der Sehnsucht. Er kann Rebell sein in Zeiten der Gleichgültigkeit.

Das schwarze Leder des Anarchisten, der Bart des Seeräubers und die sanft modulierte Stimme des Romantikers – Papenfuß trinkt Bier, es ist nachmittags um fünf, die Rumbalotte noch leer.

Boheme? Das Wort haben wir in der Szene nicht verwendet, und wenn, dann ironisch. Die Älteren gebrauchten diesen Begriff, wir mit Anfang zwanzig haben ihn abgelehnt. Bohemiens, das waren die alten Schlaffis, die betrunken in den Ecken rumhingen, mit denen wollten wir nichts zu tun haben. Genauso wenig wie mit den Dissidenten. Lothar Feix war der Einzige von uns, der sich mit dem Thema beschäftigt hat, mit der Boheme der Jahrhundertwende, mit Mühsam, Scheerbart, Peter Hille. Feixi saß in Kneipen und arbeitete nur, wenn er unbedingt musste, und wenn er länger gelebt hätte, würde er heute wie Erich Mühsam rumlaufen.

Bert Papenfuß kommt aus Greifswald. Der Direktor seiner Schule hatte sich in den Kopf gesetzt, dass seine künftigen Abiturienten freiwillig drei Jahre zur Armee gehen. Bert wollte nicht, da haben sie ihn von der Schule entfernen wollen, was übrigens mein Vater, ein hoher Offizier der NVA, rückgängig gemacht hat. Der NVA-Vater ging zur Schulrätin und bedeutete ihr, dass so etwas nicht rechtens sei. In der Pause kam er zu seinem Sohn auf den Schulhof: Junge, ich habe das für dich geklärt. Mit so einer Protektion, sagt Papenfuß, hätte ich nicht leben können. Er ist nach der zehnten Klasse abgegangen, sein Klassenlehrer war sein Feind, sie liebten dasselbe Mädchen. Papenfuß machte eine Lehre als Elektronikfacharbeiter, klang modern, hat ihn mit sechzehn auch irgendwie interessiert.

Nonkonformismus war ein verfolgtes Wort. Auch Renitenz war ein schlimmes Wort. Papenfuß war beides, nonkonformistisch und renitent. In der Lehre gründete er eine anarchistische Gruppe. Die Staatssicherheit hatte ihn schnell im Visier. Mit vierzehn, fünfzehn beginnt das Gefühl für Gerechtigkeit, sagt er, da löckt man wider den Stachel – Kommunismus, Anarchismus, Anarchopower, Sympathie für Befreiungsbewegungen. Um 1968 herum war Papenfuß mit seinen Eltern in Leningrad gewesen, sein Vater absolvierte da ein Zusatzstudium zum Militärmediziner, der Sohn ist auf eine russische Schule gegangen und erfuhr, dass Lenins Bruder Anarchist gewesen war, auch Bakunin interessierte ihn: Mein Vater war natürlich loyal unserem Staat gegenüber, aber Leute wie er hatten einen gewissen Respekt vor anarchistischen Helden, den tapferen Kämpfern in Bürgerkriegen. Das Problem ist nur, dass man sie nach der Revolution erschießen muss. In der Aktion selber sind sie gut zu gebrauchen. Tschapajew, Kotschubej, prima Kämpfer, aber sie können sich nicht einordnen, sie finden in der Parteihierarchie keinen Platz und scheitern.

Für nachdenkliche junge Männer hatte die Staatssicherheit was übrig. Eines Tages wurde »Herr Bert Papenfuß zur Klärung eines Sachverhalts« bestellt, die wollten ihn anwerben: Es wurde zu eng für ihn in Greifswald, die Stasi zu aufdringlich, er musste raus. Nach der Lehre zog er nach Schwerin und suchte einen Aussteigerjob, Heizer, Antiquar, Friedhofsgärtner, so was. Schließlich ging er als Bühnentechniker ans Theater, da war er neunzehn. Er hatte angefangen, sich mit der lyrischen Avantgarde, mit Futurismus und Expressionismus zu befassen und hatte Leute gefunden, mit denen er sich austauschen konnte,

Peter Brasch, Jochen Berg. Er schrieb seine ersten Gedichte, die Staatssicherheit war sofort zur Stelle. Der für ihn zuständige Kulturoffizier der Stasi war der Vater von Uwe Kolbe: Ich musste also auch aus Schwerin weg.

Der junge Dichter ging nach Berlin, mit Frau und Kind, ohne Job, ohne Zuzugsgenehmigung. Die Stadt war ihm fremd, er kam mit der Berliner Mentalität nicht klar. Zur Volksbühne wollte er, als Bühnentechniker, da haben sie ihn nach einem Blick in seine Kaderakte nicht genommen. Er fing dann am Theater der Freundschaft an, die haben ihn alsbald rausgeschmissen, weil sich schon zu viele Langhaarige zu einer Hinterbühnenboheme formiert hatten. Schließlich landete er beim BAT, dem einst von Wolf Biermann gegründeten Arbeiter- und Studententheater, er hatte eine Qualifizierung zum Beleuchtungsmeister vor. Irgendwann sah er sich die älteren Kollegen an, abgestumpft, gelangweilt, vorgealtert. Nee, dachte er, nee, mit fünfzig, sechzig sitzt du hier und siehst aus wie die. Er wollte nicht hinter der Bühne versauern, er wollte seine eigene Bühne.

Bald konnte er was in der Literaturzeitschrift »Temperamente« veröffentlichen, er hatte inzwischen Gleichgesinnte kennengelernt, Stefan Döring, Karl Mickel, der riet ihm: Bleib am Theater und schreibe nebenbei, du kommst sonst nicht durch! Ich wollte aber kein alter Beleuchtungsmeister werden, erzählt Papenfuß, dazu kommt, dass es mir nicht gefiel, jeden Morgen früh aufzustehen und zur Arbeit zu gehen, es ist schöner, über den Tag frei verfügen zu können.

Es hatte eine Vereinbarung mit dem Aufbau-Verlag gegeben, dass dort was von ihm erscheinen würde. Damit ist er zum Finanzamt, um die Genehmigung zu bekommen, freiberuflich tätig zu sein, das war 1980. Ein paar Lesungen, ein paar Veröffentlichungen, drei Jahre später wurde das unterbunden. Er sollte zusammen mit Karl Mickel lesen, die Lesung wurde wegen Wasserrohrbruch abgesagt, in Jena wurde auch eine abgesagt, auch wegen Wasserrohrbruch. Anfang der Achtziger verbot man der Punkband »Rosa Extra« und Papenfuß als Texter einen Auftritt in der Kunsthochschule Weißensee. Langsam wurde ihm klar, dass das keine Zufälle waren. Da stellte sich heraus, dass Uwe Kolbes Vater von Schwerin nach Berlin gewechselt hatte. Der Freund verriet ihm: Mein Vater hasst dich wie die Pest.

Bert Papenfuß wurde zu einer prägenden Figur jener Szene, der Adolf Endler, väterlicher Freund und Vorbild, den Namen Prenzlauer-Berg-Connection gab. »Wir waren in der Enttäuschung, die dem ›Training des aufrechten Gangs‹ voranging, aufgewachsen (...) Wir waren wichtig und berüchtigt. Ruhm und Reichtum waren peinlich«, hatte Papenfuß 2009 unter dem Titel »Für uns« geschrieben. Es gibt ein Foto, auf dem sich siebzehn Dichter und eine Frau zum Gruppenbild in der Wohnküche von Wilfriede und Ekkehard Maaß aufgereiht haben. Vorn, auf dem Boden, sitzt Bert Papenfuß, lange dunkle Haare, ärmelloses schwarzes T-Shirt, dicht neben Sascha Anderson, um dessen Schultern die Hand der einzigen Frau in der Runde liegt; als wolle sie ihn ein Stück von Papenfuß weg und näher zu sich heranziehen.

Papenfuß wird sich in den nächsten dreißig Jahren nicht wie so viele von dem Dichter und Verräter Anderson abwenden. Seit 1996 arbeiten sie wieder zusammen, in dem Film »Anderson« äußert er, dass jemand, den man in die Enge treibt, nicht die Wahrheit sagen wird.

Nach der Berlinale-Premiere des Films traf man sich, so wird erzählt, in Papenfußens Rumbalotte, das Stück gemeinsame Geschichte verbindet eben auch, das kann man nicht wegwischen, und das will ich auch nicht.

Er holt sich noch ein Bier vom Tresen und erzählt weiter: Wir sind ja nie in das System eingestiegen, wir konnten also keine Renegaten sein, weil wir nie dabei gewesen sind. Insofern machten wir uns auch keine große Hoffnung auf Karriere. Wir hatten uns darauf eingestellt, uns irgendwie durchzuwursteln. Die Prenzlauer-Berg-Connection war eine Gesellschaft in der Gesellschaft, mit eigenem Informationsdienst, eigener Ökonomie, wenn einer Geld hatte, hat er es für die anderen ausgegeben. Wir verachteten Reiche und Berühmte, für uns war klar, die haben alle Fehler gemacht, die man nur machen kann – Arschkriecher, systemkompatibel. Dennoch, unsere Haltung war, jedenfalls meine und die von ein paar Freunden: Wir gehen nicht in den Westen.

Ihr habt immer sehr bedeutungsschwanger gewirkt, seid ihr auch fröhlich gewesen?

Papenfuß zögert: Wir waren wohl eher verbissen. Die wenigen Auftritte, wenn ich mir die heute angucke, das wirkte alles sehr pathetisch und ernst. Unsere Fröhlichkeit hat sich hauptsächlich im Sexuellen geäußert. Dem Ernst der Lage angemessen ging es in unseren Gesprächen viel um Affären. Unsere Treffpunkte waren das Wiener Café und das Mosaik, das Mosaik hatte länger auf, bis eins, das Wiener Café nur bis Mitternacht. Die Zeit zwischen 1986 und 1989 war für uns relativ locker, denn jetzt wollte man keine Untergrunddichter mehr züchten, sondern sie integrieren. Zu der Zeit hatten schon viele von uns Pässe und gingen im Tränenpalast ein und aus.

Die Rumbalotte beginnt zu leben. Getränke werden angeliefert, Flaschen scheppern, Weinkisten werden ausgepackt. Die Leute, die hier arbeiten, sind alte Bekannte, Dichter, Übersetzer, Kleinverleger, ein Familienbetrieb. Tochter Leila ist eingetroffen, eine schlanke blonde junge Frau, quirlig bis nervös. Sie isst Joghurt mit Minikeksen. Ob der Vater auch was von dem Joghurt mit den Minikeksen wolle. Nein, will er nicht.

War es nicht eure große Sehnsucht, veröffentlicht zu werden?

Ich hatte vor allem die Sehnsucht nach einer Gemeinschaft freier Menschen, und das ist noch heute so, anderen hätte es gereicht, veröffentlicht zu werden, Schappy war so einer, Wawerzinek.

Der hat jetzt endlich den Erfolg, nach dem er sich so verzweifelt gesehnt hat.

Anerkennung braucht jeder, aber es kommt doch darauf an, von wem die Anerkennung kommt, entgegnet Papenfuß. Wenn zwei, drei Leute, die für mich wichtig sind, sagen, das und das find ich ganz gut, das ist Anerkennung. Doch nicht, wenn ein paar fremde Leute das Buch kaufen. Wenn die Veranstaltungsreihen, die wir machen, die Zeitschriften, die wir herausgeben, wenn das als Anregung ernst genommen wird, das ist genau so wichtig wie die eigene Produktion.

Sehnsucht nach der Gemeinsamkeit von damals?

Es geht um die Weiterführung von Beziehungen und Ideen. Die Szene ist ja stark dezimiert. Einige sind gestorben, andere trinken keinen Alkohol mehr, sind aufs Land gezogen oder gentrifiziert worden – ist schon schwierig, so einen Laden zu halten …

Kann man ein Leben lang Rebell sein?

Wenn man das nur als Antihaltung versteht, schlägt das irgendwann auf den Magen, dann wird man verbittert. Wenn es aber eine aktive Lebenshaltung ist, aus der was resultiert, dann ist das die Voraussetzung für Veränderungen. Repressionen existieren damals wie heute. Die DDR war ein Dachdeckerstaat, jetzt haben wir es mit Profis zu tun, deren repressive Fähigkeiten über Jahrhunderte gewachsen sind. Die Aufgabe ist größer. Aber da ist auch eine Ahnung: Dass der Kapitalismus nicht reformierbar sein könnte, möglicherweise aber der Sozialismus.

Papenfuß geht an seinen Computer und sendet auf meinen Wunsch eine Mail mit seinem neuesten Gedicht »Referendum« im Anhang. OSTSEE BLEIBT! lautet der Refrain, OSTSEE BLEIBT! Ein gewaltiges Meer von Möglichkeiten.

Wilfriedes wahnsinnig weite Seele

In der Volksbühne wird der Dokumentarfilm »Anderson« gezeigt. Die legendäre Küche in der Schönfließer Straße 21, die Küche der Dichter und Maler, ist dreißig Jahre später im Filmstudio nachgebaut worden. Anderson erkennt freundlich lächelnd alles wieder, die russischen Leuchter, die Samoware, die Bilder der Malerfreunde, die ganze dissidentische Gemütlichkeit und mittendrin er, der sich an Erklärungen versucht, die klingen, als handle es sich bei dem Verräter um eine andere Person, Abstraktion als Form der Verteidigung.

Walter Benjamin spricht vom Rausch des Hasard-Spiels. War Anderson ein Hasardeur, der eine Herausforderung suchte? Wollte er mit seinem Doppelleben seine Lebenssucht befriedigen? Keiner außer ihm weiß es. Ehemalige Freunde sprechen von seiner Energie, seiner Kraft, seinen Talenten, von seiner Körpersprache ist auch die Rede und dass er sich nur alle drei Wochen die Haare wusch. Und dass die Art, wie er seine Jeans trug, erotisch gewirkt habe.

Sie soll behaglich gewesen sein, die Küche in der Schönfließer Straße 21, die Küche von Wilfriede und Ekkehard Maaß, ab 1981 die Küche der Liebe und des Verrats, mythischer Ort der Subkultur des Prenzlauer Berg. Hier waren sie alle, hier gaben sie ihre literarischen Debüts. Hier und in der dahinter gelegenen Keramikwerkstatt von Wilfriede Maaß übernachteten die Malerfreunde aus Dresden auf der ausziehbaren Couch, bemalten Keramiken, redeten nächtelang über unglückliche Lieben und aßen am nächsten Morgen selbst angesetzten Joghurt. Die Küche war Treffpunkt, Produktionsort, Widerstandsnest.

Es war eine richtige Boheme, mit Liebe, Rotwein und heftigen Kunstdebatten, lobte Ekkehard Maaß im Rückblick. Angefangen hatte es damit, dass er im Zeughaus Lieder von Okudshawa singen wollte und das Konzert kurz vorher abgesagt wurde. Da hat er seine Zuhörer mit nach Hause genommen und in der Küche für sie gesungen. Und dann traten dort alle auf, denen es woanders verwehrt wurde. Es kamen bis zu einhundertdreißig Zuhörer, wenn Uwe Kolbe las oder Jan Faktor oder Papenfuß; war die Küche zu klein, wurde die Lesung mittels Lautsprecher in die daneben liegenden Räume übertragen.

Eines Tages dann betrat Sascha Anderson aus Dresden die Küche, und das Dichterasyl verlor seine Unschuld. »Im Winter 1980 kam der ganz tolle Dichter zu Besuch«, berichtet Wilfriede in »Durchgangszimmer Prenzlauer Berg«, »er trug einen Pagenschnitt, ordentlich gekämmt und mit einem Pony, hatte ein schwarzes Hemd an, bis oben zugeknöpft, und schwarze Jeans (…) Er wirkte so manieriert auf mich, und ich dachte, was ist denn das für ein Typ? Meine innere Stimme sagte mir, Geck, Dandy, also Vorsicht! Hinterher kriegte ich mit, dass er sich die Hose von Ralf Kerbach geborgt hatte und das Hemd auch von irgendwo her. Sascha hatte in Berlin zu tun, sammelte irgendwelche Autographe für eine Versteigerung zugunsten von Nikaragua (…) Er besuchte die Wolfs und die Schalls, deswegen war er auch so fein gemacht. Wahrscheinlich arbeitete er damals schon im Auftrag (…) Er kam dann öfter und übernachtete meistens bei uns. In Sascha verliebte ich mich nicht gleich (…) Aber dafür dann heftig. Er war ausgesprochen höflich, aufmerksam, zurückhaltend, er lud mich zu Kunstausstellungen, zu Lesungen oder ins Kino ein. Sascha hat auch, glaube ich, eine sehr diffizile Art zu verführen, nämlich mit äußerster Zurückhaltung.« Ekkehard Maaß, zu jener Zeit durchaus ein Befürworter der freien Liebe, begleitete eines Abends eine russische Dichterin nach Hause, um, wie er sagte, noch an den

Übersetzungen ihrer Gedichte zu arbeiten: »Als ich sehr spät zurückkam, lag Sascha bei Wilfriede.«

Die stille Heldin Wilfriede erarbeitete in ihrer Keramikwerkstatt das Geld für das Bohemeleben ihrer Künstlerfreunde, auch nachts, weil der Rhythmus des Brennofens es so vorgab. Bataillone von Rotweinflaschen, Nudelsalatschüsseln und Frühstücksmüslis mussten rangeschafft und bezahlt werden. Und Telefonrechnungen, die im Monat bis zu sechshundert Mark betrugen, wenn die Dagebliebenen mit den Ausgereisten telefonierten. Manche Künstler stellte sie als Hilfskräfte in ihrer Werkstatt an und schützte sie so vor dem Asozialenparagraph. »Ich habe das Geld, das ich verdienen konnte, nicht in Datschen, in Autos oder schicken Klamotten angelegt, sondern in einem Lebensstil. Und zu diesem Lebensstil gehörte es eben, dass man den Wein kaufte für den Abend und die Telefonrechnungen bezahlte.« Sie war begeistert von den Malereien ihrer Freunde und zeigte ihnen, wie man vermeidet, dass die Farben Blasen bilden auf der Keramik.

Der einstige Geliebte preist in der kopierten Küche »die wahnsinnig weite Seele Wilfriedes«. Wenn Maaß sagt, ich hätte ihm seine Frau weggenommen, sagt Anderson, macht er sie klein und degradiert sie zu einer willenlosen Sache: Wilfriede und ich waren ein Liebespaar! Sie ließ sich für Anderson scheiden und lebte mit ihm und ihrer Tochter in der Werkstatt, direkt hinter der Wohnung ihres geschiedenen Mannes, bei dem der Sohn wohnte. Ab und an prügelten sich die beiden Männer. Anderson belog Wilfriede, betrog sie, verriet sie, 1986 ging er in den Westen. »Ob Sascha mich auch geliebt hat? Ich bin mir nicht sicher (…) Ich bin mir bloß meiner ziemlich sicher. Ich habe ihn wirklich geliebt.« Wilfriede dreht ihre Keramik, von ihr geht Einverständnis aus mit dem Leben, wie es gelaufen ist.

Der ältere Herr mit dem schütteren Haar betritt nach Filmende die Bühne. Setzt sich neben den Moderator Jakob Augstein. Zittert, die Sprache droht zu versagen, sein Unterkiefer mahlt, nach ein paar Minuten gibt sich das. Augstein und Anderson duzen sich, sie sind schließlich verwandt. Sie gehören zur selben Familie, die zwei Söhne. Sascha, der Schwiegersohn, und Jakob, der außereheliche Sohn von Martin Walser, denn Anderson hat Walsers Tochter Alissa geheiratet. Wie findest du denn den Film?, fragt Augstein. Nicht so berauschend, antwortet sein Schwager. Sie reden über sein Gedicht von den drei Birken: »Vor dem Gartenhaus stehen drei Birken / Und die heißen Schuld und Sühne, ich weiß, welche die liebste mir ist«. Ja, welche denn? Anderson bleibt geheimnisvoll, Augstein murmelt mehrmals: Versteh ich nicht.

Dann fragt er fünfundzwanzig Jahre Mauerfall ab. Interessiert mich nicht, sagt Anderson, die DDR war meine prägende Zeit. Das Wort Erinnerungskultur sei ihm zuwider, grauenhaft: Politik interessiert mich nicht, ich interessiere mich für nichts außer Lyrik. Augstein: Gehen wir mal dahin, wo es weh tut. Reue ist was Intimes, entgegnet Anderson, kein Gesellschaftsspiel. Augstein, der aussieht, als wünsche er sich, dass das Gespräch bald zu Ende geht, fragt: Wie wäre es denn ohne Stasi gewesen? Ich sage Staatssicherheit, Stasi ist mir zu niedlich, zu westdeutsch, so wie Prenzlberg. Anderson wehrt sich gegen die Meinung, dass die Prenzlauer-Berg-Szene allein durch die Stasi existiert habe.

Es gibt Wichtigeres als Anderson, schreit ein blondes Bürschchen, das möglicherweise gekifft, gekokst oder Schnaps getrunken hat. Geh nach Hause, Mutti wartet, schreit ein anderer. Mord verjährt irgendwann, Verrat auch, ruft eine blonde Frau aus dem Publikum, es könnte die Malerin Cornelia Schleime sein, Andersons Jugendfreundin aus den Dresdner Jahren. Ansonsten die übliche Empörung, konserviert seit mehr als einem Vierteljahrhundert. Danach, im Foyer, erfüllt Anderson, der Diener zweier Herren, die Kunst und Verrat heißen, vereinzelte Autogrammwünsche und geht weg in sein anderes Leben.

»ALLERLEIHRAUH«, FOTO: SIBYLLE BERGEMANN

Paradiesvögel

Der Prenzlauer Berg hatte noch andere Szenen als die der Dichter und Denker. Eine nannte sich Der Mob und stilisierte sich zur Elite. Mob wollten sie trotz aller elitären Dekoration bleiben, echt, mit abgefahrenem Humor und Berliner Dialekt. Töchter und Söhne von Eltern aus dem Milieu der Fotografen, Modegestalter und Fernsehkomiker. Zu Beginn der Achtziger waren sie Anfang zwanzig und langweilten sich mörderisch in der Tristesse des DDR-Alltags, dessen spießige Oberflächen sie gut gelaunt verachteten. Die Ablehnung des DDR-Mittelmuffs verband sie mit den Eltern und deren Freunden, der Generationskonflikt fiel weitgehend aus oder schien angesichts gemeinsamer Malaisen zweitrangig.

Als wir verhaftet wurden, berichtete Robert Paris, war meine Mutter gerade mit ihrem Freund in Rumänien. Als sie nach Hause kam, war ihr Sohn im Knast, ihre Tochter schwanger, in der Badewanne saß ein fremder Mann, in ihrem Ehebett schliefen drei Unbekannte, und die Bude war total verwüstet. Die Nachbarn beschwerten sich über den nächtelangen Krach. Ein Plattenproduzent aus Amerika kam öfter in den Osten, weil er bei Amiga seine Platten günstig pressen lassen wollte. Jedenfalls brachte der die neuesten Punkplatten mit, die waren damals im Osten noch nicht zu kriegen. Und diese Platten hörten wir natürlich total laut.

»Zwanzig Jahre Mauer – wir sind langsam sauer«, hatten Esther Friedemann und Robert Paris auf eine Blechwand an der Greifenhagener Straße im Prenzlauer Berg gesprüht. Es war die Nacht vom 12. zum 13. August 1981 gewesen, Robert hatte wie immer seine kleine rote Sprayflasche dabei. Ein paar Biere beim Bowling und das wahnsinnige Bedürfnis, irgendwann einmal die andere Seite von Berlin sehen zu können, hatten die beiden leichtsinnig gemacht. Sie landeten in einem, wie Robert sagt, »hübschen Pankower Stasiknast«, der über Jugendstilelemente an Türgriffen und Schlössern verfügte, eine Form von Schönheit, die Robert zwischenzeitlich über den Ernst der Lage hinwegtröstete, denn nichts fand er reizvoller als alte Dinge, mit deren Hilfe man sich in andere Zeiten katapultieren konnte.

Punk sein, vielleicht, Punkbands hören, vorübergehend, Punkklamotten tragen, selten. Paradiesvogel sein, immer. Anders aussehen, anders denken. Als buntes Einzelexemplar abheben in ein anderes Leben.

Ich glaube, wir hatten alle eine unheimliche Angst davor, irgendwann auszusehen wie die normalen Leute auf der Straße, erinnerte sich die Bühnenbildnerin Sabine von Oettingen. Maskerade war Freiheit, Verkleidung bedeutete, die Welten zu wechseln. »Jeder schafft sich die Zeit, in der er leben will«, schrieb Ulf Poschardt. Die Opposition der Paradiesvögel bestand in der Verweigerung der genormten Oberflächen des Jedermann, in der übermütigen Kreation von Unerwartetem. Der Mob entzog sich dem Staat mit Lust und Laune.

Das Nähen von T-Shirts, Jacken, Hosen und Mänteln aus rosa und lila gefärbtem Windelstoff und deren reißender Absatz auf Märkten und Volksfesten brachte das Geld, das Der Mob für seinen Lebensstil brauchte. Und für seine Ideen. Die Modenschauen mit selbst entworfenen Kleidern aus Erdbeerabdeckfolie und Eingeweidebeuteln fanden zuerst in der großen Altbauwohnung der Fotografin Helga Paris statt, wo die Bildhauer Hans Scheib und Anatol Erdmann einen langen Laufsteg gebaut hatten. Der Mob – Namensgeberin war Frieda Bergemann – taufte seine Kollektion »ccd – chic, charmant & dauerhaft«, ironische Adaption der biederen Pläne volkseigener Konfektion. Die entsprach zwar kaum den offiziellen Vorstellungen vom sozialistischen Menschen; in denen nicht vorgesehen war, dass Männer als schrille Primadonnen in Kleidern aus Duschvorhängen über den Laufsteg tippeln. Andererseits bezog sich die originelle Materialidee auf ein DDR-Problem: Stoffmangel. Der Kleingartenbedarf hingegen schien gut beliefert zu sein, jedenfalls mit Erdbeerabdeckfolie. Domenique Windisch, Sven Marquardt, Frank Schäfer, Jürgen Hohmuth, Angelika Kroker, Katharina Reinwald und die anderen, alle machten mit, keiner fragte nach Geld. Madleen fand zu ihrer eigenen Überraschung ein Foto, auf dem sie in einem Kleid aus Erdbeerfolie zu sehen ist, sie hatte, warum auch immer, bei einer dieser Modenschauen mitgemacht, Verrücktheiten erschienen der Zufallsrebellin alltäglich.

»New York ist da, wo wir sind« war die Losung. Jung, sinnlich und sorglos rollte die animierte Clique auf Motorrädern durch die Gegend oder stieg in großer Pose aus einem aufgemöbelten schwarzen Tatra zum Auftritt im Kulturhaus, in den schönen Gesichtern die gespielte Arroganz überirdischer Wesen, die im Grunde ziemlich geerdet waren. Der Mob spielte Elite, und die Elite spielte Mob. Auf ihren Motorrädern fuhren sie zum Tanz im Café Nord in der Schönhauser Allee, zu Diplomatenpartys in Niederschönhausen oder zum Dorfkrug nach Pankow-Rosenthal. Elite oder Mob, egal, wenn sich doch Mob auf Snob reimt. Sie wollten einfach ein schönes Leben. Die meisten von ihnen gingen Scheinehen mit Ausländern ein, damit sie als Besuch aus Westberlin nach Ostberlin rüberkommen konnten, es änderte sich also nicht viel.

Irgendwann machten sie Sachen aus Leder, alles aus Leder, wild, kostbar, romantisch auf nie gesehene Art. Sie nannten sich jetzt »Allerleirauh«, nach dem Inzestmärchen von dem König, der seine Tochter begehrte. Die Herstellung in der Werkstatt am Gethsemaneplatz war aufwendig. Stretchgummi wurde unter die gegerbte Tierhaut genäht, bis sie schrumpelte, Muskelpartien in nasses Leder gepresst, bis es zur zweiten Haut wurde, man schlüpfte in diese zweite Haut und war die DDR los. Schuppenmäntel, die wie Rüstungen wirkten, archaische Schnallenjacken, martialische Kleider aus Leder, Pelz und Muscheln, dazu Schuhe aus Federn; abenteuerliches Design, harte Arbeit. Sie schneiderten Kostüme für Tamara Danz und die Rockbands City und Pankow, später für Marianne Rosenberg.

Die extravagante Allerleirauh-Show schließlich, dieses »Ding aus Licht, Klang, Raum und Leder«, mit gregorianischen Sounds, Bibel- und Platon-Zitaten, hatte im Berliner Haus der jungen Talente Premiere und später in der Gethsemanekirche in Prenzlauer Berg. Sinnenrausch statt Agonie, Erotik statt Ideologie, Phantasie statt Planerfüllung. Das war Ende Dezember 1989, und es war das Ende einer gemeinsamen Sache. Die Scheinehen, locker geschlossen, wurden locker gelöst, die Paradiesvögel stoben auseinander und flatterten in ungewisse Gegenden.

Nachspiel

Wenn ich heute als unbekannter Regisseur machen würde, was ich in Anklam oder auch am Anfang an der Volksbühne gemacht habe, würde ich hochkant rausfliegen. Bei mir hat es damals lange gedauert, bis ich rausgeflogen bin. Man hatte die Möglichkeit, subversiv zu sein. Nur waren das viel zu wenige.

Frank Castorf

Frank Castorf, Sohn des Eisenhändlers aus der Stargarder Straße in Berlin, gelegentlicher Gast des Lokals 1900 am Kollwitzplatz, subversiver Theaterregisseur zwischen Anklam und Gera, 25 Jahre Intendant der Volksbühne - gehört Castorf zur Boheme, weil das zentrale Einrichtungsstück seiner Wohnungen, so erzählt man, ein Campingtisch mit Bierbüchsen ist? Weil er die Frauen wechselt, Wein trinkt und Wodka? Weil er spielt wie ein größenwahnsinniges Kind, im Theater wie im Leben, und weil für ihn das höchste der Gefühle ist, während der Arbeit glücklich zu sein?

Gehört Frank Castorf zur Boheme des Ostens wie Rainer Werner Fassbinder zur Boheme des Westens und Picasso zur Boheme der Welt? Weil Castorf maßlos produktiv und radikal ist, süchtig danach, bühnenunreif zu denken, die Dinge des Lebens und der Kunst in ungehörige Zusammenhänge zu bringen und dabei ein guter Sohn zu bleiben, der seine alten Eltern zu allen seinen Premieren einlädt und seine neunzigjährige Mutter zur Verleihung des Großen Kunstpreises Berlin, wo ihn der Schauspieler Ulrich Matthes einen »Künstler im Range eines Picasso« nennt? Weil er so viel aushält an Zumutungen, wie er anderen zumutet?

Wie er da so reingelatscht kam, in einem langen Ledermantel, ganz desinteressiert und sich in einen Sessel fläzend, das hat mir schon gefallen, erinnerte sich Kultursenator Roloff-Momin an den ersten Vorstellungstermin von Frank Castorf Anfang der Neunziger. Theaterintendanten aus dem Westen, sagte Roloff-Momin, bedrängen einen Senator, und jetzt kam einer und signalisierte durch seine Körpersprache, das würde ihn gar nicht interessieren. »Höchstens drei Jahre«, hatte Castorf beschlossen. Er blieb ein Vierteljahrhundert. Der besessene Weltenmonteur machte die Volksbühne zum Theater der Anarchie und der Unverschämtheit. Aufbruch, Irrtümer, Aufbruch. Sein Blick war immer auch nach Osten gerichtet, Dostojewski zum Ersten, zum Zweiten, zum Siebenten, Bulgakow, Tschechow, Platonow, Schukschin, Sorokin. Mut und Wut und im Intendantenzimmer ein Stalinbild, »damit ich nicht werde wie der«. Sein »Panzerkreuzer« am Luxemburg-Platz war Unruheherd und Kampfarena: Vorsicht Volksbühne!

Davor das Räuberrad auf zwei Beinen von Castorfs Kompagnon Bert Neumann, der das Wort Ost auf die Kommandobrücke gesetzt hatte. Der einzigartige Bühnenbildner wurde nur fünfundfünfzig Jahre alt, wovon er dreiundzwanzig an der Volksbühne verbrachte. Die Trauer war existenziell. »Salute Bert«, rief Frank, der Intendant, um Mitternacht von der Bühne, und oben, wo als Bühnenelement der »Brüder Karamasow« eine Leuchtreklame für Coca Cola in kyrillischen Buchstaben strahlte, schossen die Techniker ihre Faustfeuerwaffen leer. »Salute Bert!« Künstler und Publikum tranken die Wodka-Becher »do dna«, bis zum Boden, leer, und warfen sie über die Schulter hinter sich, ein Ritual aus den Weiten von Wolga und Weichsel.

Ist Frank Castorf ein Bohemien? Wer weiß. Sein Abschied von der Volksbühne aber ist ein später Abschied der Boheme des Ostens. Und der des Ostberliner Nachwende-Westens, jener Phase der fröhlichen Anarchie, wo jeder ein Künstler, ein Galerist, ein Designer, ein DJ, wo jeder ein Bohemien war in dieser schmutzigschönen Welt aus Einschusslöchern, Mauerresten und den Versprechungen eines anderen Lebens.

Boheme ist das Leben ohne Plan, aber mit Sehnsucht; es könnte alles werden oder nichts. »Oh, Boy«, du Held eines echten Films über die echte Stadt Berlin, was wird aus dir, wenn der Kaffee unter den U-Bahn-Bögen in der Schönhauser Allee vegan wird, die Zigaretten weiter Geld kosten und dein Vater das monatliche Salär ein für alle Male stoppt, weil du nichts tust außer in den Tag hinein leben.

Wenn die Freiheit unendlich ist, kommt die Melancholie. Wenn die Sehnsucht das Tun ersetzt oder das Tun die Sehnsucht. Oh, Boy, wärst du doch im Eisenhandel groß geworden.

Dank an

meine Lektorin Franziska Günther. Für Empathie und Einfälle. Lachen und Leuchten. Guten Rat und kühlen Rosé.

Dank an

Achim Bayer, Thomas Krüger, Katja Lange-Müller, Thea Melis, Ruth G. Mossner, OL, Bert Papenfuß, Robert Paris, Lothar Trolle und Peter Voigt für ihr Vertrauen bei der Enstehung der Zeitansagen.

Fritz-Jochen Kopka für sein Einverständnis, aus Texten unserer wundersam langen Zusammenarbeit zu zitieren.

Matthias Thalheim für seine Bonmot-Sammlung »Im Männermuseum«.

Klaus Gütschow für Informationen aus dem Inneren der »Offenbachstuben«.

Verwendete Literatur

Anderson, Edith: Liebe im Exil. Erinnerungen einer amerikanischen Schriftstellerin an das Leben im Berlin der Nachkriegszeit, Berlin 2007
Biermann, Wolf: Berlin du deutsche, deutsche Frau. Gedichte, Hamburg 2008
Brecht, Bertolt: Bertolt Brechts Taschenpostille, Berlin und Weimar 1978
Brik, Lilja: Schreib Verse für mich. Erinnerungen an Majakowski und Briefe, Berlin 1991
Caspar, Sigrun: Chagall ist schuld – Ost-West-Geschichten, Tübingen 2009
Endler, Adolf: Tarzan am Prenzlauer Berg, Leipzig 1994
Felsmann, Barbara / Gröschner, Annett: Durchgangszimmer Prenzlauer Berg. Eine Berliner Künstlersozialgeschichte der 1970er und 1980er Jahre in Selbstauskünften, Berlin 1999/2012
Hacks, Peter: Werke, Erster Band, Berlin 2003
Hagen, Eva-Maria / Hacks, Peter: Liaison amoureuse, Berlin 2013
Hecht, Werner: Brecht und die DDR – Die Mühen der Ebenen, Berlin 2013
Hemingway, Ernest: Paris – ein Fest fürs Leben, Berlin und Weimar 1979
Hirte, Chris: Erich Mühsam: »Ihr seht mich nicht feige«, Biografie, Berlin 1985
Jaretzky, Reinhold: Bertolt Brecht, Reinbek bei Hamburg, 2006
Kaiser, Paul / Petzold, Claudia: Boheme und Diktatur in der DDR, Katalog zur Ausstellung des Deutschen Historischen Museums, Berlin 1997

Kisch, Egon Erwin: Aus dem Café Größenwahn, Berliner Reportagen, Berlin 2013
Kreuzer, Helmut: Die Boheme. Analyse und Dokumentation intellektueller Subkultur vom 19. Jahrhundert bis zur Gegenwart, Stuttgart 1968/71
Lange, Bernd-Lutz: Mauer, Jeans und Prager Frühling, Berlin 2008
Majakowski, Wladimir W.: Liebesbriefe an Lilja, München 1965
Murger, Henri: Boheme. Szenen aus dem Pariser Leben, Berlin 1923
Prenzlauer Berg – Ein Bezirk zwischen Legende und Alltag, Berlin 1996
Trolle, Lothar: Nach der Sintflut, Gesammelte Werke, Berlin 2007
Voigt, Jutta / Kopka, Fritz-Jochen: Linker Charme – zehn Reportagen vom Kollwitzplatz, München 1989. Daraus entnommen sind die »Stimmen aus alten Straßen 1987«.
Warnke, Uwe / Quaas, Ingeborg (Hrsg.): Die Addition der Differenzen – Die Literaten- und Künstlerszene Ostberlins 1979-1989, Berlin 2009
Wizisla, Erdmut: Begegnungen mit Brecht, Leipzig 2009
Wolle Stefan: Aufbruch nach Utopia. Alltag und Herrschaft in der DDR (1961-1971), Berlin 2011
Wolle, Stefan: Der große Plan. Alltag und Herrschaft in der DDR (1949-1961), Berlin 2013

Aus Zeitungen und Zeitschriften
Karsch, Willi: Berlin Klosterstraße 69, Das Magazin, Heft 11, 1957
Voigt, Maria: Ich bin ein Cello im Berufsverkehr – Die Kneipe »Lampion« ist das Wohnzimmer der seltsamen Leute vom Prenzlauer Berg, Berliner Zeitung, Magazin vom 1./2. Mai 1993
Voigt, Jutta / Kopka, Fritz-Jochen: Den Harmoniumspieler sieht man nicht, Wochenpost, 14. April 1994

Sylvester, Regine: Einladung ins Schloss, Berliner Zeitung, 18. September 1998

Camman, Alexander: Schlossherr in der DDR, ZEIT online, 19. August 2010

Bildnachweis

- S. 16 Der Lampion, Foto: Rainer Ahrendt
- S. 42 Berlin Ecke Schönhauser, Foto: Brigitte Voigt / Mathias Bertram
- S. 72 Das Pressecafé an der Friedrichstraße, Foto: Unbekannt / Bundesarchiv
- S. 128 Künstlerwohnung, Foto: Bernd Heyden / bpk Bildagentur für Kunst, Kultur und Geschichte
- S. 134 Die Autorin im »Espresso«, Foto: Arwid Lagenpusch
- S. 140 Ein Morgen im Schloss Hoppenrade, Foto: Ludwig Schirmer / Ostkreuz
- S. 182 Fest im Atelier Walther. Dresden 1952, Foto: Evelyn Richter / Evelyn Richter Archiv der Ostdeutschen Sparkassenstiftung im Museum der bildenden Künste Leipzig
- S. 190 Hauptbahnhof Leipzig, Foto: Renate und Roger Rössing / Deutsche Fotothek
- S. 196 Jugendstilmalerei im Prenzlauer Berg, Foto: Sibylle Bergemann / Ostkreuz
- S. 202 Kohlenträger, Foto: Bernd Heyden / bpk Bildagentur für Kunst, Kultur und Geschichte
- S. 220 Hoffest, Foto: Harald Hauswald / Ostkreuz
- S. 236 Pietà, Foto: Sven Marquardt
- S. 258 »Allerleihrauh«, Foto: Sibylle Bergemann / Ostkreuz